人はだれでもエンジニア

失敗はいかにして成功のもとになるか

ヘンリー・ペトロスキ
Henry Petroski
北村美都穂 訳

To Engineer is Human

キャサリーンに

目次

図版一覧

まえがき

私たちは高度技術の時代に生きているのだが、エンジニアリングとは何であり、エンジニアとは何をする人かという本当のところは、一般の人にはわかっていない。巨大な橋や、ジャンボジェット機や、スーパーコンピュータを作る根本原理の一番基礎的なことがらでさえ、多くの人にとっては縁が薄い。これは一つには、人間の営みとしてのエンジニアリングが、まだ私たちの文化的、知的伝統の中に組みこまれていないからだ。教育関係者は近年、在来の大学教科課程の中に技術を取り入れ、技術がますます大きな役割を果たすようになる世界に生きていく、今日の学生の素養を高めるという課題に取り組んでいるが、技術に対する無知はどうすればなくすることができるかについては、まだ意見の一致をみていない。

私は、エンジニアリングの考え方は、実は私たち人間の骨肉に内蔵されていて、人間の本性と経験を構成していると信じており、この本ではそのことを論じている。さらに私は、エンジニアリングや技術の教育を受けなくとも、エンジニアやエンジニアリングを理解し評価することはできるようになると信じている。だから私は、技術に未経験な人でも、この本を読んで、技術への入門にしてくださることを望んでいる。この本は実をいうと、「エンジニアリングとは何か?」、「エンジニアとは何をする人か?」という問いに対する私の答えなのだ。

設計、すなわち、これまでには存在していない何ものかをつくる、という考えが、エンジニアリングの中核にある。それで、この本の議論を進めるにあたっては、「設計」ということばと「エンジニアリング」ということばを事実上同じ意味に使っている。この本には、機械エンジニアと土木エンジニアの仕事である構造設計の事例が多く出てくるが、それは、私自身の経験がこの分野から得たものだからだ。だが、根本の原理は、エンジニアリングの他の分野にも同じようにあてはまる。

私の考えでは、エンジニアリングを理解する上の核心は、「失敗」――この本の議論の中では、機械や構造物が破損すること――だ。「失敗」を避けることが、エンジニアリングの、第一の、そして最大の目的だからだ。だから、すさまじい大惨事が起こったら、それは、つまるところ設計の失敗である。だが、そういう惨事から得られる教訓は、世界中で破損することなく使われている機械や構造物を全部合わせたよりも、ずっとエンジニアリングの知識を進歩させるのに役立つ。事実、失敗がきっかけとなってはじめて、成功事例がつぎつぎと積み重ねられるようになり、その結果、安全のためのゆとりを少なくすることが可能になる。失敗があると、こんどはゆとりを多めにとるようになり、その結果、新たな成功の時代がやってくる。エンジニアリングとは何か、エンジニアとは何をする人か、ということを理解するのは、とりもなおさず、失敗はどのようにして起こるのか、失敗はどのようにして、成功以上に技術の進歩に役立つのか、ということを理解することなのだ。

この本自身の中にも失敗があるかもしれない。それは間違いなく私自身がしでかした失敗である。だが私は、私の考えに栄養を与えてくれた多くの人々やその仕事のことを忘れるわけにはいかない。デューク大学の学風が私の考えを育ててくれた。同大学は私に、エンジニアリングの研究のほかに、工学部と文芸・科学トリニティ・カレッジとの同僚教職員による学際研究プログラムや、上記両学部の教職員全員が参加する科学・技術および人間の価値研究プログラムに従事する機会を与えてくれ、私は十二分にその機会を活用させてもらった。こういう広範囲な人々との交流は、私の視野を広めるのに役立った。

この本に付けた参考文献目録は、エンジニアリングにおける失敗の役割に関する論文を書くための裏付けを得た多くの材料に対する私の感謝のしるしである。私の記憶が定かでない参考文献は、デューク大学工学部の疲れることを知らぬ司書、エリック・スミス氏が私にかわって探しあててくれた。また、デューク大学工学部で私が講じている、破壊力学と材料疲労のコースの学生諸君が作成してくれた、構造物破損事例研究のレポートも利用させてもらった。私の兄で土木エンジニアのウィリアム・ペトロスキは、構造物破損についての情報と意見をたえず提供してくれ、私を現場に伴って、多くの実地例を見せてくれた。

私が、気を散らすことなく、近代的な用具を使って、この原稿を作成することができたのは、いくつかの物理的条件が整えられたおかげである。パーキンス図書館のアルバート・ネリウス氏は、私の仕事に個室が必要なことをいつも理解してくれていてありがたかった。妻のキャサリーン・ペトロスキは、最初自分のワープロを使うよう私にすすめ、その後も引き続き使わせてくれた。幸いなことに、妻は昼間、私は夜間の書き手だったし、この機械は、妻のフィクション作品にも、私のノンフィクション作品にも、みごとに役立ってくれ、私たち二人が構想を作っては作り直すのに、疲労知らずで働いてくれた。

何人もの編集者諸氏が、過去数年にわたり、私が次々と大胆な所論を書くのをはげましてくれた。この人人が私の書くものに興味を持ってくれたことに、私はいつまでも感謝を忘れないだろう。『テクノロジー・レビュー』誌で私を担当した編集者諸氏はすべて、私のエネルギーの絶えることない源泉だった。その中でもとくに、ジョン・マッティル、トム・バロウズ、および現在は『ハイ・テクノロジー』誌に移っているスティーブ・マーカスの諸氏に、私の寄稿を歓迎してくれたことを感謝している。実際、この本は主として、スティーブ・マーカス氏が『テクノロジー・レビュー』誌に執筆をすすめてくれたいくつかの論文をもとにしてでき上がったのである。さらに、セント・マーティン出版社のトム・ダン氏が、私の考えを一冊の書物にまで仕上げる機会を与えてくれたことにも感謝したい。

私の子供たち、カレンとスティーブンは、この本に再三登場することが示しているように、さまざまな質問や遊びを通して、私たちすべての人間の中にエンジニアがいることを私に気づかせてくれた。またキャサリーンは、最初のときから、いかなるエンジニアリング上の概念でも、英語専攻者に近づけないようなものはないことを実証して見せてくれ、その上、ものを書くという仕事がどういうものであるかを、身をもって示してくれた。

――ヘンリー・ペトロスキ

ノースカロライナ州ダーラム

一九八四年九月

1章
人間であるということ

一九八一年にカンザスシティのハイアットリージェンシー・ホテルで空中歩廊《スカイウォーク》の崩落事故が起こって間もなく、近所に住むある人から、どうしてあんな事故が起こったのかとたずねられた。その人は、高所に架けた歩廊のような簡単な構造物を作るだけの知識も、エンジニアは持ち合わせていなかったのかと腑におちかねる様子だった。その人はまた、タコマナローズ橋の崩落、シカゴでのアメリカン航空DC―10型機の墜落、その他有名な事故の例をあげ、もし起こったらスリーマイル島事故を上まわる放射能を放出するに違いないという原子力発電所事故について耳にはさんだ話まで引き合いに出して、まるで、エンジニアという連中は自分らが作り出すものの扱い方も知っていないのは明白だと言わんばかりであった。

私はその人に、エンジニアが作る構造物の強度や挙動を予知するというのは、ちょっと考えるほど簡単で、すっきり割り切れる仕事ではないんですよと説明したが、そんな抽象的な一般論やあいまいな弁解で、その人の考えをこれっぽっちも変えてもらうことができたとは思えなかった。その人が家庭菜園の手入れを始めたのを後にして家路をたどりながら、私は、あの人の疑問に答えられなかったのは、エンジニアリングとは何かということを伝えられなかったからだと自分に言いきかせた。エンジニアリングとは何かがわかってもらえないかぎり、エンジニアリングの作り出したものがまずい結果を招く理由を説明できるとは考えられない。ハイアットリージェンシー・ホテルの惨事以来、私は、もしこの次に技術の世界で不祥事が起こって、技術の素人から質問を受けたら、どう説明すればいいかと考えを巡らし、難解でない、ありふれた実例を探し求めてきた。しかしその間に私は、いかに生々しい例でも、実例を集めただけでは説明にはならない。それはちょうど、梁や桁をいくら積み上げても橋にはならないのと同じだということにも気づいてきた。

エンジニアリングが主目的としているのは、もとあるがままの世界ではなく、エンジニアリング自身が創り出す世界である。それは、数えきれないほどの世代のミツバチが変わることなく受けついで来たハチの巣の構造のように、一定した世界ではない。人間の構造物というものは、たえず急速に進化しているからである。われわれは変化のための変化を好むといった単純なことではない。人によってはそれで十分な理由だというかもしれないが、そうではなく、人間の好みや、資質や野心は、決して一か所にとどまってはいないということなのだ。われわれ人間は、人間の作り出す構造物が、あたかも芸術作品と同じように、当世風であることをよしとする。世の中が豊かなときはぜいたくなものが好まれ、景気があまりよくないときは、やむをえず費用を切りつめる。また人間は、より大きく、より高く、より長い構造物を求めるが、そんなことはミツバチは考えもしないし、できもしない。こういう、エンジニアリングにとっては外的なことがらが考慮されるが故に、エンジニアの仕事は昆虫の仕事よりも、たぶんはるかにやりがいがあるのだし、またきまりきったやり方にはおさまらなくなっていることは間違いない。しかし、このようにたえず変化しているがために、エンジニアが作る構造物の設計と解析には、進歩のない自然の構造物よりも、はるかに多くの観点が必要となるのであり、また、たえず変化しているということは不祥事が起こる機会もはるかに多くなるということを意味するのである。

エンジニアリングは人間の営みである。だから誤ることがあるのだ。エンジニアリングの誤りの中には、ただ工合が悪いというだけのものもある。たとえば、新しいコンクリートの建物に亀裂が生じて、入居者から苦情が出るような場合である。人間として許しえないような誤りもある。たとえば、橋が崩落して、その橋の安全に何の疑いも抱いていなかった人々の生命が奪われるような場合である。いつの時代にもその時代なりの、技術上の不工合や、構造物による惨事があるのが常であった。だから、エンジニアは、今日までに、かつて犯した誤りから、いかにすれば誤りが避けられるかを学んでいるはずだと思う人がいるのは当然だろう。しかし近年、人命を奪い、悲惨を生み出し、人々の危惧をかき立てたという意味で、最も高くついた構造物事故がいくつも経験され、そのため、これらの事故の記録は、技術の進歩に対する混乱したイメージを生み、一部の人々が「われわれの進歩はどこにあったのか?」という問いを発するまでになっている。

技術が生んだ恐怖物語の一覧表として人々が口にのぼすものを見ると、事故や破損や欠陥商品の最新事例がいっぱい並んでいる。このカタログは、新しい惨事が追加され古い事件が削られて、たえず更新されているのだが、ほとんどどのリストを取ってみてもわかることは、そのリスト自体がいかに多種多様であるかということだ。一九七九年には、事故が時と所をかまわず続発した観があり、万人の記憶に新しい技術公害のいくつかを数え立てることは誰にでもでき、タコマナローズ橋のような古い例を引き合いに出す必要もないほどだった。技術が殺人狂と化したかの様相を呈し、そこへまた各地の新聞論説が、軌道をまわっている重さ八五トンのスカイラブが、予定外の大気圏再突入をして損害を引き起こすだろうという予想を書き立てた。そうした新聞の多くは、漫画家トニー・オースの筆になる問題解決策をも併載していた。その漫画とは、突入してきたスカイラブが飛行中のDC―10型機に衝突し、同機にはファイアストン五〇〇型タイヤを装着したフォード・ピント車が積まれており、全部めちゃめちゃにこわれてスリーマイル島に落下、その火災は石綿《アスベスト》入りのヘアドライヤーで消しとめる、というものだった。

この漫画に列挙されたような事故は現代特有のものだが、エンジニアリングの生産物の事故は決して現代特有のものではない。約四〇〇〇年の昔、バビロニアの法廷の判決が集大成され、今日では、バビロン第一王朝六代目の支配者の名をとって「ハンムラビ法典」という名で知られているものが成立した。婦人の地位とか飲み屋の規制とかいった類の案件に下された判決約三〇〇件を、古代の楔形文字で刻み込んだ中には、直接、住宅の建設とその安全に対する責任について述べたものが何か条かある。


もし、建築者が他の人のために家を建て、その建設が堅固でなく、建てた家が倒壊して家の所有者の死を招いたならば、その建築者は死罪に処せられるべし。

もし、家の所有者の息子の死を招いたならば、建築者の息子に死を与うべし。

もし、家の所有者の奴隷の死を招いたならば、建築者は家の所有者に等価値の奴隷を与うべし。

もし、家の倒壊が資産を破壊したならば、建築者は破壊された物をすべて回復すべし。また、建築者が建てた家が堅固でなく、ために家が倒壊したならば、建築者は自らの資産により倒壊した家を再建すべし。

もし、建築者が他の人のために家を建て、その建設が要求に合致せず、家の壁が倒れ込んだならば、建築者は自らの費用によりその壁を堅固に作り変えるべし。


これは、ハイアットリージェンシー・ホテル空中歩廊崩落事件後の事態とは、大変な違いである。この歩廊は、事故後、カンザスシティ建築法規が要求しているよりも、はるかに弱かったことが判明したのだった。

専門家のさまざまな意見が交錯するなかで、空中歩廊崩落後数か月の間に、総額三〇億ドルにのぼる訴訟が起こされた。事故当夜ホテルに居合わせた人には、建築業者、ホテル、その他訴訟の対象となりうべき者に対する一切の請求権を放棄する旨の文書に署名するという条件で、一〇〇〇ドルを支払うという申し出が後日なされた。今日でもなお、ハイアット事故が有罪か無罪かについての見解は、一致をみたというにはほど遠い。二〇か月を費やした検証の後、米国司法省とミズーリ州ジャクソン郡検察官は合同で、本事故に関連して犯罪がなされたという証拠は発見されなかった旨発表した。しかしミズーリ州司法長官の見解は異なっていて、設計者を「重大な怠慢」の故をもって告発した。関係した設計者たちは、裁判の結果、免許状を取り上げられたが、生命を取られることはなかった。しかし、事件後三年たった本書執筆時に、判決はまだ確定していない。

カンザスシティのこの悲劇は、米国史上、建築物倒壊による最大の人命損失となったために、新聞のトップニュースになった。この事故がニュースになったという事実は、ハイアットリージェンシー・ホテルに劣らず個性的な、大胆な設計のものも多い無数の建物や構造物が、人の注意もひかないほど安全であることを立証している。ある特定の鉄筋コンクリートまたは鋼構造の建物が、米国や英国のような先進国で、ある特定の一年間のうちに倒壊する確率は、百万分の一から百兆分の一と推定されており、構造物倒壊による死亡の確率は、年間約一千万人につき一人である。この確率は、米国で年間約二五人の死者に相当する。したがって、カンザスシティの一件の事故で一一四人が死亡したのは、たしかにニュースであった。

自動車事故は、年間五万人ほどの米国人の生命を奪っている。しかし、この種の死亡事故の多くは、一時に一人か二人なので、一般人の間にセンセーショナルな衝撃を及ぼすことはない。米国社会で慢性化してしまった危険の重大さにわれわれが思いをいたすのは、休日の週末で、自動車事故死者の合計が、百をもって数えるほどに達したときだけのように思われる。それ以外に自動車事故が第一面の記事になるのは、大抵、異常に大勢の人が死んだとか、有名人が関係していたという理由からである。よほどの有名犬の場合は別として、「犬が人を噛む」のはニュースでなく、「人が犬を噛む」のはニュースだという古い言い草があてはまる。

　われわれは、日頃経験しないことがらに対しては、興味をひかれると同時に不快感を抱く。飛行機が比較的新しい技術であった時代には、多くの人が墜落を恐れて飛行機旅行を避けたものだった。航空技術が十分確立した今日でも、大人の中には、自動車に乗る危険性は考えてみようともしないのに、飛行機に乗ることには気をつかう人が多い。こうした人々は、緊張のあまり拳《こぶし》がまっ白になるほど手を握りしめていた飛行機乗客の冗談を語り交わす。だが、親たちが鉄道や自動車を利用するのと同様に自然なこととして飛行機を利用するようになった若い世代にはこの冗談は通じない。一九七九年にシカゴで起こったDC—10型機の墜落事故にもかかわらず、飛行機旅行は安全であるのだから、若い世代の態度は理にかなったものである。同墜落事故の二年後に、米国航空局は、一九八〇、八一の二年間に米国国内航空各社は、大型ジェット旅客機による人命事故一件もなく運航したと発表した。この期間中、五億人を超える人が、一千万便を利用して空の旅をしたのである。技術の危険性はきわめて制御可能なものになったことを、経験が立証している。

　しかし、戦争の例から明らかなように、政府当局というものは、国民の生命と、政府の財政上、政治上の健全さとを、同じはかりにかけて評価するものである。そして時によると、この二つの目的は相矛盾することがある。エンジニアが作る構造物が人命や環境に及ぼす危険性は、絶対完全な安全性の追求が経済に及ぼす危険性との間の矛盾を社会に突きつけることが往々にしてある。われわれは、自分自身の生命と自分の家計簿との間のトレード・オフ関係を知っており、日々にそれを実行している。たとえば、頑丈に作られた自動車よりは議論の余地なく安全性の低い経済型自動車に乗るような場合である。シートベルトや衝撃吸収バンパーや排気浄化器の採用は危険性の低減にはなったが、その利益は消費者が代金を払うことで得られたのだ。安全性をもっと向上させるには、完成までにさらに多くの時間を要するし、自動車の価格をさらに高くすることになるだろう。このことは、エアバッグシステムの開発が示しているところだ。こうして、自動車メーカーと消費者運動家の間では、ほどほどの値段で安全な自動車を生産することについての緊張が絶えない。

エンジニアリングと公衆の安全の関係も同様である。すべての橋や建物は、現在の強度の一〇倍も丈夫に建造することは、しようと思えば可能であったろう。しかしそのためには、資金源が税金であったにしろ民間投資であったにしろ、途方もなくコストが増大したであろう。そして、何故一〇倍も丈夫にするのか？との論議を呼んだだろう。今日では、建物や橋の倒壊はごく稀なことだから、一〇倍も丈夫にするというのは構造上のやりすぎということになったろう。そういう超保守主義は経済を圧迫し、建築環境はきわめてかさ高いものになって、われわれが今日目にしている建築美や様式美とはおよそ違ったものになっていただろう。いや、一〇倍はあまりにも丈夫すぎるという議論もあったろう。五倍ではどうだ？　しかし五倍でもあまりに丈夫すぎるという見方もありえよう。かくて、現行規格に変更を加えないでいくのと、五パーセントまたは一〇〇〇パーセント強度を向上させるのと、数字上の論争は、ゼノンがこの場所からあの場所へ行くのにどれだけかかるかを考えたのと同じくらい、時間がかかることになろう。しかし発展途上国では、危険性をあげつらったり、パラドックス論争をしたりしているようなぜいたくの余裕はなく、それで、そうした諸国の建物やボイラーは、われわれには異常と思えるほど頻繁に、倒壊したり爆発したりするのかもしれない。

冷酷なように思われるかもしれないが、構造物の信頼性の影響は、人命のコストだけでなく、材料のコストを尺度にしても測ることができる。これを実際に行なったのが、米国標準局がバッテル・コロンバス研究所の協力を得て最近実施した研究である。めがねの破損から、ハイウェイの舗装の亀裂、橋の崩落、さては機械の破損など、さまざまな現象一切を含めた破壊により、実際に要したコストのほか、破壊部品の予想交換コスト、最初に壊れた部品に対する損害保険のコストまで含め、年間一千億ドルを超える費用がかかっていることがこの研究の結果判明した。これらの費用は、主として運輸業と建設業に関係するもので、その多くは、破壊予防のための過剰設計（それ以外の理由では不必要なほど頑丈なものを作っておく）、およびメンテナンス（亀裂の拡大を監視する）、それに、破損が生じたときのために交換部品を手もとに置いておくための資材投資で発生する。一九八三年に発表されたこの報告書は、さらに進んで、これら破壊にかかわるコストは、現存の技術をもっと活用することにより、また、将来の研究開発に期待される破壊制御技術の改良により、半分に減らすことが可能だろうと結論づけている。

上下水道システム、高速道路網、橋など、あるのが当然とわれわれが思いこんでいる米国の社会資本の現状に関して最近実施された調査で得られた結論によると、これらの施設は全国各地であまりにもひどく放置されているため、健全な姿に戻すには何十億ドルもかかるという（ある推計では総費用三兆ドルになっている）。このような事態を招いたのは、一つには、エネルギー費と人件費が自治体予算の中に占める割合がどんどん増加していった時期に、経費節約のため、メンテナンスを先送りにした結果である。ニューヨークなど大都市の水道管の中には、百年またはそれ以上もたったものがあるが、その種の水道管は決して永久にもつような設計にはなっていないし、そういう期待のもとに設置されたわけではない。理想を言えば、この種の水道管は、水道システム全体をほどほどに健全な状態に維持し、給水本管が突然破壊するようなことがめったに起こらないようにするためには、常時次から次へと交換しなければならないものなのである。水道本管の破壊が起こると、とんでもない結果を招くことがある。その例が、一九八三年にマンハッタンの町中で一九一五年に埋設された本管が破壊した事故で、水が地下の電力施設に流れ込み、火災が発生した。六台の変圧器が破損し、数日間にわたる停電となった。この事故が起こったのはたまたま、年に一度、全国から一万人のバイヤーがニューヨークの衣料品店街にやって来て、来シーズンの商品を仕入れる時期にあたっていた。停電に見舞われた地区はたまたま、衣料品業者のショールームがある区画だった。そのため、ふだんなら狂乱だけですむはずだったところが騒乱となった。商売ができなくなったための金銭上の損失は数百億ドルにのぼった。

そのような構造的、機械的、システム的な事故を防止すべく、エンジニアがいかなる努力を傾けるかを理解するには、またそれを通じて、いかにして誤りが生じ、影響するところの大きい事故が発生するのかを理解するには、エンジニアリングというものの本質を、たとえ部分的にでも理解する必要がある。科学者が扱う「あるがままの世界」のさまざまな部分と、エンジニアが扱う「作られた世界」とが、形を変えられ、組み合わされて、母なる「自然」が夢にも見なかったようなものが作られるのが、また、エンジニアリングを科学から離別させて芸術と結婚させるのが、設計という過程である。エンジニアリングという仕事を実際に行なうにあたっては、真白なページに対する詩人、空白のカンバスに対する画家、音のない鍵盤に対する作曲家のように、多くの技術的経験を必要とすることは確かだが、エンジニアリングの過程とその生産物を理解し評価することは、詩や、絵画や、音楽の演奏と比べて、それほど近づき難いことではない。実際、われわれみんなが、幼い時にものした傑作に芸術的創造性の萌芽を示し、親たちが大いに誇りとした経験をもっているのとまったく同じように、われわれはみんな、まず自分の身体を、後にはおもちゃのブロックを、だんだんと大胆な位置でバランスさせるやり方をおぼえていったのを通して、構造物のエンジニアリングの本質を経験してきたのである。われわれは、ずっと昔に、這い、座り、あぶなっかしいブロックの塔の間をよちよち歩きすることを学んだのを通じて、退屈きわまりないカクテルパーティの間、自分の身体またはグラスが重力の法則に屈伏するという社交上の事故を起こさず、我慢できるようになったのである。もしわれわれが、親たちやその友人たちの脚の塔の間で立ち上がろうとした幼い日の努力を思い出すことができたならば、われわれは、あるいはバビロンの建築家と呼ばれ、あるいはロスアラモスの科学者と呼ばれるエンジニアたちの仕事とその成果とを評価する第一歩をふみ出したのである。そういう人々の努力は、すべて一つの共通の目的を持っている。すなわち、それ以前には立ったことのないものを立たせること、「自然」を組み変えて何か新しいものを作ること、そして、何より大切なことは、その仕事に際して失敗を避けること。

しかし、人は誤りを免れえないのだから、人が作るものも同じことだ。それゆえ、構造物のエンジニアリングの歴史、それどころか、エンジニアリング全体の歴史は、その成果を通じて語られるだけでなく、その失敗を通じても語られることになるのである。成功はたしかにすばらしいことだが、失敗は成功以上のものをわれわれに教えることが往々にしてある。昔の大失敗が、しばしば新しい出発、新しい成功の前駆となった事実を書くことなしには、ほとんどいかなる歴史も書きえないのは、その理由からである。ハンムラビ法典は、前例をまねて堅固な住宅を建てさせるのには役立ったかもしれないが、家屋を進化させるのには役立たなかった。まして、摩天楼や長大橋は論外であった。当時の建築者が、前例はないがより良い家だと自ら信ずるものを建てたいと思っても、ハンムラビ法典の中には、そういう試みを奨励するような条項が見出せたであろうか? こういうことを言うのは、エンジニアには自由奔放に実験を試みる特権が与えられるべきだと主張したいからではない。そうではなくて、人間の本性というものは、建築についてであれ、芸術についてであれ、過去を乗りこえて進むことを欲するのだということ、エンジニアリングは人間の営みだということを、認識したいからである。

学生としてエンジニアリングを学んでいたとき、私は、卒業後自分にのしかかって来るであろう責任を想像して恐ろしくなった。私が設計するものが壊れたり崩れたりして、多くの人の生命を奪うようなことがないなどと、どうして確言できよう。私は、教科書に対する自分の理解が完全にはほど遠いことを自覚していた。宿題がどこかで間違っていないことはめったになかった。成績もオールAというわけではなかった。この懸念はしばらくの間私にとりつき、AもCもある級友たちは、どうしてこの同じ恐怖感にとりつかれて意気沮喪《そそう》しないでいられるのだろうといぶかった。だが、この種の話題が級友たちとの会話の表面に出てくることは決してなかった。そこで私は、卒業後まっすぐにエンジニアリングの職につくのをやめ、大学院に入ることで、この問題にまともに取り組むのを避けた。その後私は、私がしたような心配は、エンジニアリングの学生の間では決して特別なことではないことを知るようになった。事実、全部ではないまでも多くの学生は、将来の成功の可能性と失敗のおそれとで、自信喪失を経験するものなのだ。医学の学生は患者が生命を落とすことをおそれる。法律家は重要な裁判で敗訴することをおそれる。しかし、誰もかれもが恐怖心を抱いて、それぞれの業務や職業から身を退いてしまったら、それこそ、われわれが避けたいと考えている事態を自らの手で現出させることにもなるであろう。だからこそわれわれは、できるかぎり勤勉に仕事に取り組み、最良の結果を期待するのである。構造物が稀にしか崩壊しないということは、少なくともエンジニアは、いかに大胆な設計に挑戦する場合でも、決して度はずれな危険をおかすものではないということを立証している。

そこで、問題は、なぜ構造物事故が起こるのかということだけでなく、なぜ事故はもっと多く起こらないかということにならなければならない。統計の教えるところによれば、新聞のトップ記事になるような事故は、そのニュース価値が示すように、稀な出来事である。だが、構造物破壊の危険性がなぜ絶対ゼロにはならないかを理解するには、それ以前には存在しなかったものを設計するという、エンジニアリングに特有の問題を理解しなければならない。この点が理解できたなら、なぜ構造物破壊の確率がこれほど低いのかということも、しかし他方この確率をもっと低くすることがどれほど難しいかということも、わかるようになるだろう。危険性を示す数字を、希望通りどこまでもゼロに近づけることは理論的には可能だが、人間の本性というものは、集団的に発揮される場合にも、個別的に発揮される場合にも、そういう危険性皆無の社会の実現とは反対の方向に働くものらしいのである。

2章
人間は転びながら成長する

われわれ人間はみな、ある程度エンジニアである。骨の中に機械や構造物の原理を内蔵しているからだ。歩くことを学んだということは、とりもなおさず、自分の身体を自然の力に抗して保持することを学んだということにほかならない。自分の腕と脚の動きを脳というコンピュータで計算し、野球やサッカーのボールを捕えるが、それは、最先端の兵器システムがミサイルを捕捉するのよりずっと正確だ。人間の進化そのものが、古今を通じて最高のエンジニアリングの達成だったのではないかと、驚異を感ずるほどである。われわれの多くは、自分がかつてはエンジニアリングの原理と実際についてどれほど多くのことを知っていたか、忘れてしまっているけれど、幼い時に聞いたた子守唄やおとぎ話は、われわれが実際はかなりのことを知っていたのだという証拠をとどめている。

われわれは、保護と危険性で包まれてこの世に生まれ出る。そして出生のまさにその瞬間から、破局的な構造物破壊が、一方ではあり得、一方ではあり得ないという、隣り合わせの可能性の中で生きるようになる。われわれをこの世に引き出してくれる医師や、分娩室の中で抱いて歩きまわる看護婦は、それまでに数えきれないほどの赤ん坊を分娩直後逆さに吊り下げ、母親に見せ、産湯を使わせ、足紋を取り、腕に標識を付け、正しく抱いて父親に見せ、保育室に連れていくという作業をしてきた、自信満々たる人間クレーン、人間フォークリフトである。私は、自分の子供がそういうふうに扱われいじりまわされるのを見て、心臓がのどから口の中にでてきそうになるほど仰天し、見ているだけで疲れ切ってしまったものだ。きっと、いつか、どこかで、医師がへまをしたか、看護婦の注意がおろそかになって、取り落とされた赤ん坊があったに相違ない。しかしわれわれは、子供のときも親になってからも、そういうあまりありそうもない、いまわしい筋書きに、いつまでもかかずらっているわけにはいかないし、事実かかずらいはしないし、かかずらっていることは許されない。でないと、人類は分娩室の中で身動きできなくなってしまうだろう。その代わりに、子守り唄の助けを借りて静穏の中で、考えられないようなことを考える。

ねんねん赤ちゃん
木のてっぺんで
風が吹いたら
ゆりかごゆれる
枝が折れたら
ゆりかご落ちる
ゆりかごもろとも
赤ちゃんも落ちる

退院して家に帰ると、両親やその友達や親類の手に、また構造上は強度の足りない兄や姉の手にも抱かれる。厚織りのじゅうたんの上だろうが固い人造石の床の上だろうがおかまいなく、あぶなっかしく高くさし上げられる。歩き始める前におじさんのひざに乗せられるが、このおじさんはわざとひざを下げて驚ろかす。母親からおばさんへ、近所の人へ、父親へ、兄さんと姉さんの間で、にわか造りの腕の橋を渡って運ばれるが、この橋には設計書も図面もありはしないし、その橋を作る人の中には技術士免許状の持ち主なんか一人もいはしない。パパとママの手に戻されてようやく怖い思いを忘れ、そして、人々の腕という梁や桁や柱が信用できること、自分のベビーベッドが信用できることを学ぶのだ。眠るときには世界と一つになり、重力にくるまれる。心は重量をなくして夢みる。耳は、静かな世界を構造あるものにする温かいささやきを聴き、子守り唄や遊戯の中に登場する橋から、自分の身体だけでなく、いろいろな構造物にも気をつけないといけないということを教えられる。

ロンドンばしが　おっこちる
おっこちるったら　おっこちる
ロンドンばしが　おっこちる
きれいなきれいな　おひめさま

きと　いしとで　つくろうよ
つくろうよったら　つくろうよ
きと　いしとで　つくろうよ
きれいなきれいな　おひめさま*

ベビーベッドの上で寝返りし、座り、這い、歩くことを、つまり、自分の体重や、自分が持ち上げ持ち運ぶものの重さを支えることを学ぶにつれて、身体の各部は、てこや、梁や、柱や、さらには起重機や橋などの構造物の働きをするものであることをわれわれは学ぶ。最初はおぼつかないやり方だが、自分自身の失敗から学ぶ。身体の橋が落ちるたびに、また架け直す。手とひざで背中を支え、身体の下を流れる川に橋を架けるのだ。いったん這うことをおぼえると、次は這うことが上手になる。背中と手足の梁や柱がばらばらにならぬよう気を使うことがだんだん少なくてすみ、だんだん早く、自由に動けるようになる。われわれは、幼児の構造理論を発展させ、仮想の世界で成層圏に虹の橋を架け渡し、歩いて渡る。そうしたことは、バブバブという国際語で考えるのだが、幼いものの特権で、星にまでたどりつく。よちよち歩きを試みては倒れることを通じて、この次にはこうしてはいけないということを学ぶ。やがて、考えなくても歩けたり倒れなくなる。だがこれは、歩くことを学んだというよりは、倒れないようにすることを学んだのだ。時にはけがをして腕や脚を折る。治療してもらっては、また前と同じように活動する。病気でさえなければ、老齢のため身体の構造が老朽化し、杖かなにかの支えを借りなければならなくなるまで、生涯を通じて、しっかりと立って歩き続ける。生涯の大部分の間、歩くということは、およそ考えられるかぎり、確実なこととなる。しかし、もし、たとえばジョギングやマラソンなど、ふだん馴れ親しんだ歩行の限界を超えた負荷を身体という構造物にかけようとすると、筋肉がひきつるとか骨にひびが入るとかいった、構造物破損の危険を犯すことになる。しかし、大抵の人は、痛みを感ずるので、引っぱりすぎにならないように、関節がはずれないようにしながら、手に手を取って、来る日も来る日も、歌いながらぐるぐる回る。

ばらの花のまわりをまわろう
ポケットに花びらいっぱい
灰だよ　灰だよ
みんな倒れて死ぬんだよ

もし個体発生が系統発生を繰り返すのであり、もし人類が人類になる以前のすべてのことが胎児の中に前史の形で残されているのであれば、幼児は遊びながら、自分の身体の構成部分に内蔵された構造物エンジニアリングの進化を追体験するのである。身体を作る各部は石のように強固で、幼時の記念碑として永く残るのだろうか、それともエレクター・セットやティンカー・セットやレゴのように、長持ちしないものなのか。この種の今日の最適化の産物は、折り曲げたりはめこんだりして、フレームや橋の形を作り、けっこう長持ちするのだが、それでもその前に子供は、この種のおもちゃから、金属や木材やプラスチックの限界を学びとってしまう。こうした教訓は心の道具箱にしまいこまれ、やがては、われわれみんなの中にいる大工の役に立つ。

ひび割れの上に　そら乗ろう
母さんの背中を　へし折ろう

子供は泥や粘土をもてあそび、太陽の光というすてきな窯で焼いてケーキやれんがを作るだろう。子供は、コンクリートは母さんの背中にひび割れを作るが、子供の背中はばねのように弾力があり、若木のようにしなやかなことを学ぶだろう。子供は緑の柱が立ち上がって花をつけるのを見、花を折り取って親に見せるだろう。夏は籔《やぶ》に緑の屋根をかけ、樹々にカテドラルの天井を作る。子供は時間の意味を悟り、これら緑の構造物は冬になると落ちて骨組みだけが残り、再び暗い土の中から空の光の中に立ち上がってくるのを見るだろう。子供は自ら怒り、他の子供の怒りによって傷つくことを通して、蛮行や破壊行為の、解体や破壊の、崩壊や衰退の意味を、そして構造物の寿命や生命の構造の意味を知るだろう。

スフィンクスはたずねた。「朝には四つ足、昼すぎには二つ足、夕方には三つ足で歩くものは、何か?」

子供は、お人形やおもちゃの兵隊の腕や脚がもげ、車や三輪車の車輪が回ってほしいのとは反対に回り、野球のバットやボールも永久にはもたないことを学ぶ。口に出していう子はいないが、おもちゃははかないものだということはどの子でも知るようになる。そういうおもちゃは、構造物の破損や製品の信頼性ということを、ことばとしてでなく現実としてわれわれに教える。またかつては自分では持ち運べなかったおもちゃが、大きくなると、自分を乗せて運べなくなることを教える。それはあたかも、交通量がもっと少なかった時代に架けられた橋のようなもので、きゃしゃな橋を架けた人が責められないのと同じく、そういうおもちゃを作った人を責めることはできない。またわれわれは、壊れたら直せなくなるものもあるということを学ぶ。

ハンプティ・ダンプティ　へいにすわった
ハンプティ・ダンプティ　ころがりおちた
おうさまのおうまを　みんなあつめても
おうさまのけらいを　みんなあつめても
ハンプティを　もとにはもどせない*

青春期に達した子供は、骨が折れることを学ぶ。脚が身体を推し進めるのに調子を取る腕は、一九世紀を駆け抜けた巨大な怪獣による繰り返し衝撃の下にあった鉄鋼製の鉄道橋と同じく壊れやすい。何千人もの子供の経験が鋳込んだ記憶は、腕や脚が、年をとるにつれて頑丈に、また脆くなっていく一方で、高く賢明にもなっていくことを思い出させてくれる。転ぶことは、ますます少なくなる。やがて少年の腕や脚は若者の腕や脚となり、重力が怖いなんて考えはどこかに放り投げて、赤ん坊を二人の間で投げ渡したり、空中に放り上げたりするようになる。ウヒィ——。しかし、責任と、ふところ工合と、成長していく赤ん坊の重さが、親たちを現実に引きずり下ろし、自分の筋肉と骨との橋や柱のことばかり考えているわけにはいかないことを思い知らせる。若い親たちは、今までは知らなかった種類の業務や悦楽に思いを致すようになる。これはたぶんエンジニアでも同じことだ。

ジャックとジルは　おかにのぼった

バケツにいっぱい　みずくみに
ジャックはころんで　あたまをわった
つられてジルも　すってんころりん＊

ものは本来壊れやすいということが忘れられてしまう。人間の作った世界では万事気楽にやっていればすむということを知ったからだ。あまり高く積み上げたり、あまり遠くまで伸ばしたりはしなくなる。鉛筆をうんと尖らせるかわりに、書くときあまり力を入れないようにする。それで鉛筆の芯を折らずに書けるようになり、人生に波風が立たなくなる。が、すぐに人生は退屈になる（人はだれでも心ひそかに鉛筆の芯が折れるほど力をこめて書いてみたいと思っているものだ）。年をとるにつれ人生の安易さと退屈さを骨身にしみて感ずるようになり、もろく、その故に刺激にみちた人生もありうることに思いをいたすようになる。そこで、年がいもないことをしては骨を折り、後悔のほぞを噛む。人生の知恵を身につけ、運や確率を理解するようになる。何ごとも永久に長持ちはしないことを悟る。

ゴータムむらの　おりこうさんにん
おわんのふねで　うみへでた
もしもおわんが　じょうぶだったら
わたしのうたも　ながかったのに＊

われわれの身体そのものが、エンジニアリングの構造物には限界があることを教えてくれるのだが、それだけでは十分ではないかのように、われわれの使うことばそのものが、人生や人体が日常経験する試練については、あいまいなことしか教えてくれない。生命ある人体も生命なき建材も、緊張や圧力のもとに置かれると、すぐには壊れないまでも疲労するものだ。人間も機械も、能力を超えた重荷を負わされると壊れるのである。エンジニアリングを擬人化したことばで語ることができるのは、たぶん偶然ではないのであろう。人間は機械の原型であるだけではなく、「始原の構造《ウルストラクチュア》」なのだから。

エンジニアリングの所産である動かない構造物であって、あらかじめ予定された状況下、負荷に耐えるよう設計されたもののうちでは、家具は最も古くからあるものに数えられよう。本来の目的以外のことに使ったら家具が壊れたからといって驚く人はいない。無茶な扱いで壊れたときに苦情を言われるのは、無茶をした子供であって、家具の設計者や壊れた家具ではない。椅子は人が座るのを支えればよいのであって、酒席の喧嘩の道具に使うことを期待すべきではないだろう。ベッドは静かに横になっている子供を支えればよいのだし、揺り椅子は幼児を支えればよい。子供がベッドをトランポリン代わりにしたら壊れたからといって、ベッドの設計が悪かったとは言えないだろうし、大きな子供が揺り椅子を飛び込み台にしたら壊れたからといって、椅子に欠陥があったとは言えない。椅子の四本の脚も、ベッドの頭部も足部も、使う人の四肢や身体と同じく、無限に強靱であると期待することはできない。

マザー・グースに出てくる構造物破損は、人間の歴史にでてくるのに負けないほど数多い。子守り唄は人間が作るものの強さに限度があることを教えてくれるが、お伽話は同じようにわかりやすく、人間の本性が過ちを犯しやすいものであることを教えてくれる。「金髪嬢《ゴルディロックス》ちゃんと三びきの熊」の物語は、われわれがどのようにして、心ならずもエンジニアリングの成功から失敗に落ちこんでしまうかを教えている。お父さん熊の椅子が大きく堅く、金髪嬢ちゃんの体重ではびくともしなかったので、嬢ちゃんはどうやら、よく考えもせず、椅子というものはみんな頑丈にできていると思い込んでしまったようだ。次にお母さん熊の椅子にのってみた。これはそれほど大きくはなかったが、前のよりずっと軟らかだった。たぶん細い木でできていたからだろう。だが金髪嬢ちゃんには、この椅子は軟らかすぎ、クッションが沈みすぎるように思えた。しかしともかくも、この椅子も丈夫にできていて、嬢ちゃんを安全に支えてくれた。そこで、頑丈さは二の次になり、「弾力性」と座り心地の良さが先に立つことになった。金髪嬢ちゃんは頑丈さはそっちのけで、座り心地のよい椅子を見つけるのに熱中した。おしまいに嬢ちゃんは赤ちゃん熊の椅子をためしてみた。この椅子はお母さん熊のより堅いが作りは頑丈でなさそうだったのに、嬢ちゃんはこれまでの二つの椅子の経験から、椅子というものはみな丈夫すぎるほど丈夫に設計してあると思いこんでいたものだから、赤ちゃん熊の椅子の安全性はほとんど気にしていなかった。この一番小さい椅子は、初めは「ちょうど良かった」が、エンジニアがぎりぎりの設計をしたときに、椅子でも高所の歩廊でもきまって起こるように、赤ちゃん熊の椅子は突然金髪嬢ちゃんの重さを支えきれなくなり、嬢ちゃんは床に叩きつけられてしまった。

金髪嬢ちゃんは、椅子を壊したのにもこりず、次は、ベッドの寝心地を試してみた。ベッドの構造がしっかりしているかどうかは、まったく気にしなかったようだ。お父さん熊のベッドは堅すぎ、お母さん熊のは軟らかすぎたのだが、金髪嬢ちゃんは、三つの椅子と同じことが三つのベッドにもあるとは思わなかったらしい。赤ちゃん熊のベッドは「ちょうど良く」、嬢ちゃんはそのベッドで寝てしまった。自分の重さでベッドが壊れることなど少しも心配しないで。このお伽話が言外に幼いころのわれわれに教えてくれることの一つは、構造物が一見気まぐれに壊れたり壊れなかったりするこの世で、のんきに構えて生きていく上の心得である。金髪嬢ちゃんは、赤ちゃん熊の椅子を壊したことは気にかけたかもしれないが、椅子やベッドがすべて壊れるものだということは気にしなかったのだ。ブルーノ・ベッテルハイムの説によると、この「金髪嬢ちゃんと三びきの熊」の物語には、本来のお伽話の重要な特徴が欠けているという。つまりこの物語には、報償も慰謝もなく、葛藤の解決もない、金髪嬢ちゃんが三びきの熊の家から逃げ帰るのは、正確な意味でのハッピーエンドにもなっていない、というのである。だが、ベッドが壊れなかったという点では、構造物についての報償と慰謝はあり、その意味で、構造物に関してはハッピーエンドになっている。

金髪嬢ちゃんの物語が、エンジニアリングの生産物の所有者は、その物の強度を過大評価しがちになることを教えているとすれば、「三びきの子豚」の物語が教えるのは、設計者というものが、非常事態に際して——近代的なもったいぶった言い方をすれば、極限荷重または仮想的事故状況のもとで——自分の作る構造物が必要とする強度を、いかに過小評価するかということである。考えてみよう。三びきの子豚はどれも、「家を建てる」という同一の目的を持っていた。三びきが家を建て始めるときのお母さん豚の教えの中では、家は、普通の気候のときに子豚が住めるだけでなく、大きな悪い狼が乱暴をはたらくときのような、極端な力にも耐えられなければならないということが言われていた。

三びきの子豚は三びきとも、狼に壊されてはならないという構造上の要求は心得ていた。だが、狼の乱暴な力がどのくらい強いかについては、三びきの考えは違っていた。子豚の中には、仕事はできるだけ少なくし、たくさん遊ぶのがいいと考えるのもいた。その結果、それぞれの子豚は、家をどのくらい頑丈にしなければならないかの予測が違っていた。三びきはそれぞれ、手に入りやすい材料で間に合わせ、家を建てる時間を短縮するため、家の強度をどの程度甘くしていいかという点に関し、違った結論に到達した。三びきの子豚が三びきとも、十分頑丈な家を作ったと信じていたことは、年上の二ひきの子豚が「誰が大きな悪い狼を恐がるものか」と歌い踊ったことでよく示されている。この二ひきは、自分の家は十分安全だと信じ、煉瓦の家を建てるのに苦労している弟豚は、狼の強さを過大評価し、構造物を過剰設計していると考えたのだ。結局、三番目の家が完成したときには、三びきが三びきとも、確信をもって歌い踊ったのだった。狼が怒り狂って力いっぱいあばれ廻るという試験にあってはじめて、正しかったのは三番目の子豚だったことが最終的に証明された。もし狼がこけおどしだったら、三軒の家は三軒とも何年も長持ちして、年上の二ひきの豚も間違ってはいなかったということになったかもしれない。

われわれ自身の身体が、口伝えの物語や子守り唄が、ブロックや砂で遊んだ経験が、すべて、構造物が壊れるのは人間の生の一部なのだという考えをわれわれに植えつける。こうしてわれわれは、橋やダム、建物や船はときどき壊れるものだと予期するように、あらかじめ教え込まれるか、少なくとも気分の上では覚悟するようになるらしい。しかし他方でわれわれは、エンジニアが作る大きな構造物も、人間と同じ程度にうつろいやすいものだという考えに甘んじきってはいないようだ。大人になると子供の頃のことを忘れるように、われわれはどういうわけか、われわれの構造物が失敗作にはならず、成功作になることを期待している。エンジニアもエンジニアでない人も同じように、人間として、自分たちの創造するものが人間の限界を超えたものになることを望んでいる。そしてその望みはどうやら、非現実的な願望ではないらしいのだ。鋼や石でできた肉や骨は、人間の肉や骨と比べれば、不死身のようにも思えるのであるから。

（＊注）『マザー・グース』からの引用は、谷川俊太郎氏の訳（講談社文庫）を使わせていただいた。谷川氏が使われた原詞と、本書の引用詞句とが相違している場合は、一部改変した。

3章
遊びから学び実人生から学ぶ

疲労というエンジニアリング上の概念を学生に教えるとき、私はひと箱の紙クリップを教室に持っていく。学生たちの目の前で、一つのクリップを平らに伸ばし、またもとのように曲げる。曲げ伸ばしを繰り返しているうちにクリップは二つに折れる。これが疲労破壊というものだ、と学生たちに教え、何回曲げ伸ばしすればクリップが折れるかは、クリップの強度によるだけでなく、曲げ伸ばしの激しさにもよるのだと言ってきかせる。紙クリップを、二、三枚の紙をとじる普通の使い方をしていれば、はさんだりはずしたりするのにほんの少し開いたり閉じたり、何千回、何万回も持ちこたえ、クリップが折れることはめったにないだろう。しかし、本一冊分の紙をとじるほど大きくクリップを開いたら、十回か二十回曲げ伸ばししただけでクリップは折れるところまでいってしまうだろう。

こう言っておいて、学生一人一人に、五つか六つのクリップを配り、私がやって見せたようにいっぱい伸ばしては曲げるのを、クリップが折れるまで繰り返すように言いつける。学生たちがこの安上がりな実験にとりかかると、私は黒板に、個々のクリップが折れるまでに何回曲げ伸ばしを要したか、記録する準備をする。学生に回数を報告させ、その数を棒グラフに描いて、度数分布曲線《ヒストグラム》と称する図表を作る。その結果は間違いなく見事な鐘形の正規分布曲線になり、結果が統計的に分布することを示す。そこで学生たちに、すべての紙クリップが同じ曲げ伸ばし回数で折れなかったのはなぜかの説明を求める。ふつうは全員が二つの主な理由で一致する。紙クリップが全部同じ強さにはできていないこと。全部の学生が正確に同じようにはクリップを曲げ伸ばししないこと。こうして学生はその場で、疲労という現象、疲労破壊という事実は、正確には予知できない事象であることを理解する。

日常生活で経験する些細な不快事の中には、正確には予知できないが、繰り返し使用のため、起こるべくして起こった破壊に起因するものが多い。靴ひもや電球、その他多くのありふれた品物は、まったく突然に、しかもまことに都合の悪いときに駄目になるような気がする。こうした品物は、それまでに何百回も何千回もしてきたのと比べて、少しも烈しい扱いをしたわけではないのに、壊れたり燃え切れたりする。電球が何十年にもわたって灯り続けたら世界記録の本に載るかもしれない。しかし、疲労という現象に通じたエンジニアにとっては、それはとくに驚くほどのことではない。もし電球が、毎日点滅して何十年ももったのなら、その耐久性はたいへんなものなのだ。電球のフィラメントが駄目になるのは、熱したり冷ましたりするからであって、続けざまに熱しているからではない。このように、たえず条件が変化して疲労効果が作用しているので、スコアボードの電球に切れたのが一個もないのは珍しいことになるのだ。

子供のおもちゃはとりわけ疲労破壊を起こしやすい。それは、子供たちがいつまでもきりがないのではないかと思われるほど、おもちゃ遊びを続けるからだけではなく、おもちゃというものは一般に過剰設計がされていないからだ。おもちゃをあまり頑丈に作りすぎると、模倣製品よりも高価になることはさておき、子供が扱うには重すぎることになる。そういうわけで、ゴムボールの縫い目は何度もはね返らせていると口を開けるし、三輪車の接合部は家のまわりを何度もまわっているうちに折れ、人形の頭は何度もうなずかせているると取れてしまうのだ。

近年発売された中でも最も斬新なエレクトロニクス玩具の一つも、子供たち（とその親たち）が遊びあきるよりずっと前に機械的疲労がきてしまった。テキサス・インスツルメント社製の「スピーク・アンド・スペル」は、マイクロエレクトロニクス応用の音声シンセサイザーをはじめてうまく利用した玩具である。鮮やかな赤い色をしたプラスチック製のこの玩具は、今はおなじみとなった例の声で、内部の記憶装置にしまいこまれた単語集の中の一つの単語を綴ってごらんと子供に問いかける。子供がキーボードの文字を叩くと、計算機のに似たディスプレイに綴りが現われる。単語を綴り終えた子供が「ENTER」キーを叩くと、コンピュータ玩具は綴りの正否を教え、もし間違っていたらもう一度やり直すように子供に命じる。この「スピーク・アンド・スペル」がどんなに良くできているかというと、子供が五分間ほどキーを叩かずにいると自動的にスイッチが切れ、四個の単三型電池を保護するようになっているのだ。

私の息子スティーブンが手にした初期の型の「スピーク・アンド・スペル」は、何百時間とも知れぬほど息子を楽しませてくれたあげく、ある日、「ENTER」キーがプラスチックの取り付け部のところで折れてしまった。だがスティーブンは細い指をボタン穴にさし入れてスイッチを押すことができたので、引き続き、壊れはしたがこのしゃれた玩具で楽しんでいた。しかしその後、Eのキーが折れ、間もなくTとOが続いた。それでもスティーブンはまだその玩具で遊んでいたが、キーボードはやがて欠字だらけになり、幸い真空掃除機から回収できた文字には、接着テープでつないだキーが並ぶことになった。

この壊れ方が私にとって面白かったのは、英語で最も高い頻度で使われる文字と、スティーブンの「スピーク・アンド・スペル」で疲労破壊を来したキーとの間に深い関係があることだった。「ENTER」キーが最初に折れたのに不思議はない。単語を一つ入力することに叩かれるので、どの文字のキーよりも使用回数が多いからだ。英語で最も多く出てくる八つの文字――Ｅ、Ｔ、Ａ、Ｏ、Ｉ、Ｎ、Ｓ、Ｒの順――のうちの五つ（Ｅ、Ｔ、Ｏ、Ｓ、Ｒ）のキーが、最も早く壊れたうちに入っていた。私が、疲労現象に関するこの意図せざる実験についてはじめて『テクノロジー・レビュー』誌に寄稿したときには、異常に早く壊れたと思われるもう二つのキー、ＰとＹとを除いて、他のキーはすべて健在だった。

もし、「スピーク・アンド・スペル」の文字キーがすべて、製造過程の条件の範囲内で同じように、たぶん紙クリップにまさるとも劣らないほど均一に、作られていると仮定すれば、壊れたプラスチックのキーは一般に最も高頻度で叩かれたキーであったはずだ。普通の英語の単語中に文字の出てくる頻度と、折れたキーとの間の関係は、事実その通りのことが起こったことを実証している。異常な壊れ方をしたキーも、異常に頻繁に使われたということで説明できそうだからだ。私の息子は右利きだから、綴りを考えているときとか、単に文字遊びをしているときには、キーボードの右側にある文字をよく押したと考えられよう。早期に壊れたキーの中には、「スピーク・アンド・スペル」の一番左の四列に並んでいる文字はなかったから、英語によくでてくる文字のＡとＮとが健在だった理由も、息子のこの習癖で説明できるだろう。Ｉのキーが不思議にも壊れずに残っていたのは、このキーが統計的に異常に頑丈にできていたためか、仲間といっしょにいるのが好きな少年が、「Ｉ」という単語をあまり使わなかったためかもしれない。英語に出てくる頻度の低いＰとＹが壊れたのは、これらのキーが統計的に弱くできていたか、息子がこれらのキーを頻繁に使ったかによるものだろう。息子は「ＳＴＥＰＨＥＮ《スティーブン》」という自分の名前や、「ＰＯＬＬＵＸ《ポラックス》」という愛猫の名前をしばしば綴っていたから、Ｐは息子のお気に入りの文字だったろうし、また息子は、この玩具を手に入れる前から、Ｙの字が母音として使われる場合もあることを教わっていた。その上、「スピーク・アンド・スペル」は、Yのキーが押されるたびに、「なぜ？」という子供の大好きな質問を発するのだ。

なぜ、プラスチック製ボタンの疲労が、私の息子の最新エレクトロニクス玩具を駄目にする、弱い繋ぎ目になったのか。このことは、エンジニアの行なう設計という仕事を理解する上の、中心的な設問となる。この玩具の設計者は、疲労の問題を予想しなかったと思われるのだが、それはなぜか？　設計者が、同じ玩具のエレクトロニクス系統よりも長持ちするボタンを使わなかったのはなぜか？　疲労というのは、ずっと昔から、機械や構造物の寿命を支配する問題であることがわかっているのに、設計者がそれを回避しなかったのはなぜか？　この種の質問は、橋が崩落したり、飛行機が墜落したりした後で出される質問と異なるものではない。だが橋の崩落や飛行機の墜落は何百人もの人命を危険にさらし、それ故、橋や飛行機の何らかの部分の疲労の可能性は、その疲労の犠牲者が何も学ぶことのできない教訓となってしまいかねない。だが、子供のおもちゃの破壊は、そのときには涙のたねだが、その子供の将来に、電球や靴ひもが切れたときのための教訓となることは間違いない。何年かたって、大切な約束のため大急ぎで身仕度しているとき、靴ひもが切れたら、成人した子供はきっと問うだろう。「なぜ？」

私がこの予想外の実験について文章を書いた後、息子は私の机から「スピーク・アンド・スペル」を取り戻し、またその玩具で遊び始めた。したがって実験も再開された。間もなくもう一つのキーが壊れた。キーボードの左下の位置にあって、息子が親指を置いていたキーだ。続いてA。これも母音で、アルファベットの中で三番目に出現頻度の高い文字である。しかし実験はここまでで終わった。娘のカレンが電機店で見つけて私に教えてくれた、キーボードの設計を変えた新型の「スピーク・アンド・スペル」がスティーブンのものになったからだ。この新型は、一個ずつ関節止めにしたプラスチックのボタンでなく、一枚のゴム状のプラスチック・シートにキーボードを印刷し、スイッチの列の上にかぶせてある。スティーブンが手に入れたこの新型は、映画に登場したかわいい異星生物の名をとって、「ETスピーク・アンド・スペル」と命名されている。私は、このEとTという、出現頻度のごく高い二つの文字のあたりのプラスチック・シートを観察している。疲労のお化けがまたいたずらをするのではないかと思って。

息子の「スピーク・アンド・スペル」について文章を書いて程なく、私は多くの読者から、読者の子供たちもやはり、見るかげもなくなったキーボードで遊ぶはめになっていることを知らされた。子供たちが今後、この完全にはほど遠い世の中で生きていく間に、破壊や破損に耐え忍ばなければならない、その手はじめとして、壊れたキーを我慢し、その場しのぎの工夫をしているということは、この玩具と、子供たちが工夫した補助具とがよくできていることの何よりの証しになる。親たちの中には、子供が、鉛筆のお尻の消しゴムの部分が旧型「スピーク・アンド・スペル」のボタンが取れた後の穴にちょうどはまることを発見して、指先を使わずに使用頻度の高い文字を入力していると知らせてくれた人がいた。私は、この工夫は実は、この玩具で遊ぶのが好きな親たちの発明ではないかと疑っている。ママさんやパパさんの指は太すぎるかもしれないが、たいていの子供の指は容易にボタンが壊れた後の穴に入るはずだからだ。

いずれにせよ、こういう創意工夫がなされるということは、この玩具が、欠陥を持ちながらも商品としては成功であったことを示している。しかも会社は、キーの疲労の問題を解決すべくキーボードの設計を改良した。新型のボタンのないキーボードは、簡単にきれいに拭くことができるし、無骨なおとなの指でも押すことができる。「スピーク・アンド・スペル」のキーボードの進化は、大量生産品が、必ずしも意図した結果ではないにせよ、使用を通じて欠点を取り除いていく、典型例と言えなくもない。当初、マイクロエレクトロニクスの魔法の最新応用の玩具にかなりの金額をはたいた親たちには不満だったかもしれないが、子供たちは、歩き方や話し方を学んでいた時代からまださほど遠くには来ていず、すりむいた膝やまわらぬ舌にひけめを感じているのだから、キーの破損を苦もなく乗り越えたのだ。たぶんこの玩具のメーカーは、最初のもの言うコンピュータを市場に出すのに有頂天になって、玩具設計上のありふれた部分を見逃してしまったのだろう。だが、キーの破損に注意が向いたからには、この玩具の機械的な欠点を取り除くべく、急ぎ手を打ったのである。

息子の「スピーク・アンド・スペル」のキーの最初の一個が壊れたとき、私はいささか憤りをおぼえたことを記憶している。エンジニアリングに限界のあることは十分理解しており、また、近所の人に向かっては、ハイアットリージェンシー・ホテルの空中歩廊やDC—10型機のような事故が起こっても、その責任をはっきり問えないことがありうるのだと釈明に務めてはいたのだが、この玩具の設計者に対しては寛容になれなかったのだ。しかし、何百万個も生産されるものと、一品生産のものとでは、設計・開発におのずから違いがあり、大量生産の機械製品やエレクトロニクス製品の場合には、欠陥の是正や改良が、製品が消費者の手に渡ってからなされることがあるのは稀ではない。しかし、玩具の新型を作ったり、自動車の回収キャンペーンをするなどということは、土木エンジニアの作る大規模構造物では不可能で、この種の構造物は、建設の最初の段階からいささかの不都合もあってはならない。だから私は、「スピーク・アンド・スペル」の設計者にも寛容をもってのぞまなければならなかったのだ。正直のところ、誤りを犯すのは、土木エンジニアだけでなく、機械や電気のエンジニアも同じことなのだから。たぶん誰かが、子供がこの新式玩具で遊ぶのに飽きるまでに「E」のキーが何回叩かれるのかについて、過少評価したのだろう。それに何といっても、大抵のおもちゃは、壊れるよりずっと早く放り出されてしまうものだ。私自身が子供のときに手にすることができたどのおもちゃよりも高級なこの「スピーク・アンド・スペル」には、私がどうしても正しく綴れない単語の間違いを教えてくれる能力があるのなら、私はこのおもちゃに、もっと別な超人的属性、たとえば非破壊性といったものを求めたくもなろうではないか。だが、そういう属性は、何ものにも求めるわけにはいかないのだ。

電球や靴ひもが、それもきわめて都合が悪いときに切れたら、誰しも腹を立てるだろうが、電球や靴ひもの工合が悪いといって販売店に返品に行こうと考える人はめったにいないだろう。われわれは皆、電球のフィラメントに適する材料を探し求めたトーマス・エジソンの業績を知っており、技術の成果をよく認識し感謝している。切れない靴ひもを作るには、到底容認するわけにはいかないほどの代償を支払わなければならないということを、われわれはほとんど直観的に知っている。そんな靴ひもは、我慢できないほど重いか、日常はいている靴には不似合なほど高いものになるだろう。だからわれわれは、都合の悪いときに靴ひもが切れる不便さを覚悟して生活するか、靴ひもがもうすぐ切れそうだから早めに取り替えたほうがいいのだがという精神的負担を感じているほうを選んでいるのである。なみはずれてうるさい人でないかぎり、われわれは、すり切れた靴ひもや古くなった電球の予防保全にはほとんど意を用いず、破損の危険を承知で暮らしている。それでも靴ひもや電球が切れたときには、われわれは「なぜ？」という問いを発するだろう。その答えはとっくに知っているし、それで仕方がないと思っているのに。

しかし、破壊のもたらす結果がもっと重大なものについては、われわれが破壊に対して持っておかなければならない事前の配慮は、生死にかかわる問題となる。自動車は百万台単位で生産されるが、ハイウェイ走行中の自動車が、家庭で靴ひもや電球が切れるように、一瞬にして壊れるということは許すわけにはいかない。自動車が壊れるときにはどのようにして壊れるかを予想し、可能なかぎり、その不工合が、避けうべき致命的事故につながることのないよう、対策を講じておかなければならない。タイヤはパンクしやすいものだから、もしパンクした場合には、路肩までは安全に車を寄せられるようにしておいてほしいものだ。そして、パンク対策としては交換タイヤを車に積んでいる。それ以外の自動車の不工合はパンクと同列には扱えない。四つの車輪のブレーキと非常用ブレーキシステムとが突然、それも同時に故障するなどということはごめんこうむりたい。曲りくねった山岳道路をさばいている最中に、握りしめたハンドルの輪がはずれるなどということもあってほしくない。自動車のいくつかの特定の部品には特別な注意が払われている。稀にではあるが、そうした部品が壊れて惨事を招くと、たいへんな訴訟沙汰になることがある。自動車メーカーは、災害の危険があることに気がつくと、設計に起因する事故の可能性がどんなにわずかでも、大規模な回収キャンペーンを実施して、その原因を除去することを余儀なくされる。これはわれわれが皆すでによく知っていることだ。

誤りを犯すのが人間というものであるのと同じく、誤りを避けようとするのも人間のしわざである。あらゆるものは必ず工合が悪くなるというマーフィの法則があるが、これは自然の法則ではなく、冗談である。いやになるほど長持ちする電球、靴よりも長持ちする靴ひも、下取りに出されるまで故障なく運転できる自動車、これらはすべて、マーフィの誤りの生き証人だ。マーフィその人の生命はマーフィの法則の生命がつきる前につきるのと同じく、作られたものはすべて、永遠に長持ちすることはないし、そんなことは誰も期待していない。この基本的事実を認めるならば、機械や建物が、それを作った人間が努力して実現しようとした設計寿命を満たすまで長持ちするということは、エンジニアにとって現実的な目標であると同時に、消費者にとっても合理的な期待であるだろう。いつまでも切れない靴ひもを買いたいとか、永久運動機関を発明しようとか、決して故障しない自動車を作ろうとかいった非現実的な目標を課したとすれば、それは馬鹿であり、理性ある動物とは言えないということになろう。

オリバー・ウェンデル・ホームズの名は、かれがハーバード大学医学部の解剖学および生理学のパークマン記念教授として遂行した「産褥熱の伝染性」に関する研究よりは、ユーモアと詩のほうで広く人々の記憶にとどめられている。だがホームズが、生理学者としての経験をもとに、構造エンジニアや機械エンジニアのための教訓をものすることができたのは、彼が、人体の各部分は一見独立して動作することを理解していたおかげかもしれない。われわれの中には、膝がまず悪くなる人もいるし、まず腰にくる人もいるが、身体中の関節が全部一時にばらばらになる人はいない。そこでホームズは、どこにも弱い繋ぎ目のない馬車を設計しようと考えることの愚かしさを構想したのだった。

ホームズが「一頭だて馬車《ワン・ホース・シェイ》」のたとえを使って、論理の体系というものは、どんなに完璧なように見えても、もしその前提が間違っていれば崩壊してしまうと主張したのは、カルビニズムに対する攻撃を意図してのことだったのだが、この詩はエンジニアにとっても良い教訓になる。事実、マイクロ・メジャメント社という、ノースカロライナ州ローリー所在の、機械や構造物の張応力測定器メーカーは、ホームズの詩、「親方の自慢の傑作」が自社の商売にふさわしいと考え、その詩を額に入れて飾れる形に印刷して顧客に配布した。その印刷物に付された会社の宣伝文には、「……ホームズは、どの部分をとってみても〝弱い繋ぎ目〟のない馬車の詩を作ったとき、近代の技術のことを……知っていたわけではないが……完璧なエンジニアリングの産物を実現しようと企てることの愚かしさをよく認識していた」と書いてあった。

ホームズの詩は本書の四二ページ以降に再録してあるが、そこに登場する職人の親方は、壊れることのない馬車を作ろうと決心した。どの部分をとっても、他の部分と同じように頑丈に作れば壊れることはない。しかしこの親方は、あらゆるものには寿命があること。したがって、もし「どの部分も他の部分と同様に強い」馬車が実際に作れたならば、各部分は同時に「疲れ切り」、親方自身は自分の作品より先にあの世へ行くだろうが、親方からこの馬車を受けついだ人間は、ある日びっくり仰天させられることになるだろうということには思い及ばなかった。「親方の自慢の傑作」は、破壊とは、ある一つの部分、最も弱い繋ぎ目が疲れ切ることだということを認識している点で興味深いが、すべての部分が正確に同一の寿命を持ちえたとしている点で、技術的には現実性を欠いている。この仮定は、われわれに知りうるのは、あれこれの部分はほぼ何年間もつだろうということ以上のものではない、という事実に反している。それは、一個のクリップを何回曲げたら折れるかは、確率でしか言えないのと同じことだ。ある部品、または機械、または構造物の正確な寿命は、その部分なり機械なり構造物なりが壊れて後にはじめて明らかになる。

われわれ人間は、自分たち自身の限界を知らなければならないのと同じく生命なき世界の限界をも知らなければならない。スフィンクスの謎は、歩けるようになる前には這わなければならないこと、また、いつまでも歩くことができるわけではないことを教えてくれるが、そのスフィンクスの国のピラミッドでさえ、砂と風により侵食されている。地上にあるもの何一つとして、地質的な時間の尺度で見れば滅びないものはないし、われわれが作るもの何一つとして、最初の強さを永久に持ち続けるものはない。鋼は腐食するし、ダイアモンドも割れることがある。原子力廃棄物にも半減期がある。

エンジニアリングは人間であれ、人間以外のものであれ、寿命を取り扱う。寿命には疲労や破壊以外に腐食や侵食がある。戦争や破壊行為がなくとも、趣味や流行が、かつては新しかった機械の、実体のみならず効用をも無に帰する。寿命はときによると、そのエンジニアリングの産物の使用目的により規定されることがある。その例は洋上の石油採掘プラットフォームで、その海底の岩層から石油を採取しつくすのに要する二〇年から三〇年の間だけもつように設計すればよい。ある特定の橋の任務がいつ終了するかを予想するのは、石油プラットフォームより難しい。だがエンジニアは、橋の主要部分を、いつ検査し、補修し、交換すべきかを決めるためだけにでも、橋の寿命をかなり明確につかむことが要求される。事務所用ビルディングの使われ方は、実業界の気まぐれな流行に左右されるので、今日の近代的な摩天楼も五〇年後には借り手がつかなくなることがある。博物館や政府の建物などの記念碑的建造物には永存性が求められ、エンジニアは世紀単位でものを考えなければならない。カテドラルは千年単位だ。

構造物の寿命というのは、単なる擬人化したたとえではない。あるエンジニアリングの産物が、どれだけの期間もたなければならないかということは、その設計を行なうに際して考慮すべき最も重要な点の一つである。子供のおもちゃや電球のスイッチを、しょっちゅう入れたり切ったりすることが、どれほど、回復不能な損傷の原因になるかを見てきたが、エンジニアリングの所産である大規模構造物についても事情は同じである。洋上の石油掘削プラットフォームにたえず作用する海の波は、プラットフォームの溶接部に、紙クリップやプラスチック部品に作用したのと同じ前後への力を及ぼし、何回も曲げられると遂には亀裂を生ずる。通行する人や車のもとで橋が揺れ、風の中で摩天楼が揺らぐと、やはり、鋼のケーブルやコンクリートの梁の亀裂が成長し、あるいは、強度が低下する。現代のエンジニアが行なわなければならない計算の中で最も大切なのは、構造物の寿命に影響するような亀裂あるいは単なる劣化がその構造物の材料に発生するまでには、どれほどの期間を要するかの予測である。しかし時として、計算よりも多くのことを経験から学ぶことがある。

息子が「スピーク・アンド・スペル」を卒業して何年かたち、一度はあれほど欲しがったビデオゲームにも飽きて何か月か後のこと、今度は電池のいらない玩具を欲しがり始めた。最初はBB銃がご所望だったが、妻も私も息子にそんなものを持たせたくはなかった。そこで息子は、パチンコが欲しいと言い出した。ほとんど聖書の時代に起源を持つのではないかと思われるこの武器は、玩具としては銃よりもいくらか暴力性が少ないように思えたし、ノーマン・ロックウェルの絵の中の光景をも思い出させてくれた。その絵とは、いかにもやんちゃらしい少年が、手製のパチンコを、破れた窓からのぞいている隣人の目にとまらぬよう、背中にかくしている図である。これは、飛ばしすぎた野球のヒットと同じくらい、まことに無邪気なアメリカの風景だ。子供にパチンコを持つことを禁ずるのは、子供であることを禁ずるようなもので、誰もそんなことをしようとは思うまい。

だが、息子が既製品のパチンコを買いたがっているのだと知ったときには、いささか驚きだった。もっと驚いたことには、息子にパチンコを買うことを思いつかせたのは、ノーマン・ロックウェルの絵のイメージにふさわしいシアーズのカタログではなく、このハイテク時代の少年の夢をかきたてるにふさわしいディスカウントストアのカタログの中の一冊だった。息子が頭に描いていたパチンコとは、量産品の金属製のしろもので、私が頭に描くパチンコとの違いは、人造のクリスマスツリーが縦の木でできていると思うほどにもかけ離れていたのだ。

私は、ほんもののパチンコとはどんなものか作って見せてやろう、それにちょうどよい枝わかれした木を探そうと言って、家の裏の林に連れ出したのだが、スティーブンは半信半疑の顔つきだった。二人は先ごろの嵐で折れた木の枝をいくつか拾い集め、家のテラスに持ち込んで、約束の品物の組み立てに取りかかったのだが、残念なことに、松の枝や乾いた柳の木が折れやすいものだということを私は忘れてしまっていた。そこで、Ｙの字の斜めの腕にゴムバンドを巻きつけて、優雅な武器を製作しようという当初の企ては、構造物破壊に見舞われてしまった。何度もしくじった末、ようやく、パチンコとしての取り扱いに耐える丈夫な枝を見つけ出すことができたが、ゴムをあまり強く引くと折れてしまうため、その射程はごくごく限られたものでしかなかった。

息子は、私にパチンコを作る能力がないことに失望の色をあらわにした。その夕方、食事後出かけて一時間ほども姿を見せなかったときは、親父に幻滅して家出したのではないかと心配したほどだった。だが、帰って来た息子は、私が裏の林で見つけたのよりずっと頑丈でしなやかなＹ字形の木の枝をいくつも持っていた。私たちは家にある一番太いゴムバンドをその木片に巻きつけ、折れないようにすることに成功した。残念ながら、その製品はパチンコとしての役には立たなかった。ゴムバンドはＹの字の斜めの部分でしょっちゅう滑り落ちたし、バンドは持ちにくく、弾丸にした小石が滑り落ちたり、あらぬ方向へ飛んでいったりした。

木の枝とゴムバンドの組み合わせで、性能がよくしかも折れないパチンコを作ろうと、一週間近く失敗を重ねたあげく、とうとう私は、家の地下室に散らかっている材木を使ってみて、それでも満足のいくパチンコが作れなかった場合は、買ってやろうと約束するほか致しようのないはめに陥った。合板の切れはしの山をかきわけて一枚を選び出し、のこぎりでＹ字形の木片を切り出すため、その板の上に立たせておいた間、スティーブンは半信半疑ながら我慢していた。ゴムバンドを通す穴を開けると、スティーブンはそろそろ我慢しきれなくなった。私はそれにこたえて、合板にペーパーをかけたり角をまるめたりするのを省略し、試験発射をすることにした。妻が原稿を束ねるのに使っている赤い太めのゴムバンドを取り出して見せると、息子は目をまるくし、ゴムバンドの端をY字形合板の穴に通したときには、これはもしかするとほんもののパチンコが手に入ることになりそうだと思いはじめたようだった。組み立てが完了し、私は小さい石ころがどのくらい遠くまで飛ぶかためして見せた。だが私は、少なくとも自分自身では、細いゴムバンドで釣り合いよく小石をはさむのが非常にやりにくいことを認めざるをえなかった。息子は私の作品にお世辞を言ってくれたが、当然のことながら有頂天というには程遠かった。息子が小石を射つと、たよりない弾道を描いて、標的のはるか手前に落ちてしまう。息子のパチンコが、友達がカタログで買ったのとは比べものにならないことは明らかだった。

私は口には出さなかったが、この手作りパチンコは設計がまずいことを認めていた。そこで、息子に顔を立てるための絶体絶命の試みとして、もう一本のゴムバンドを付け加え、さらに大きな弾丸受けを取りつけて、パチンコの射程を伸ばすとともに命中精度も向上させることをねらった。この改良は見事に的中し、わがパチンコは、ほとんどどこまでも弾丸を飛ばせるようになり、使い勝手もよくなった。かくして、性能絶大なパチンコを手に入れた息子は、いよいよ最終試射にとりかかった。二人は週末を丸々つぶして、優に三〇メートルもの距離からビールびんをねらい射った。第一発目はガラスのかけらをはねとばすという歴史的な成功をおさめ、第二発目は威力を見せて緑色のガラスに見事に穴を打ち抜き、びんは立ったままという奇跡を演じた。わが手作りパチンコの弾道が定まってきたので、標的をビールびんから空き缶に取り替え、次から次へと射ちまくった。

あまり射ちつづけたものだから、ゴムバンドが疲労破壊を示しはじめた。息子はそれを苦にする素振りもなく、パチンコはそうなるのが当然と覚悟しているふうだった。息子のおもちゃが壊れるのはこれが初めてではなかったし、パチンコは親方の自慢の傑作ではないのだから。ゴムバンドが切れると新しいのに取り替えた。それよりめんどうなのは、ゴムバンドがパチンコの腕の先からはずれてしまうことだった。はずれ止めの仕掛けは何もしてなかった。しかしそのうちに、切れたゴムバンドで腕の先を巻き、使用中のゴムバンドを固定するという工夫ができた。これは見事に成功し、壊れた材料を活用して改良型パチンコを製作するというアイデアは息子には大いに気に入られた。息子は自分のパチンコの性能はカタログ販売のどのパチンコよりも優秀だと信ずるようになり、しかも、その上等のパチンコが、木材の切れはしとゴムバンドを使って手作りでできたということに、ことのほか喜びを感じていた。完成するまでに折れた木の枝、はずれたゴムバンド、およそ使いものにならなかった初期の作品、これらのことは、いかなる教科書よりも、またいかなる戯れ詩よりも、長く心に残る構造物エンジニアリングの教育を息子に授けてくれた。息子は、うまく動作しないものに徐々に改良を加えて、役に立つものを作り上げることを学んだ。失敗から学ぶということを学んだ。わが息子は一一歳にして、エンジニアリングの最も重要な課目の一つを身につけるとともに、エンジニアであることによって経験する失望と喜びをも学んだのだった。

付　録

「親方の自慢の傑作」

または、すてきな「一頭立て馬車」という、
理屈、理屈の物語

オリバー・ウェンデル・ホームズ作

さあて　皆の衆　　　うわさにきいたか
すてきな馬車の　　　ふしぎな話。
理屈にかなった　　　造りのゆえに
走り走って　　　　　なんと百年、
ある日とつぜん――　だが　ちょい待ちな
いずれとっくり　　　話そうほどに。
司祭さまさえ　　　　腰をぬかした
村の衆一同　　　　　口をあんぐり、

きかずば損する　ふしぎな話。

一千七百　五十と五年、
ジョージ二世が　まだご在世
もとをただせば　ドイツのお種。
その年おこった　リスボン地震
大地ががぶりと　大口あけて
町をそっくり　呑みこんだのさ。
そして将軍　ブラドックどの
インデアンめに　まんまとやられ
頭の皮を　はがれる始末。
リスボン地震の　ちょうどその日だ
親方自慢の　どえらい馬車が
まことみごとに　仕上がったのは。

さて皆の衆　よくお聴きあれ、
馬車というもの　どこか一つは
弱いところが　なくてはすまぬ。

車か　ばねか
壁か　横木か
ねじか　くさびか
上　下　中　外
さがして見れば
弱いところが
それがあるから
いつかこわれる

またかじ棒か
しきいか　床か
また　貫き革か
それは知らぬが
どこかに一つ
見つかるものだ。
馬車というもの
そうではないか。

そこで親方
「おらあ作るぞ！
町中　国中
馬車を出かして
どうして作る？
弱いところを
どこも同じに
作ればできるさ

いとおごそかに
それ誓言じゃ」
皆腰ぬかす
お目にかけよう。
わけはないこと
一つもなくし
頑丈しごくに
きまったことよ！

そこで親方
どこぞにないか
馬車の車に
曲げても折っても
つぎは直《す》ぐな木
壁は白木だ
長もちすること
車の軸には
お植えなさって
にれの古木だ、
斧もくさびも
踏み板　突き棒
青びかりする
貫き革作るは
幌にするのは
なめし屋の壺
漬けてねかせて
こんな工合に

村の衆にきいた、
よい樫の木は
おあつらえ向きの
割れないやつは、
かじ棒にする、
すいすい切れて
鉄にも負けぬ。
ご先祖さまが
一本残った
とびきり堅く
はね返すやつ。
ばねやねじには
とっときの鉄。
野牛の背革
ひね牛の皮
一番底に
あったしろもの。
寄せて集めて

「そりゃ！」と親方

さあ皆の衆
世にたぐいない
やがて仔馬は
自慢のひげにも
親方　お内儀も
息子も孫も
それでも　親方
変わらぬすがたで
リスボン地震の

年はめぐって
親方自慢の
傷もいたみも
千八百から
「すてきな馬車だ」と
一千八百

「さあ出かしたぞ！」

目にも見えよう
馬車のすがたが！
親馬になり、
白毛がまじり、
あの世へ行って
行方は知れず、
自慢の馬車は
走っておった
日のそのままで！

千八百年
どえらい馬車は
見えはせなんだ、
十年たった
誰もが言った、
二十年にも

変わることなく　走り走って
三十、四十、　また五十年
そしてとうとう　**五十と五年。**

この世の中の　どんなりっぱな
人でも物でも　百年目には
どこかにがたが　来ぬものはない。
いつまでも若くて　変わらぬものは
みどりの木々と　天地の真理。
（これはどこでも　通ずる訓え
ほしけりゃお持ち　お代は要らぬ）

霜月ついたち――　地震のその日
歳月のあとも　馬車には見えぬ、
ただどことなく　たよりなげだが
しかとどことは　言い当てかねる、
それもそのはず　あの親方が
どこを取っても　ほかと同じに

頑丈しごくに
車輪は車軸と
床と壁とは
しきいとかじ棒
前の横木は
踏み板　ばね　ねじ
こわれそうには

五十五年の
今朝も牧師は
さあさ　子供は
すてきな馬車の
鹿毛のやせ馬
「そうら　走るぞ
馬車に乗ったる
説教の工夫で
さていかように
はたとつまった

作ったからさ。
同じに丈夫
同じに丈夫
後のと同じ
どこから見ても
つゆ見えなんだ！

霜月ついたち
馬車でお出かけ
道をばお開け
お通りお通り！
尻尾ふり立て
ハイドウドウ！」
牧師先生
思案投げ首、
話をつなぐか
ちょうどそのとき、

馬めもぴたりと　歩みをとめた。
丘の上なる　教会の前。
ぶるぶるぶるっ　ぞくぞくぞくっ
ひひひひひいいん　馬は棒立ち。
気がついたらば　牧師先生
石にちょこんと　座ってござる。
時計の針は　九時三十分
地震の時刻を　指しておった！
牧師が見たのは　こはいかなこと
あの古馬車が　ひとかたまりの
ほこりの山に　変わっておった
臼でひいたか　何かのように！

馬鹿でないなら　おわかりだろう
馬車が一度に　こなごなに
こわれてしまった　そのわけを
どこかがこわれる　わけでなく
はじける泡と　そっくりに

一度にこわれた　そのわけを

馬車の話は　これでおしまい

理屈は理屈と　いうお話しさ。

4章

エンジニアリングとは仮説である

英国構造エンジニア協会の公式機関誌『ストラクチュラル・エンジニア』は、毎号、目次ページの囲みの中にはっきりと目立つように、雑誌の対象分野の定義を掲げている。

構造エンジニアリングとは、建築物、橋、鉄構物、その他類似の構造物を、経済性と優雅さをそなえて、設計し建造する、学問および技芸である。それら構造物が、作用するであろう諸力に対して安全に抵抗しうるように

エンジニアの中には、エンジニアリングが学問であることを、あるいは技芸であることを、否定する人もいるので、この一種公的な宣言が、エンジニアリングはその双方であると述べているのには勇気づけられる。事実、エンジニアリングは科学であると同時に芸術なのだ。新しい構造物の設計を構想するという行為には、経験と知識の総合だけでなく、想像力の飛躍が含まれるのであり、そのことは、あらゆる芸術家がカンバスなり原稿用紙なりの上にもたらすことを求められているものと同じなのである。一方、芸術家としてのエンジニアによって、いったん設計が作り上げられたならば、その設計は科学者としてのエンジニアによって、科学の方法を適用して厳密に解析されなければならないのであり、このことは、あらゆる科学者に求められ

ているのと同じことなのだ。

英国構造エンジニア協会による構造エンジニアリングの定義では、経済性と優雅さという二つの理想が共存している。エンジニアリングの責任を果たすためには、物質的資源と精神的資源の双方を浪費してはならない。経済性の面での制約は市場からの要請によることが多いが、優雅さの要求は多くの場合、職能の最高をめざすエンジニア自身によって課せられるもので、この点では、画家や科学者が、空間の多い画面や、簡潔な理論を優雅とみなすのと同じことなのだ。最小主義《ミニマリスト》の美学やデザインの格言を借りれば、「より少なければより多い」のである。

最後に、前掲の定義は、安全という理想をもって結ばれている。これは、究極的には、経済上または美学上の目的よりも重要な目的である。もし、構造物の崩壊によってたとえ一人の生命でも失われることがあれば、経済的に最も有利であったはずの構造物は最も高価な構造物と化し、最も優美な構造物が醜悪なものと化してしまう。構造エンジニアの定義は、構造物が安全であるとは、その構造物が「作用するであろう諸力に抵抗」しうることであると述べて完結している。だが、この記述は一見完全な文をなしているように見えるにもかかわらず、最後にピリオドが打たれていない。このことは、構造物に作用するであろう諸力というもののリストには、実際上かぎりがないということを象徴しているかのようだ。

力に抵抗するという考え方は簡単なものである。だがそれを実際に移すにはいささか手腕を要する。一方では、エンジニアが作る構造物の構成材料の抵抗力は、正確にはわかっていない。ほかの所は丈夫な鎖にも、弱い繋ぎ目がある危険性は常に存在しているからだ。将来のある時に構造物にかかる諸力を予測することは、たぶん、その諸力の一部の原因になる天候を予測するのと同じくらい、困難で不確実なことだ。その結果、構造エンジニアリングでは、往々にして確率や確率の複合を相手に仕事しなければならない。安全な構造物とは、その中の最も弱い繋ぎ目が、その構造物に最大の力がかかった場合でも、過大負荷となることがないような構造物のことだ。このことを十分精密に考え、構造物を作るのに使う鋼材やコンクリートを適正量注文できるようにするには、エンジニアは各種の原因を仮定して、自分が設計しようとする構造物には、重力以外にいかなる力が作用することになるかを、可能なかぎり予想することを覚悟しなければならない。これはあたかも、一つの小さな人造太陽系を作り出し、所与の宇宙の中で、複数の他の人造衛星系の間にうまく据えるような仕事だ。

科学の目的は、研究対象が何であれ、その対象の挙動に関する理論を構築することであると言えよう。観察と実験、直観と霊感、天才的推理と単に当を得た推論、この種のすべてが、それらを入れるか入れないか、また、ほんの一つまみ入れるかどっさり入れるかによっても、科学理論という料理の味つけを決定する。すべての料理の味つけと同じように、料理人は常に姿を見せない調味料だ。つまり、科学者の個性が、科学理論に、いわく言いがたい人間的な香りを与える。理論の味つけという、科学のこの局面には、普遍的な方法などというものはない。しかし、科学者が、おそらくは半焼けのアイデアから出発し、自分の学説を精密かつ明晰な形で記述し、世界の大料理コンテストに出品するという経過を経て、一つの学説が成立すると、その学説の当否、あるいは他の競合学説との優劣は、科学的な方法を用いて判断される。科学の料理コンテストに出品される学説は仮説と呼ばれ、仮説の当否優劣を判断するのは、仮説の検証と呼ばれている。科学上の仮説は、その仮説から導かれる結論を、あるがままの世界の現実と比較することにより検証される。しかし、仮説と現実とが一致する事例がいかに数多く集められようとも、それだけでは仮説の真理性が証明されたことにはならない。理論が現実とは一致しない事例が一つはあるかもしれず、それについてはまだ検証ずみではないという議論が成り立ちうるからだ。反対に、仮説と現実とが一致しない事例が一つでもあれば、それだけで、その仮説は議論の余地なく誤りとされてしまう。ミツバチは常に六角形の小室から成る巣を営むというのは仮説ではあるが、あまりにも多くの事実により確認されているので、もはや仮説とも言われないようになっている。つまり事実とみなされている。しかし、誰か若い養蜂家が自分の飼っているハチが八角形の巣を作っていることを発見したとしよう。ミツバチは常に六角形の巣を作るという仮説は永遠に粉砕されてしまうばかりでなく、ミツバチ専門家の世界には相当な興奮が引き起こされるだろう。太陽は毎朝上るというのも一つの仮説とみなすことができよう。そして、太陽が上るということが来る日も来る日も実際に起こっているというわれわれの経験は、この仮説を確認するものだ。だが、決して証明はしていない。太陽が毎日上るという主張が決定的に誤りであるとされるためには、太陽の上らない「朝」がたった一日でもあれば十分なのだ。そんなことがありえようとは考えることもできないのだが、それでもわれわれが太陽は明日も上ると信じているのは、基本的には信念なのであって、厳密に確立された事実ではない。

地方の品評会でブルーリボンを獲得したからといって、そのケーキが翌年の品評会でも大方の好みに合うとは保証できないのと同じように、ある学説が現在成功をおさめているということは、太陽が毎日姿を見せるというきわめて日常的な仮説をも含め、その学説が永久に成功をおさめ続けるという保証にはならない。たとえば、ニュートンは、二世紀以上にわたり、惑星運動の決定的な理論を確立したと思われていた。説明のつかない現象がいくつかあったのではあるが。しかしその後、アインシュタインがもっと一般的な理論を提出した。アインシュタインはついに宇宙の運動を正しく説明したものと一般常識では考えられているが、科学の歴史を見れば、そういう考え方は思い上がりで、きわめて疑わしいように思われてくる。いつの日か、アインシュタインの仮説に代わるものとしていかなる学説が登場するかは、天才の推測に待つしかない。しかしさしあたっては、相対性理論のみならずニュートンの理論でさえも、制限のあることは承知の上で、宇宙航行や、地上の橋やダムの構築に、十分よく役立っている。ニュートン力学のような、ごく少数で、しかも近似的であることが知られている理論に基づいて、これほど多くの事業が成し遂げられているということは、エンジニアリングと科学の実践の一つの驚異である。

エンジニアリングにおける設計には、科学上の学説の提示と共通した性格がある。だが、科学の学説が、ある世界――原子であれ、ミツバチであれ、惑星であれ――の挙動に関する仮説であるのとは違って、エンジニアは、自分が作る世界の中に組み入れるコンクリートと鋼の組み立てに関して仮説を作るのである。したがって、新しい建築物や新しい橋は、それぞれが、それ自体独立した一つの仮説であるとみなすことができる。具体的に言えば、構造エンジニアの仮説とは、なにがし川に架かるなんとか橋は、交通やメンテナンスがこれこれの条件であれば、何年間、破損することなく持ちこたえるだろう、という形で表現されることになるだろう。さて、そういう橋が架けられ、来る年も来る年も、問題を起こすことなく橋上の交通を支え続けるならば、その仮説は年の改まるごとに確認されることになろう。とはいえ、もとの計画に述べられた何年間というものが経過するまでは、仮説は実証されたことにはならない。しかし、その何年間が経過する以前に、何ら異常な条件もないのに、その橋が崩落しようものなら、もとの仮説が議論の余地なく誤りであったことは、誰が考えても疑いえないことになろう。

エンジニアリングにおける設計の過程は、これこれの部分の組み合わせが、破損することなく、所望の機能を果たすであろう、という仮説の連続であるとみなすことができよう。部分の組み合わせという仮説の一つ一つが、計算用紙またはコンピュータのスクリーンの上に、数字または画像によってスケッチされるごとに、未確定の構造物には、解析という方法で検討を加えなければならない。解析とは、構造物が建造された後の使用条件を想定して、そのもとにおける各部分の挙動を問うことの繰り返しである。これらの問いかけは、とりたてて革新性のない設計の場合には容易に答えられることもあるが、大胆かつ斬新な設計の解析に要する計算をすべて遂行するには、コンピュータが必要となることもある。もしどれか一つの部分でも、解析という検証に耐えられないことがわかれば、設計自体が失敗であったということになる。その場合は弱い繋ぎ目を強化し、新しい設計を解析して、設計が変更される。予想される使用条件下で構造物が破損する可能性が、設計者には想像できないようになるまで、この過程が続けられる。もちろん、もし設計者が、計算を間違えたり、何らかの破損の可能性を見落としたり、コンピュータが正しく問題を扱うようにプログラムしなかったりすれば、実際には否認されるべきであったはずの仮説が誤って確認されたとみなされることになる。ある設計が絶対確実に誤りがないということは実現不可能だ。その設計物の将来についての問いを、もれなく問いかけたかどうか、確実には言えないからである。

エンジニアリング上の仮説はすべて、言葉の上で明示されるかどうかは別として、設計された構造物は意図通りに使用されたならば破損しないであろう、という形で記述されるという基本的性格を持っている。したがって、エンジニアリングの失敗とは、その仮説が否認されたものとみなされよう。つまり、ハイアットリージェンシー・ホテルの空中歩廊の失敗は、この歩廊が、その崩落時に乗っていた人数を支えうる、という仮説を否認したものであり、タコマナローズ橋の失敗は、その吊橋が秒速一九メートルの横風の中で朝の交通量を支えうる、という仮説を否認したものであり、テトン・ダムの失敗は、そのダムが灌漑用の河水を貯溜しうる、という仮説を否認したものだった。他方、エンジニアリングの所産である構造物が、過去において成功しているという事実は、その構造物の働きについての仮説を確認するものではあるが、その確実性は、太陽が毎日上るという歴史的事実が、予想しうる将来について、太陽は上るという確信をわれわれに与えてくれる程度を越えるものではない。ブルックリン橋の構造上の健全性は、その橋が過去百年以上にもわたって健在だったということをわれわれに証明してくれるだけで、同橋が明日も架かっているということは、どれほど確率が高かろうとも確率上の問題でしかなく、確定性の問題ではない。

このようなことを認めたからといって、構造物の健全性について、病気の確率についての心配以上に思いわずらう必要はない。事実、われわれは心の奥底では、これまで長年にわたり健康に暮らしてきたからといって、明日、入院、あるいはもっと悪い事態を迎えないですむ保証は何もないことを知っている。家族や友人が、突然、ガンや腰痛や心臓発作や虫さされに遭うのを経験してきている。また、血気ざかりの人が自動車事故や飛行機の墜落、あるいは構造物の事故で生命を落とすのを見聞きしている。そういうめに遭うのを恐れて萎縮してしまえば、精神病院に収容されなければならないだろう。あるがままの世の中で活動することは不可能だからだ。雷が落ちる。いつかは自分が落雷に遭うかもしれぬ。われわれはこれを、人生の悦びの代価として受容しているのであり、他に選択の余地はないのだ。われわれは日々に、その日の悦楽を享受する代価として、あまりありそうもない危険には目をつぶっているのである。

構造物の中で最も基本的でありふれた形をしたものの一つに、エンジニアが梁と呼んでいるものがある。

梁とはどういうものかというと、ある空間に架け渡され、その長さ方向に対して直角に作用する力による曲げおよびたわみに抵抗するものである。この定義はいささか抽象的だが、身近な例をあげれば具体的になるだろう。家屋には床梁がある。家屋を、地下室の工事中に見ると、ふつう床梁は壁から壁まで架け渡されている。壁と壁とが特別広く離れている場合には、中間の柱で支えてあることもある。梁は自分の重さと、その上の床板の重さと、床の上に鎮座しあるいは動きまわる家具と人間の重さを支える。これらの重さは、梁を、地面のほうに、普通はそれと気がつかぬほど沈ませる働きをする。普通の家屋は普通の寸法だから、最近の建築家は床梁の寸法や強度のことはほとんど気にしない。新しい家を建てるときには前に建ててうまくいった家のときとだいたい同じようにやればいいからだ。

だが、もし、家を建てる木材だけを持って、図面も、家を建てた経験もなしに無人島に取り残されたとしたら、どう考えたらよいのだろうか？　まず、材木を運搬している間に、五センチ×二五センチの長尺の木材は、ある一方の向きには曲がりやすいが、それと直角の向きには曲がりにくいことに気づくだろう。この現象は、一メートルの物指しを使ってためしてみれば、長尺の材木よりも小さくて曲げやすいから、手を動かせば容易に曲げられるので、もっと拡大して見ることができる。一メートル指しで実験すると、平らに置いたときに曲がりやすいことがわかり、五センチの目盛りのところと九五センチの目盛りのところに指を当てて支えると、中央部がわずかながら沈むと想像することができよう。エンジニアはこのことを次のように言う。「単純に支持された梁は、その自重のみによって一様な荷重を受ける」。こんなやわな物指しで家を建てるわけではないが、五センチ×二五センチの木材も同じように中央部が沈むだろうし、それに、梁の自重より重いものが乗ればもっと沈むだろう。また、梁を平らに置いてその上に床を張ろうものなら、目に見えるほどの沈みが起きるだろうし、その上、居間を歩きまわるときにばねのようにはずむことを覚悟しなければならないだろうと想像できる。エンジニアは次のように言う。「梁はこの向きに置いたときに、自重およびその他の重さに対してより大きい抵抗力を持つ」。そしてわれわれは、この経験と実験を一般化して、床梁は、平らな面ではなく、狭いほうの面で床の重さを受けるように設置しなければならない、ということができる。

床の上に重い家具や人が乗ったときの作用は、一メートル指しの両端を手で持って、中央部をひざで押してためしてみることができる。平らな面を押したほうが大きく曲がる。それだけでなく、狭いほうの面を押すときには、注意してしっかり持っていないと、物指しがねじれて変形しがちになることにも注目しなければならない。エンジニアはこの種の変形を、「不安定」とか「ゆがみ」とか言う。また、物指しで実験すると、この現象は、ひざの力を強めていくうちに、あるとき突然に起こることに気づくだろう。わが家の床梁が、こんなおかしな動きをしないためには、梁が通っている途中の一、二か所に、梁の好ましからぬ動きを抑える突っぱりを入れることになるだろう。こういうわけで、無人島で家屋を建てるというわれわれの最初の目的を達成するにあたって、こうしたさまざまな動きが予想できるか否かは、われわれが木材の沈みを重要な問題と感ずるか否か、眼前の建設作業を考察する際にメートル尺でちょっといたずらをしてみるか否か、自宅の床梁を設置するに際し、いささかの面倒に耐えることにするか否かにかかってくるのだ。なぜなら、われわれのところには下僕フライデーがいないのだから、何本もの梁を倒れやすい位置に並べるのは、平らに並べるよりは面倒にきまっているからだ。床梁をたて位置に並べるのは、トランプの家を作るのと同じくらい、忍耐力と幸運を必要とする仕事である。

床を一つ建設するというありふれた仕事でさえ、このように見てくると、一つの仮説の提示だということになる。もっとも、仮説とはいうものの、たぶん試行錯誤によって到達できるものだし、またはっきりと言葉で言いあらわすほどのことではないのだが。ともかく、ある一つのやり方で梁を設置するのは、暗黙のうちに、そのやり方で設置した梁は、度を越えて沈むことも、あるべき場所からはずれることも、折れることもなく床を支えるということを言っている。もしわれわれが、梁を平らに置いた場合と、苦労しながらたて位置に置いた場合とでは、梁の挙動が違うということを認識していなかったならば、または、コーヒーテーブルにするつもりで大きな平らな石を持ち込んだら梁にゆがみが出てはずれるということを予期していなかったならば、または、朝の体操のとき床の上で跳びはねると梁の耐力の限界点を越えるということを予期していなかったならば、われわれは地下の瓦礫の山という形で、この仮説が否定されたことを思い知らされることになるだろう。しかし他方、家がうまく建ったとしても、それは必ずしも偶然の幸運によってか意図的な設計によってかはいざ知らず、床梁をうまく最適なやり方で設置したということを意味するわけではない。梁を平らに置いてしまったのだが、架け渡す幅が比較的せまかったのかもしれない。床の上を歩いて少々沈みやはずみを感じても、それが好ましくないことだとは思わなかったのかもしれない。大きいコーヒーテーブルを嫌ったおかげで梁に突っぱりを入れなくてもすんだのかもしれない。体操を戸外でしたので床梁の耐力の限界を一度もためさなかったのかもしれない。つまり、床の建設に関する仮説を、一度も、ぎりぎりの条件下での実験によって検証しなかったということかもしれないのだ。

われわれの無人島にはその後、別の人が別の木材を携えて流れついたとしよう。われわれは当然、家つくりの経験をこの新来者に分け与えなければならないだろう。しかしこの新来者が持ってきた材木は、われわれのより長いかもしれないし、細いかもしれない。またこの新来者はより大きい家を建てたいと思うかもしれない。もしわれわれがすでに何らかの構造物破壊を経験していたならば、われわれはいくつかの仮説を検証してそれらの仮説が不完全であったことを認識しているわけだ。したがってわれわれは、新来者に、こういうことをしてはいけないと教えることができるだろう。しかし、われわれが最初に建てた家が無傷で立っていたら、新来者は設計をそっくりまねて、材木の長い分だけ家の寸法を大きくし、野心的な家を建てようとするかもしれない。もし材木がそれほど長くも、またそれほど弱くもなく、新来者の体重がわれわれほど重くなく、また新来者は石を持ち込むほど新居の家具揃えに熱心でなく、竹製のテーブルと椅子でがまんしてくれたら、新来者の家も無傷で立っているかもしれない。しかしもしもある日、この新来者が家の飾りつけを変えようと思い立ち、われわれも手を貸して、大きな石のソファを床のまん中に置いたならば、この家が岩石のごとくに頑丈だという仮説は否定されることになるだろう。

家の壊れ方は床が抜けるだけに限られているわけではない。壁や屋根にもそれぞれに弱点があるだろうことは容易に考え及ぶことだ。こうした弱点はふつう、過去の成功した設計をまねれば回避することができる。しかし、さきの無人島住民のように、正確な引き写しから逸脱したことをすると、取り返しのつかないことになる可能性もある。そして、過去の例からの逸脱は、不注意、貪欲、あるいは、もっと大きな家をもっと早くもっと少量の木材で建てようという善意に発した新仮説などの理由から、起こることは避けられない。過去との決別に過大な自信をいだいた建築者や、枠組みに適切な支えを入れることを怠った建築者は、夜半の嵐が過ぎた後、自分の建てた家がぺしゃんこにつぶされているのを見ることになるかもしれないのだ。冬がきびしいと屋根が積雪で荷重超過となることがあり、屋根の倒壊事故が蔓延することになる。一九七九年の冬にはシカゴ周辺で積雪が多く、それまでの普通の冬を何回も無事に過ごしてきた多くの納屋の屋根が崩壊したのだった。

家屋や納屋を建てるのにもそんな危険があるのなら、一つの巨大な梁とみなしうる記録的な長さの橋や、一端を地中に固定した背の高い梁とみなしうる記録的な高さの摩天楼を建てる任務を負わされたエンジニアの仕事とは、いったいどのようなものになるのだろうか。そのような場合には、引き写すべきお手本もなく、一メートル尺や、まして小枝などを使って実験してみたとて、妥当性はほとんどないと言えよう。たとえ、そのエンジニアが幸いにも、今回新たに設計を命じられたのと類似の、しかしそれほど斬新ではない構造物で実験した経験を持っていたとしても、過去の経験をどこまで外延的に適用しても間違いはないか、過去に確認された仮説をどこまで越えることができるかという問題は、常に残るのだ。エンジニアリングが、前に述べたのとは別の形で科学と類似性を持つようになるのはこの点である。エンジニアは、梁やその他の構造物の要素を、あたかも科学の対象である自然物のように扱って、研究することが必要になる。実際に、構造物の諸要素の世界を研究対象としてとりあげる学問は、エンジニアリング・サイエンスと呼ばれており、純粋科学とは独立した、長い歴史を持っている。

ガリレオは、著書『新科学対話』の第二日で、固体の破壊に対する抵抗力を考察するにあたり、近代のエンジニアリング・サイエンスの学徒の精神を持っていた。サルヴィヤチがサグレド、シムプリチオの二人と議論した問題の一つに、今日ではカンチレバー(片持ち梁)と呼ばれているものの強度がある。これは、一種の梁であって、一方の端だけで保持されており、自由な長さの全長にわたって、重さを支えるか、または運動に抵抗するものである。樹木や摩天楼は、曲げ、倒そうとする風圧に抵抗するときはカンチレバーとして作用する。われわれがビスケットを手に持って、愛犬が跳びつける高さに保持しているとき、さし出した腕はやはりカンチレバーとして作用する。旗を掲げる柱やバルコニーも同じだ。ガリレオのカンチレバーは、一端を石積みの壁に埋め込まれた木材のように見え、梁の他端に付けた鈎に大きな石が吊るされている。この一七世紀に描かれた図はしばしば複製されているが、植物や陰影で飾られた図柄の前では、今日のエンジニアリング教科書の単純な挿絵の多くは恥じ入らなければならない。

しかし、ガリレオの古典的なカンチレバーの図はいささか装飾的すぎたとしても、梁の強度についてのガリレオの解析は、簡潔ですじが通っている。われわれの無人島の建築者が何本かの一メートル尺を折ったように、ガリレオも何本ものカンチレバーを少なくとも頭の中では、実際に折ってみた結果には違いないだろうが、かれは、荷重を増していくと梁は壁との接合部で亀裂が生じて折れることを、正しく見てとっている。しかしガリレオは、この問題を合理的に取り扱ったたぶん最初の人だったから、無理もないことではあるが、破壊力が梁の断面の上下方向にどのように分布するかについては、いくつかの誤った仮説を設けている（この点に関して正確な理解がなされるのは、さらに七五年たって、パランという名のフランス人が、梁の曲がりに関する二つのメモを記したときである）。にもかかわらず、ガリレオは、梁の破壊に対する抵抗のしかたについては間違った考えをしているのに、梁の強さはその断面の上下方向の長さの平方に比例するという正しい結論に到達している。この結論は、材木を折るのには、その断面の短かい辺の向きに曲げたほうが、長い辺の向きに曲げるよりもずっとやさしいという経験と一致するし、また事実、一センチ×一〇センチの木材の曲げに対する抵抗力は、一センチの向きよりも一〇センチの向きのほうが一〇〇倍も大きそうに思われる。ガリレオのこの結論が言っているのは、われわれが一メートル尺の一端を手で握って支える実験を通して知っているのと同じことである。物指しは、ある一つの方向に曲げるときより、それと直角方向に曲げるときのほうが抵抗が大きい。樹木は、風による曲げの力を受ける生きた垂直のカンチレバーだが、うまい工合にほぼ円形の幹を持っていて、風の吹く向きにかかわらず一様な抵抗力を持つようになっている。一方、摩天楼は、一般には平面図は円形ではない。風に対する抵抗力というような構造上の考慮は、高い建築物の形をきめる上で、建築美学上、あるいは機能上の要素にくらべ、支配的な因子となることはごく稀だからだ。

ガリレオによるカンチレバー梁の解析は、構造物の事故がいかにして起こるかを理解する上で、きわめて重要な点を示している。ガリレオは、梁の強度に関して自分に課した問題に対し、定性的には基本的に正しい解答に到達した。しかしその解答は、定量的には、絶対的に正しいものではなかった。ガリレオは、誤った定量的推論から正しい定性的解答を得たのである。したがってガリレオは、よい結果を得るには梁をどの向きに置けばよいかということについては、建築者に正しい助言を与えることができただろう。しかし、壁からこれだけ突き出してこれだけの重さを支えるのに必要な最小の梁の寸法を教えてくれと問われた場合には、ガリレオの方式で計算して得られる答えは、三分の一ほどの弱すぎる値になっただろう。この種の間違いについては、後で安全係数という考え方を論ずるときにまた取り上げることにするが、ここで重要な点は、誤った推論から一見正しい答えが得られることがあるということだ。この現象のごく簡単な例として、ある数とそれと同じ数との積は、その数とそれと同じ数との和に等しい、という説を取り上げてみよう。この説は、その数が二であればまったく正しい。二掛ける二イコール四であって、二足す二イコール四と同じ結果になるからだ。

もし、ある人がこの説を信じこんで、この仮説を、二というただ一つの数の場合以外では検証しなかったとすれば、その人は、すべての数の二乗を計算するのに、単にその数を二倍すればよいと信ずるようになるかもしれない。二乗する数は梁にかかる荷重の大きさを表わすものと考えよう。もしあまり高い精度を必要とせず、また二にごく近い数以外の二乗を計算する必要がなかったとしたら、その限りでは、その人はこの間違った説でやっていけることすらあるかもしれない。しかしある日、二〇の二乗が必要になった場合には、正しい答えは四〇〇であるのにこの誤った計算では四〇という答えが出ることになろう。一桁違ったこの誤りは、この説によれば折れるはずのなかった梁が折れることで、結局は発見されることになるだろう。この種の事故を通じて誤りが発見された例は、誤った仮説が正しいと「検証」された例よりもずっと多いのである。

今では、初めて材料の強度の講義を聴いている大学二年生でも、ガリレオの解析の誤りを見つけるのはやさしいことだ。しかしだからといって、この誤りがガリレオやその同時代人にとっても明白だったはずだということにはならない。後知恵は常にものがよく見えるものなのだ。だが、われわれの大部分は、ちょっと立ち止まって自分自身の仕事を批判せざるをえない立場に立ったとき、自分に先見の明がなかったことを認めざるをえなかった経験を、一度はしている。数えきれないほど繰り返し校正したのに見落とされたミスプリントに驚いたことのない人がいるだろうか？　何度も家計簿の帳尻を合わせようと努力したのに、なおかつ計算のミスが残っているのに腹立たしい思いをしたことのない人がいるだろうか？

今日のエンジニアは、三世紀半前のガリレオと同様、超人ではない。エンジニアは仮説を立てるときに、計算をするときに、結論を下すときに、誤りを犯す。エンジニアが誤りを犯すことは許されてしかるべきだが、その誤りを見つけることは必須である。だから、自分自身の仕事をチェックする能力を持つだけでなく、自分の仕事を他人にチェックしてもらうこと、他人の仕事をチェックする能力を持つことは、近代のエンジニアリングに不可欠なことだ。このことが行なわれるためには、エンジニアの仕事はある約束に従って行なわれなければならず、ある標準に合致していなければならず、また仕事の結果はエンジニア同士の間の意思疎通で理解可能な形になっていなければならない。設計とは想像力の飛躍であるから、エンジニアリングの解析がエンジニアという職業の共通語にならなければならないし、解析の結果得られた結論が異っている場合、その間の調停者となるのはエンジニアリング・サイエンスの方法でなければならない。そして、意見の相異は生ずるにきまっているのだ。なぜなら、問題の中に、カンチレバー梁や単純に支持された梁などよりずっと複雑な部分が含まれるようになるのに伴って、これら各種の部分の相互関係は現実にも、また解析という抽象の領域でも、直観によってとらえることはますますできにくくなるからである。ジャンボジェット機や吊橋のような巨大構造物を、ペンキ屋が持っているようなメートル尺を手で持って感じとることはさほど容易なわざではない。そして、ある構造物が風雨をついて安全に飛ぶという仮説には、何百万ドルの金銭と数百人の生命がかかっているのだ。

5章

成功とは失敗を予見すること

エンジニアリングの成功とは、はるか歴史をさかのぼったピラミッドから、はるか将来の、高さ一〇〇〇メートルを超える摩天楼といった大胆きわまる構想にいたるまで、すべてその始まりは、失敗なしに何ごとかを成し遂げたいという願望に発するものと想像してよいだろう。ここで「失敗なしに」とは、エンジニアにとっては、ただ倒れずに立っているというだけでなく、「構造上の健全さ」とでも言うべきものを持ってもちこたえていることを意味する。不健全な構造物――急速な腐食に冒されるもの、通常の使用条件のもとでしばしば使用不能におちいるもの、さほど長期間使用したわけでもないのに疲労亀裂を生ずるもの――は、建設中途で崩壊した構造物と同じく、確実に失敗であったとみなされることになる。エンジニアの構想が、想像の中や紙の上ではどれほど独創的であり魅力的であるように見えても、もしその設計者が、その構造物が破壊するしかたをただ一つでも見落としていたならば、すべては無に帰するのだ。

ごく早い時代のエンジニアが作った構造物は、たぶん試行錯誤で設計されたのであろう。エジプトのピラミッドも、その方法で建設されたと言ってよいだろう。目がくらむような膨大な数の巨石と作業員によって成し遂げられたピラミッドの建設過程がどのようなものだったか、確かなことは永久にわからないかもしれないが、ピラミッドの形がなぜあのようになったかを想像するのは、さほど難しいことではない。ピラミッドの形はきわめて安定なもので、たぶん砂時計の底にできる砂の山の形から思いついたものなのだろう。しかしそれは時間を超越した形であり、山にも似ている。また遠くから眺めると一個の石の塊りのようにも見え、いかなる烈しい砂嵐にあっても倒れることなどありそうもないと思われる。ピラミッドの形は正四面体ではなく、したがってプラトンの理想立体ではないのだが、神秘的とは言わないまでも目に快い形であることは間違いない。エジプトのピラミッドの基底は概ね正方形で、その上に正方形を何層にも積み上げてできている。これは、およそ方形の切り石を積み上げて作るには、三角形を必要とする正四面体よりはずっと自然なやり方だ。こういった、多かれ少なかれ自然な決定はいやおうなしにとられたとしても、石をどのように正確に積み上げるか、またピラミッドの立ち上がる斜面の傾斜をどれほど急にするかといった決定は、重大であるだけに、さほど自然に到達できはしなかっただろう。

砂を手につかんでこぼすと、自然に、ある角度をもった円錐形の砂の山ができるが、その角度は、砂の種類により、また山ができるときの条件によって異なる。砂漠の砂の上に砂を落とすと、砂漠そのものが巨大な砂の山だから、新しくできた山の重さで、小さな砂のなだれが起きる。それは浜辺の砂の山をあまり高くしすぎたときにも起こる現象だ。最も初期のピラミッドはマスタバから進化したものと考えられている。マスタバとは、傾斜した煉瓦《れんが》の壁で囲んだ比較的低い方形の墳墓である。紀元前約二七〇〇年に、名前のわかっている最初の建築家であるイムホテプが、エジプト第三王朝のファラオ、ジェセルの墓を建造する任務を負わされた。そこでイムホテプは、第一王朝の諸王のマスタバをもとに、より精巧なものを建てることにした。彼はまず、在来のままの設計によるマスタパを石で作り上げ、その上にさらに石を積み上げて、階段型ピラミッドとでも言うべきものを作り上げた。かくして、ファラオ、ジェセルのピラミッドは、イムホテプが一層また一層とつぎつぎに石を積み、積んでも壊れないという確信を得るにつれて、段階的に高くなっていった。

一たびイムホテプが階段型ピラミッドを建てるのに成功すると、他の建築家は、失敗はないという確信を持って、その設計をまねることができるようになった。だが、大きな段のあるピラミッドでは満足できなかったのだろう。その後の設計者たちは、イムホテプの成功例に手を加え、階段型の側面から進化させて、段を埋め、今日エジプトのピラミッドと言えば誰もが思いうかべる、まっすぐな稜線と平らな斜面を持つ、おなじみの形を作り上げた。その後、従来のものよりさらに急な斜面をもったメイドゥムのピラミッドが成功をおさめ、以後のデザイナーにいま一段の改善の目標を示した。この改善への挑戦は、ダハシュールのピラミッドで行なわれた。このピラミッドの側面は、最初、五四度という、かつて試みられたことのない急傾斜で築造され始めた。しかし、建設中に何ごとかが起こって、最初の計画は変更を強いられたらしい。ほぼ半ばぐらいのところから、ダハシュールのピラミッドは急に、使用石材の種類が変わっただけでなく、側面の傾斜も変えられた。側壁の傾斜は五四度から四三度に落とされ、その結果このピラミッドは、曲がりピラミッドという名で呼ばれている。一説によると、この曲がりピラミッドは、それまで試みられたことのない急傾斜の壁を建設しようとしたために崩壊し、設計者の最初の願いは引き下げられたのだという。曲がりピラミッドの基底部周辺に積もった膨大な岩屑と考えられていたものは、傲慢のあまり失敗の極限までおし進められた構造設計のごく早い例の証拠物なのだ。以後、ピラミッドの建造者たちは、より高いピラミッドは作ったが、より急傾斜のピラミッドはあえて作ろうとはしなかった。つまり、ほどほどの成功で満足しておくことにしたらしいのだ。

以前にはなされたことのないことを成し遂げようと望み、構造物の限界にまで行きついたのは、エジプトのピラミッド建築家だけではない。中世のカテドラルは、間違いなく、ピラミッドよりはるかに複雑な構造であるが、それでもカテドラルが、エジプトの巨石建造物の場合と似た一連の実験と試行錯誤をへて進化してきたことを示す証拠がいくつもある。ヘンリー・アダムズのような建築の素人でさえ、その著書である懇切丁寧なフランスのカテドラル案内記に、一二世紀末から一三世紀初めにかけ、パリ周辺に、わずか六〇ないし八〇キロメートル間隔で建てられた多くの教会の建築家たちが、「ほとんど日ごとに」相互の新しい実験を注視しあい、影響を与えあったことを述べずにはいられなかった。一人の建築家の構造上または美学上の成功や失敗が、他の建築家たちの挑戦目標となり教訓となったのだ。

一二八四年にボーヴェのカテドラルが重大な倒壊事故を起こした。この事故が、ゴシック建築の発展における一つの転回点になったものとみなされている。それ以後、建築家たちは構造上の冒険に関してより保守的になったというのが一般的な見方である。それでも、注意深い批評家は、一四世紀になると構造上の革新や新機軸への熱望が復活してくることを認めている。ロバート・マークは、ゴシックのカテドラルに作用する力の解析に現代的なエンジニアリング・モデルを適用したが、たとえば、マヨルカ島パルマのカテドラルの身廊には、高さと繊細さの点で顕著な新機軸が見られるものの、その達成度はボーヴェにおいて見られた精華には及ばないことを認めている。

だが、ピラミッドやカテドラルは、構造エンジニアリングの理性以前の時代に属するものということができる。これらの構造物は、前もって作成され変更を許されない一組の図面に基づいて最終の完成構造物が作られるというよりは、実地の実験と建設途中の修正によって現在ある姿になったことが明らかだからだ。翼をひるがえすようなカテドラルの扶壁《バットレス》は、中世の石積み工事中に生じた望ましからぬ亀裂への対応として、追加され強化されたことは間違いないと思われる。一見装飾的な尖塔が付けられているのも、カテドラルが、中世の町の大地にへばりついている家並みの間に建ち上がって姿を見せたときに、かかってくる強い風の力で亀裂が生じ拡大するのを防ぐため、荷重を増すという、実用上の必要性に応えたものらしい。

一九世紀と二〇世紀の大構造物は、鉄とコンクリートでできた橋や摩天楼であって、石材を用いていた建築家はおそらく夢想だにしなかったほどの繊細さと、大胆な構造をそなえている。鋼の引っ張り強さは、構造物に張力という新しい次元を持ちこみ、それまでは構造物を安定させる力としては圧力だけが支配していた世界から、構造物を解き放した。あたかも地球の引力からも解き放すように。しかし、一九世紀中に起こった数えきれないほどの鉄橋の破壊事故の記憶のために、近代のエンジニアは、今日にいたってもなお、より長くより高い構造物をいかに迅速に建設しうるかを誇ってばかりはいられなくなっている。事実、鉄道の延長に伴ってとどまるところを知らずに発生した鉄橋の事故は、今日にいたるまで、構造エンジニアリングの歴史の中で、最も多く論じられ、回顧されている主題の一つである。

これはたぶん、ピラミッドやカテドラルのような記念碑的な建造物と橋とでは、象徴としての性格が異なることによるのであろう。前の二つは、地上または天上の支配者への捧げ物として建てられたものだが、橋は第一義的には実用的な構造物である。橋が象徴的な意義を持つにいたるのは、ほとんどすべて架けられた後のことだ。たとえば、ブルックリン橋が美術や文学の中に大きな位置を占めるようになるのは、この橋がイースト川の両岸を結ぶという政治上の役割が確立された後のことである。強いて言うならば、現代の橋は人類の技術的達成への捧げ物である。なぜなら、いかなる構造物も橋ほどには、構造の骨格をむき出しにし、構造上の筋肉の伸縮を見せているものはないからだ。

一九世紀に起こった鉄道の拡張は、建築者としての人間に新たな挑戦目標をもたらした。ピラミッドは要するに巨大な石の堆積であり、その石で構成されるべき空間はと言えば、大きさについては今日の一般人の寝室とさほど違わない葬室に導く長いが狭い迷路だけである。一方カテドラルは、その先駆であるローマの巨大ドーム付き建物をも含め、量感を併せもつ高さを求めるだけでなく、優美さと開放感を併せもつ高さをも求めていた。これら記念碑的な建造物の建築者にとって、経済性や大量生産が第一の関心事となることはなかった。だが、橋の発達においては、世俗の現実が主要要素となった。このことは、鉄橋を架けるに際し、ゴシックのカテドラルを建てるのに比べて、成功についての心配が少なくてすんだというのではない。実際には、主な動機が物質上の損益を越えるところにあったカテドラルの建築主に比べ、経済的動機で動いている鉄道会社が、構造物破壊の危険を冒そうとする傾向が少なかったということはないであろう。それどころか、鉄道会社はもっと勇敢だったとも言うことができよう。なぜなら、鉄道会社は、鉄橋をいまだかつてない条件で建設しなければならなかったからであり、そのときまでに時間の試練に耐えて立ち続けてきたものをただ真似るだけですむわけではなかったからだ。

鉄道の成長にともなって、エンジニアのつくる構造物に対する新たな要請が生じてきた。鉄道橋は、重い機関車と、それ以外の車輛全部の重さに耐えなければならないだけでなく、エンジンの往復動部分のはげしい動きと、橋の上の列車がたえず位置を変えることにも耐えなければならない。鉄道は、機械エンジニアの対象物であった機械と、土木エンジニアの対象であった静的な構造物とを一つに結びつけ、その一方からの要求が他方の発展に刺激を与えた——だが、不幸なできごとなしにはすまなかった。鉄道のサービスの手がどんどん遠くへ延びるにつれて、より重い列車をより高速度でより凹凸の多い土地に走らせる必要性もどんどん増していった。かつては登る必要のなかった山に登り、かつては渡る必要のなかった谷を渡ることが、時間とエネルギーの節約となり、それは金銭につながった。だが、初期の鉄の馬を通すために建設された鉄道橋が必要とした強度は、すぐに、次代のより重い機関車には間に合わなくなり、鉄橋の崩落が起こった。一つ鉄橋が落ちるごとに、次に架けられる同様な橋に対しては過剰な強度が要求されることになり、かくて、鉄道橋は、試行と錯誤との追いかけっこで進歩していった。同時代人のラルフ・ウォルドー・エマソンが補償についての随筆で述べているように、「一つ一つの過剰が不足の原因となり、一つ一つの不足が過剰の原因となる」のだった。

技術面では、鉄道の列車と線路とが環境変化の一部であることを認める意識が一九世紀に存在していた。そこで、自然の讃美者ウィリアム・ワーズワースは、より古く、より牧歌的な文化の中に闖入《ちんにゅう》してくる新しい文化の問題と格闘した。産業革命はイングランドの田園地帯の相貌を変えつつあった。「ケンドル＝ウィンダミア鉄道計画について」という詩の中で、ワーズワースは、湖水地方の美観破壊と詩人がみなすものに対する侮蔑を共有してくれることを読者に訴えている。

きこえるだろう？　あの気笛、長くつながった　列車
驀進する　その姿が　きみらの目の前を横ぎる
そう、きみらは驚き――そして真理の秤でもって
その災厄と　約束されているという利得との　軽重をはかるのだ
山よ　谷よ　流れよ、私はきみらに呼びかける

正義の侮蔑の熱情を　私と共にせよと

しかし、「汽船、高架橋、鉄道」と題された別の詩では、侮蔑はやや和らげられ、ワーズワースは、技術が偉大な自然の別な表出であることを認めている。

美神は認知しないだろう
荒々しい姿のおまえを、だが母なる「自然」は抱きとる
みずからの正当の子として、人間の技術を。そして「時間」は
弟の「空間」を越えた　おまえの勝利を喜び
おまえのたくましい腕がさし出す　希望の冠を
受けとり、上きげんで　おまえに微笑む

ワーズワースは、より良く手を加えられた自然と、手を加えないままの自然との間で揺れる気持を正直に表明したが、これが、与えられたままの自然にエンジニアが加えた変更に対する、詩人の反応だった。事実、ワーズワースは、前掲の詩の最終行を改作し、やや遠くに身をおいた感のある「おまえに微笑む」という詞句を、より積極的な「おまえを歓迎する」と書き改めている。詩人の表現も、一九世紀のエンジニアの橋と同じように、改良の対象となったのだった。しかし、数多くの橋の破壊を前にしては、ワーズワースもその同時代人も、新しい技術を安んじて抱きとるわけにはいかなかった。人々は、英国においてだけでなく、ア

メリカにおいても試行と錯誤が続いていることを、あまりにも熟知していたのである。
一八四三年、ナタニエル・ホーソーンは、一七世紀のジョン・バンヤンが作った、善良な人の生涯を順礼にたとえた宗教寓話『天路歴程』を踏まえて、産業革命のさなかを舞台とした物語を書いた。その作品『天国鉄道』の中で、ホーソーンの主人公である旅人は、「滅亡《ほろび》の都市《まち》」から「天上《かみ》の市《まち》」まで旅をするのだが、その道連れは「スムーズ＝イット＝アウェイ」氏といい、長い間進歩改良を知らなかった人間の暮らしが、新しい技術によっていかに改善されうるかを説ききかせてくれる。だがこの旅人は、渡っていく橋の状況には、たえず心を痛め続けている様子なのだ。それらの橋の一つは、「優雅な造り」ではあるものの、「かなり重量のある物を支えるには少し華奢すぎる気がしました」。別の橋は「肝が潰れるほど上下左右に揺れるような気がしました。スムーズ＝イット＝アウェイ氏は土台の堅固さを保証してくれましたが」われらの旅行者は、「満員の乗合馬車で渡るのは御免蒙りたいものです。乗客の誰もが……重い荷物を持っている場合はなおさらです」。そして、「困難山」が近づいてくると、物語の主人公の頭の中には、構造物破壊の心配がのしかかってくる。

この岩だらけの山の真ん中を貫いて、堂々たるアーチとゆったりした複線を持つトンネルが掘られています。その建築技術たるやまことに見事なもので、大地と岩が崩れ落ちるようなことでも起きない限り、造った人の技術と壮大な野心の記念物として永遠に残ることでしょう。「困難山」の中心部からでた物質が「屈辱の谷」の埋め立てに用いられ、お蔭で、あの不愉快で不健康な谷へ降りてゆく必要がなくなりました。僥倖とはいえ、大変に有難いことです。*

これは「全く素晴らしい進歩」だった。

ワーズワースやホーソーンのような文筆家が表明したと同じ表裏矛盾した感情が、当時の通俗新聞雑誌にも流れていた。一方では、産業革命の実らせた果実が、期待をこめて摘み取られ、『イラストレーテッド・ロンドン・ニューズ』や『ハーパーズ・ウィークリー』など当時の新聞雑誌に、絵入りで飾り立て、大衆の好みに合うように並べられていた。他方、『ハーパーズ』は事故の発生を報じていたし、『パンチ』は鉄道を諷刺したり揶揄したりしていた。鉄道と鉄道橋は、当時の人々の空想と恐怖とを同時にかき立てていた。それはちょうど、一世紀後の飛行機と同じだった。こうした技術の進歩は万人のためのもので、王者や神だけのためのものではなかった。そして、技術の進歩が「天上の市」にいたるよりスムーズな道を約束していたことによって、その道中での危険は引き受けるに値するものとなったのである。ホーソーンがどれほど揶揄しようと、その作品中の一人称の語り手は、「大いなる好奇心を満足させる」ために、望んで天国鉄道の乗客となったのである。

『オクスフォード英語辞典』が明らかに示しているように、「エンジニア」という単語は、「エンジンを管理する人」をも意味するようになるより一世紀も前に、「企て、設計し、発明する人」という意味を持っていた。「エンジンを管理する人」という意味に初めて使われたのは一八三九年、つまり、産業革命の偉大な象徴として鉄道が出現しつつあった時期で、したがって、乗り物を企てる人と操る人とが意識的に混同されたのは驚くにはあたらないことだったのだ。蒸気エンジンのエンジニアと鉄橋のエンジニアは並んで操縦席についていた。これら、機械と構造物のパイオニアたちが、技術の最前線を乗り越えて、鉄道をさらに先へ先へと押し進めていくのに伴って、これらのエンジニアはいよいよ、天国鉄道の乗客の速度と行先を司る人々とみなされるようになった。ホーソーンの高貴な自我は、太古から数々の努力に抵抗してきた「落胆の沼」を埋め立てるという鉄道の約束に対してはいささかの疑いをいだいたにもかかわらず、スムーズ＝イット＝アウェイ氏は「便利な橋」を指さして説明する。

橋をしっかりと支える土台を造るために、道徳の本、フランスの哲学者やドイツの合理主義の本、当代の牧師さんたちの小冊子、説教集、随筆の類、プラトン、孔子、それに大勢のヒンズーの聖人たちの著書を、聖書の巧みな本文注釈書とともに沼に投げ入れました――全部、科学的な処理を施されて花崗岩もどきの堅い塊に変わっております。沼全体を同じ物質で埋めたてるのも可能かもしれませんな。*

このように、一九世紀中葉ごろには、エンジニアの仕事は、素人の目にも、古典的な思考を確固たる計算に変えてしまう「科学的な処理」を含むものと映るようになりつつあった。エンジニアリングが構造物の問題に科学的な方法を適用するようになるにつれて、エンジニアリングは純美学的な配慮と決別し、建築とは区別されるものになっていった。ヴィクトリア朝を通じて、二つの文化の間の論争の根は、植物の根のように四方八方に拡がり、春の芝生に咲き出るタンポポのように、ここかしこで周期的に姿をあらわすようになった。それでも、どれが雑草でありどれが花であるかは、いまだに、ワーズワースの時代と同じく、分類学上の難問であることに変わりはない。

エンジニアリングが、鉄道橋その他の野心的な構造物に科学的方法を応用することを意味するようになったのに伴って、エンジニアリングの実務家は、構造物の失敗と成功の問題に対して、今までより明確な言葉を使って臨まなければならなくなった。ピラミッドやカテドラルの失敗は、概して、建設工事中の失敗であって、使用に供されて後の失敗ではなかった。それに比べると鉄道橋の失敗は、危険度の高い仕事に従事する建設労働者だけにはとどまらず、自分の安全をエンジニアの手に委ねている一般人の生命にもかかわることになる可能性が大きい。橋が突如として崩壊するという大惨事が、日常生活の中に入り込んできて、その種の事故は、古来の試行錯誤法によるのでなく、のみと石に代えて鉛筆と紙を用いる、新しいより抽象的な方法によって認識しなければならなくなった。一九世紀のエンジニアが発展させ、二〇世紀のエンジニアに伝えたのは、実物による試行錯誤に代えて精神による試行錯誤を用いることであった。エンジニアたちは、構造物材料の破壊を計算し回避することを学んだ。しかし精神の失敗を計算し回避する方法は学ばなかった。

誰一人として、失敗から学ぶことを欲する者はいない。しかしわれわれは、成功からは、技術の現在の水準を越えて大きく前進することを学ぶことはできない。エンジニアは一般には知的保守主義者という性格に見られているが、事実は反対で、エンジニアは前衛の列に加わっている。エンジニアはたえず、新しい考え方を採用して自分らの作る構造物の重量、したがってコストを低減する道を求めており、たえずより少ない材料でより多くのことをし、それにより作られる構造物が材料を効率的に使ったものとなるよう努めている。エンジニアは常に、自分は失敗なくある事を試みていると信じているが、ことの真実は、新しい構造物は一つ一つが新しい試練でありうるのだ。素人は——詩人や作家は往々にして素人の代弁をするのだが——さし当たり、失敗にも成功にも恐怖をおぼえることになりかねない。このことは科学とエンジニアリングだけのことではなく、あらゆる人間の営みにつきまとっている本性なのだ。

（＊注）『天国鉄道』からの引用は、国重純二氏の訳（小池滋編『鉄道諸国物語』弥生書房、所収）を使わせていただいた。スムーズ＝イット＝アウェイ氏とは、物事を円滑に進める人という意味。

6章　設計と旅行の共通点

　橋やその他の大構造物を設計するのは、旅行や休暇の計画を立てるのと似ていなくもない。目的は明確で単純なことが多い。つまり、ここからあそこへ行く、ということだ。だがその手段には限りなく、限りあるのはわれわれの想像力である。

　われわれはシカゴに住んでいて、今度の夏休みには二週間、ニューヨーク市を見物に行こうと子供たちに約束してあるとしよう。最初に決めることの一つは、ニューヨークへの往復を何にするかということで、その手段を三つか四つに絞るのには、大抵それほど時間はかからない。自家用車で行くかバスに乗るか汽車に乗るかそれとも飛行機にするかだ。熱気球で行こうとかサイクリングして行こうとかボートに乗って五大湖と人造水路を通って行こうというのは、たぶん普通の家庭では思いつかないだろう。もっとも、気球乗りやサイクリングやボートに熱心なあまり、旅行の手段のほうが目的地より重要だと思うような家族なら別であるが。

　大抵の家族では、ニューヨークへ、ドライブして行くか飛行機で行くかのどちらかにしようというところに落ちつくだろう。そのどちらをとるかは、経済的考慮（大家族にはドライブのほうが安上がりだろう）、便宜（ドライブにすれば自分たちの都合で計画が立てられるし、ニューヨークに着いてからの交通の便もある）、美的感覚（ドライブして行けば途中ハイウェイの景色が楽しめる）、感情（ドライブのほうが飛行機より心配が少ない)、さては習慣(いつも旅行はドライブだ)などの理由に基づくことになろう。別の家族は、同じ判断基準を使って、ドライブより飛行機のほうを選ぶかもしれない。道路料金やガソリンを食う車の燃料代よりも航空運賃のほうが安い。ニューヨークでは車があるとかえって不便だ。飛行機から雲を見るのが好きだ。統計上自動車より飛行機のほうが安全だ。いつも旅行は飛行機だ。ニューヨークへ行って帰ってくるのに最良の方法などというものはない。ある一つの家族にとって好ましい方法は、もう一つの家族にとっては好ましくないことがあるのは明らかだからだ。

重要なことが決定されても、まだ、さほど重大ではないが決定しなければならないことは数限りなくある。何時に出発するか? ドライブで行くならどの道をとるか? 目的地へ一日で直行するか途中で一泊するか? どこで泊るか? どのホテルにするか? 食事はどこでするか? 飛行機で行くなら飛行場までは何で行くか? どの便に乗るか? ニューヨークの空港(どの空港?)からホテル(どのホテル?)までどうして行くか?

明らかに、選択肢は無限にありそうだ。大抵のことは、二週間ほどをニューヨークで過ごすという主要目的に関しては、あまり大きな違いにはならず、あまり多くの時間をかけるには値しないことだ。しかし中には、ニュージャージー州で安いホテルを見つけ、毎日ドライブしてニューヨークへ行くことにするか、ニューヨークの町中のホテルに泊って、ニューヨークで行きたい所に歩いて行けるようにするかといった、休暇が休暇の名に値するものになるかどうかに重大な影響を及ぼすような選択もある。

ニューヨークの休日をどのようなものにするかについての決定はすべて、各家族それぞれの休暇の楽しみを最大にするための企てとみることができる。選択の言い方を、このほうがほかのより良い、というのでなく、家族はこういうことをしようとは思わない、とか、したくない、とかいう言い方で結論に到達する場合もありうる。飛行機で行くと大家族はお金がかかり、ニューヨークで車がなく、ドライブ中の景色を楽しむことができず、せっかくの休暇に飛行機事故の心配が入り込み、毎年夏にはどこかへドライブに行くという家族の習わしが失われる、という理由で飛行機旅行を選ばない家族もあることだろう。事実、そういう一家は、前回あまり満足できなかったレストランには行かない、タイムズスクエアで劇場の切符を買う長い行列では待たない、ラッシュアワーに町を車で通りぬけるようなことはしない、といった決意をすることで、家族の休暇がうまくいくことをもっと確実にしようとするだろう。つまり、この家族は、休暇を駄目にするような悪いことを予想して、休暇の成功度を高めようとするわけだ。

エンジニアリングの設計もこれとあまり違わない。設計の目的物の多くは、二週間の休暇をニューヨークで過ごすのと同じくらい、ありふれたことだ。あなたやあなたの家族がこれまでにニューヨーク旅行をしたことがなくとも、こうしなさいとかこういうことはしないほうがよいとか助言してくれたがる人は大勢いる。ニューヨークの全般的なことを書いた本があり、博物館とかレストランとかショッピングとか項目別の案内書もある。雑誌や新聞にはごく最近ニューヨーク《ビッグ・アップル》に旅行した人の体験記が載っている。ホテルの部屋や、劇場の切符や、レストランの席があるかどうか、値段はいくらかは、電話で問い合わせればわかる。要するに、ニューヨーク旅行に関する経験や情報は、あたりにいっぱいころがっていて、その気になれば手に入る。友人や近所の住人の中には、ニューヨーク旅行の不愉快な面——雑踏、ペテン師、変質者、暴力スリなど——の消息通もいることだろう。この手のことに出くわすという小さな危険と、ニューヨーク旅行の楽しみのどちらを重視するかということは主観的な判断の問題であり、各家族がそれぞれ自分できめるべきことがらだ。

新しいハイウェイの橋を設計するエンジニアも、多くの経験を利用することができる。このことは、われわれ自身が、高速道路やその他の道路をドライブしながら、何千もの橋を渡ったりくぐったりしてきた経験から、容易に想像できるところだ。土をかぶせた木の橋もまだそこここにあることは承知しているが、今日では概して橋といえばコンクリートと鋼の橋である。互いによく似通った橋があまりにも多いので、やがてわれわれは、道端の並木の一本一本に払うほどの注意をも橋に対しては払わなくなってしまう。しかし時によると、ほかのとは違うと感ずる橋にさしかかる。深い谷をまたぐ高い曲線を描いたアーチ橋、広い湾にかかる大きな吊橋、または、大河にかかる新式のロープで支えた橋など。そのほかにも、うかつな旅行者には必ずしも目に見えないようなところで、ほかのとは違った橋があって、この種の橋は劇的な崩落事故を起こしてはじめて人々の注意にのぼることになる。場合によっては、こうした重大な誤りは、橋の設計者がそれまでにはなされたことがないことをしたために起こっている。これはあたかも、たいへん風変わりな休暇を過ごそうと思う人は、その旅行の手配をありきたりの旅行業者にまかせたのではできないようなものだ。風変わりな計画をやり遂げようとすれば冒険の要素を含むことは明らかで、安全に、満足を得て帰宅するためには、道中に起こる可能性がある不祥事をすべて予測しておかなければならない。宇宙飛行士の最初の月世界旅行が実証したように、それ以前の経験の恩恵に浴することのできない旅行が、失敗に終わる運命にあるということには必ずしもならない。

橋の歴史の最初をたずねると、原始人が小川の流れを横切るように倒した丸太に行きつくだろう。その歴史の中で誇るべきものにはローマの水道がある。しかし現代の橋は、そこらにある丸太や積み石でできてはいない。現代の橋は、コンクリートと鋼を使い、現代の複雑な社会が要求する機能と美観と経済性に適合するように念入りに設計されたものだ。より大きく、より魅力的に、あるいはより安価に、といった新しい要求が常に出てくるから、設計者が、以前に作られて成功した橋の設計を真似るだけですませるということは、たとえ望ましくても、常に可能とはかぎらない。ありきたりのハイウェイの橋なら真似ですむかもしれないが、ハイウェイが今までに架けられた橋よりも広い湾や深い谷を渡る場合には、明らかに真似ですますことはできない。そのような場合には、真似るべき先例がなく、従うべき実証ずみの経験がない。したがって、現代の橋の歴史は、大きなエンジニアリング構造物の設計に対する、ピラミッドよりもカテドラルよりも、またローマの水道よりも、ずっと科学的な取り組み方の発展の歴史でもある。

一七七九年に、最初の鉄の橋がイングランドのコールブルックデールに架けられた。その橋体のアーチを鋳た鋳物工場の近くであり、その細部は、当時なじみ深かった（また成功例のあった）石と木材の橋の構造を真似ていた。セヴァーン川に架けられた長さ三〇メートル余の「鉄橋《アイアンブリッジ》」は、今日もなお歩行者の用に供されている。「鉄橋」は、架けられた当時、橋作りの新しい材料を駆使した大胆な実験であった。その実験がうまくいったのは、この新しい橋の構造のもとになった石のアーチが、昔からうまくいっていたからだ。しかし、コールブルックデールで鉄が新しい有用な構造材料であることがいったん立証されると、鉄は、空間的に今までより広い隔たりに架かるだけでなく、知識の面でも今までより広い隔たりを越える橋の材料として使われるようになった。この新しい材料は、石造物は耐えることができなかった引き離す力に耐えることができるので、新しい橋の設計は、鉄の今までにない新しい使い方を求めることになった。新しい材料の新しい使い方というこの組み合わせは、間違いなく、何世紀にもわたり蓄積されてきた石造の橋の経験が、鉄の橋の発展には指導的な役割を果たしえなくなったことを示したもので、したがって、鉄の橋の製作者たちが、自分自身と他の製作者の経験から学ぶ、試行錯誤の一時期を経過しなければならなかっただろうことは、驚くにはあたらない。

一九世紀に鉄道が発達し延長していったため、橋が必要になった。初期の鉄道橋の多くは、材料に木材が使われた。木材は使いなれた材料であったし、通常は鉄道橋建設地点の近くで入手しやすい材料でもあった。だが、木の橋は、腐ってしまわないように保全する必要があったし、鉄の馬がお腹の中に入れている火というものに弱かった。鉄が木材に代わって橋の自然な代替材料になることは避けられなかった。しかしこの交代には、ほとんど一九世紀の終わりまでかかった。その理由は主に、鉄の橋は新奇であるだけでなく、性能が予見できないと思われたからだった。多くの鉄の橋が崩落し、今日もまだ議論の的になっている。

一八四七年にヴィクトリア女王は、橋の材料として鉄を用いることにつき検討する委員会を任命し、そのメンバーに「エンジニアと機械工が、それぞれの領域において、確信をもってこの金属を利用することを可能ならしめるに足る原理を確立し規則を制定し、かつ理論と実験により、これまでに架けられた鉄道鉄橋に、さまざまな条件下において生起する作用を解明すべく努力する」という任務を課した。実際は、これらの鉄橋には、今日われわれが疲労破壊と呼んでいるものが起こっていたのであり、列車の通行時に何の前兆もなく破壊していたのだった。この委員会の報告書は一八四九年に発表されたが、材料の疲労に関し誤った考え方を世間に広めた。すなわち、振動の作用で「結晶化」が起こったという説を立てたのである。この誤った考え方は二〇世紀まで持ち越された。にもかかわらず、この報告書に基づいて、英国の商務省は、橋の建設における張力に関していくつかの必須条件を規定した。つまりこの報告書は、疲労現象に関しては不正確な説明をしながらも、安全面では有益な役割を果たしたのだった。

アメリカにおいても一八四〇年代には同じようにかなりの数の全金属製の橋が架けられた。しかし、一八五〇年に、ペンシルベニアの一つの橋が列車の通行中に破損したため、ニューヨーク゠エリー鉄道のすべての金属製の橋は、命令により、木造の橋に架け替えられた。だが、当然のことながら、新しい技術の発展は止まらなかった。橋の設計者や建設者は、競い合って、性能と価格両面での有利さを請け合い、新しい鉄の橋が引き続き架けられていった。明らかに危険性はあるものの、一九世紀後半には、鉄橋は木の橋より優秀とみなされるようになった。それは一つには、鉄がより安価により大量に供給されるようになり、場所によっては以前より少なく、したがって高価になった木材に対し競争力を持つようになったからだった。

多くの大胆な設計が失敗に終わったということを、少なくとも認めておかないと、橋の歴史を完結させるわけにはいかない。一八七九年のテイ橋の事故、一九〇七年の初代ケベック橋の破壊、一九四〇年のタコマナローズ橋の崩落など、有名な事故はしょっちゅう話題にのぼらされるが、多数の無名の鉄道橋の破損は一括して統計で扱われるのが常である。最近、ある書評記事が、ある時期には、鉄製トラス橋が四つに一つの割合で破損していた、とさりげなく書いたところ、技術史協会の国際季刊雑誌『テクノロジー・アンド・カルチャー』にはいくつもの投書が寄せられ、前記記事の記述に異論を唱え、それぞれがさまざまな引用や統計を提出した。この議論では、人文学者たちが数についての論争に引き込まれたという点で、とくに奇妙なものに思われた。エンジニアにとっては、一九世紀中に正確にいくつの鉄道橋が破損したかは、鉄道の破損が起こったという事実に比べれば、さほど重要なことではない。比較的新しい材料または新しい設計で作られた橋が一つでも破損したら、同時代のエンジニアと、エンジニアの顧客である鉄道会社は、間違いなく新しい技術に対する反省を迫られたに違いない。鉄製の鉄道橋が繰り返し崩落したら、その結果は、技術の理解が正しいか否かに疑いがかけられ、部内者からも一般大衆からも、発展しつつある鉄道産業への疑惑が沸き上がる以外になかったはずだ。そして、事実、疑惑が沸き上がったのだった。

イリノイ州ディクソンの橋の崩落という一つの事故が動機となって、アメリカ土木エンジニア協会（ASCE）は、この種の事故を避ける最も実際的な方策を決めるための委員会を設置した。この委員会の意見は分かれたが、一八七五年に出された報告書には、鉄道橋だけでなく、ハイウェイ橋の建設にも及ぶ勧告が盛られていた。もう一つ別の事件、一八七六年のオハイオ州アシュタビュラの長さ約四八メートルのトラス橋の崩落で、一〇〇人近い人が死んだ事故に対して、『ハーパーズ・ウィークリー』は、「確実に安全な鉄橋を作る方法はないのか？」と問いかけた。

一九世紀が終わろうとするころ、英国の状況も、一見したところそう違ったものではなかった。それは、『不思議の国のアリス』の挿絵画家ジョン・テニエルの手になる薄気味悪い鉛筆画が示している。亀裂の入った鉄道橋の桁にまたがっている死神の姿を描き、「橋の上で」と題されたその画は、一九八一年に『パンチ』誌に掲載された。この画は、同じ題の無署名の論文の挿絵に使われたもので、その論文は、序論で述べている通り、ジョーゼフ・アディソンの「マーザーが見た光景」（一七一一年『スペクテーター』誌に掲載）の現代版を意図したものだった。アディソンの寓話では、話し手のマーザーは、精霊に導かれて、時間の谷の上の断崖に連れていかれる。谷には、この世の始まりと終わりとを結ぶ橋が架けられ、人間の一生を象徴している。アディソンのマーザーが見たこの橋は、朽ち果てており、渡ろうとする人々の多くは足を踏みはずして落ちていく。マーザーはこの恐るべき構造物を眺めてしばしの時をすごすのだが、その心は「何人もの（人が）思いもかけず歓楽と軽薄のさなかに落ちていき、身を救おうと傍に立っている何にでもつかまろうとする光景を見て深い憂鬱に」みたされるのだ。

アディソンのお説教はさらに続くのだが、同じように、『パンチ』の無署名のパロディ作家も独特のやり方で話を進める。『パンチ』の現代版の主人公マシューは、「人間の休暇暮らしのはかなさ」に思いをいたしながら、『ブラッドショー月刊鉄道ガイド』の分厚な時刻表を開いた上に頭をのせて寝入ってしまう。そして、精霊の導きで「旅行の谷」の上にそびえ立つ岩峰の上に連れていかれる。その谷には「巨大な鉄道システム」が架かり、その行方は「独占と混乱」の霧の中にかき消されている。精霊は、一九世紀に再来したマーザーに、一つの金属製の橋に注目させる。その橋のことをマシューは次のように記している。

その橋のアーチはぐらついて頼りなげに見えました。それればかりか、大きな不規則な形の裂け目割れ目が、海の景色を描いた画の中の稲妻のような工合に、橋の構造物のかなめ石から頂上までつながって走っておりました。この不吉な前兆を眺めている私に、精霊は、この橋は初めは頑丈で科学的な作りだったのだが、年をふり使いふるされくたびれるにつれ、烈しい分子振動と、それに何よりも、管理の怠慢のために、今見るようなみじめな有様になったのだと話してくれました。

ただ一つ、髑骨のような人食い鬼のような容貌の、何ものをも見のがすまいと、いうなれば満足げに期待に満ちている顔が、あたかも、惨事の光景と悲運の音を待ちわびて、霧を通して橋の一端に向けて目をこらし耳をすましている幻影のように、そこから無気味に輝いて見えました。かん高くきしるような金属性の音が、その幽霊の見つめている影を切り裂くように思われました。共振する鋼の床をずしんずしんと打つ鉄の殻竿のように、強烈な振動が、路床を打ち、橋を揺すり、その橋のアーチの形をゆがめている稲妻形の割れ目を拡げるように、私には思われました。

マシューがその恐ろしいものの由来をたずねると、精霊は、あれは「避けがたい事故を待っている貪慾な死」だとおごそかに答える。つぎにマシューが独占と混乱についてたずねると、精霊の姿はもはや見えなくなっていた。マシューは間もなく目をさまし、休日に「鉄道で田舎へ旅行する」考えを変えた。そのかわりマシューはパブへ出かけ、その日一日を「安全に——そして孤独な喫煙を楽しんで！」過ごした（ヴィクトリア朝には喫煙が健康に害があることは認められていなかったのだ）。『パンチ』の物語は次のように結ばれている。「しかし次の朝、私はある新聞記事を読んで、その結果、鉄道業界が奮起してかのいまわしい悪霊を〝いかなる費用をもいとわず〟追い払おうと決心していることを信ずるにいたりました。そこで私は、次の休日には気がねなく安心して遠出するのを心待ちにしようと思っております」。

この記事は、鉄道会社自身さえも、鉄橋の破損が許しがたいほど頻発していると認めていたことを示している。しかし、その正確な数は歴史の細部にわたることだ。数のいかんにかかわらず、『パンチ』のパロディとテニエルの挿絵は、それに先立つナサニエル・ホーソーンの、天国鉄道の危なっかしい橋のことを書いた短篇と同じく、人々が心に描いていた破壊の危険度——それはただ鉄のトラス橋のことだけでなく——が間違いなく高いものであったことを立証している。

現代に起こっている技術上の失敗は、この点をもっと強力に思い知らせてくれる。一九七九年シカゴで起こったただ一機のDC—10型機の墜落だけで、同型機全部が運航を中止した。一九八一年のカンザスシティ・ハイアットリージェンシー・ホテル歩廊崩落の悲劇は、それが例外的な事故だということで重要性が減殺されることはなかった。ある一つの構造物破壊を、異常なこととして無視してしまうのは、決して賢明な行き方ではない。

エンジニアリング構造物の破損は、何事であれ関心の的となる。ただ一つの事故でも、それによって材料の不良や設計の失敗が明らかになり、その結果、成功と見られていた多数の構造物の安全性が疑われることにもなりうるからだ。エンジニアリングにおいては、数は手段であって目的ではない。したがってエンジニアリングは、ただ一つの橋でも壊れたならば、それは他のすべての橋の完全無欠さに疑いを抱かせるものとして受け取らなければならない。この基本的な事実は、一九世紀にあっては、王者も平民も隔てなく直視していたものであることを、当時の記録が示している。今日われわれは「技術読解力《テクノロジカル・リテラシー》」という言葉を口にし、エンジニアでない人も、技術の考え方と方法を理解しうる能力をもつ必要性を論じている。ヴィクトリア女王も一九世紀の鉄道旅行者も、当時の技術上の論点に対しては、ものおじすることなく知的に立ち向かったらしく、これは二〇世紀の市民にとっても良い前例である。エンジニアリングの細部には難解なものがあるかもしれないが、設計と安全、危険度と便益の原理は難解ではない。橋を架けるということは、人間の営みであることにおいて、旅行に出かけるのと変わりはないからだ。エンジニアであろうと素人であろうと、道路の行く先に崩落する橋がないことを願うことでは共通しているのだ。

革新的な試みのうち、どれが設計の成功に導き、どれが失敗に導くかを完全に予言することは不可能である。橋であれ飛行機であれ摩天楼であれ、何か新しいものを設計する機会を得たエンジニアは、その都度、一見無数と思われる選択にのぞむことになる。そのエンジニアは、人間と自然の力に耐えて成功をおさめている既存の設計の中から、良いと思われる部分をできるだけ多くまねることに決めてもよく、また、既存の設計の中の不十分と思われる部分に改良を加えることに決めてもよい。かくして、何十年も持ちこたえてはいるが、一部に、とりたてて有害ではない亀裂が発生している橋は、大きさや交通上の要求がほぼ等しい新しい橋において設計上の改善を試みるための基礎ともなりうる。あるいは、何年も何十年もの使用に耐えて目に見えるほどの事故を起こしていない既往の設計は、エンジニアに、同じものをより軽く、したがってより安価に作る方法を探し求める道をとらせるかもしれない。これまで問題を起こさずに来た原型は、過剰設計がなされていると考えられるからだ。

設計における選択は、究極には人生における選択である。エンジニアは、計画中の構造物が要求されている条件を満たすように、二種類またはもっと多くの異った設計を、紙の上で追求することができる。しかし最終解析の結果、実際に構築されるものとしてはただ一つの設計だけが選ばれる。これはまさに、シカゴからニューヨークへの一回の旅行には、計画時にはどれほど多くの案が考えられようと、実施時にはただ一つの経路しか取りえないのと同じことだ。どの紙上の設計を取り上げてコンクリートを打つか、その決断をする設計者、または選定委員会は、詩人ロバート・フロストが直面したのと似通った問題に直面するのだ。

二つの道が黄色の森の中で岐れていた
二つの道を二つとも歩むことはできぬ
旅人のわたしはしばしたたずんで
目路のとどくかぎりその一つの道を追うてみた
下生えの中をうねってどこへ行くのかと

設計者は、自分の作った設計代替案の、行きつく先がどうなるかを見定めようと、予想に努める。しかし未来に通ずる道は常に何回も分岐を重ね、遂には森の下生えの中にかすんでしまうように思われる。超保守的なエンジニアは、すでに他人がとった道を選び、斬新な設計の橋より高くつこうとも、またその地点の風景に似合わなくとも、ありきたりの橋を選ぶであろう。勇敢で想像力に富むエンジニアは、ちょうどフロストが、ありふれた岐れ道のところでしたのと同じように、橋に意味を注ぎこむことができるだろう。構造の芸術家と呼ばれたスイスのエンジニア、ロベール・マイヤールは、今世紀の初頭、経済性と美観の両面で橋の構築に革命をもたらす、革新的なコンクリート構造設計を発展させた。マイヤールは、詩人フロストの跡を追ったと言ってよいだろう。

二つの道が森の中で岐れていた、そしてわたしは——
踏んだ人の少ないほうをとった
それがすべての違いのはじまりだった

7章
設計と文学の共通点

作家が一枚の白紙をタイプライターにはさんで、作品に取りかかろうとしている。傍らの屑かごには、物語の発端の書き損じをまるめた紙屑があふれている、というのはおなじみの光景だ。このイメージは、文字通りそうではなくても、比喩としてはその通りで、エンジニアリングであれ芸術であれ、創造的な行為というものには挫折がつきものであることを示している。この標本のような作家は、たぶん、ある目的を達成するような言葉の新しい配列をつむぎ出そうと――ウォーレス・スティーブンスの言葉を借りればパイナップルをでっち上げようと――企てているのだろう。作家は、読者をここからあそこへ、独創的であると同時になじみの深いやり方で連れていき、読者が自分の心の中に、物語の光景や人物の動きを、あるいは随筆の中の事例や論旨を、描き出すことができるような、言葉の配列を求めている。屑かごから床にあふれ出た紙屑は、うまくいかなかったか、作家の芸術感覚または商売感覚が満足できるようにはいかなかった試行の産物なのだ。捨てられた紙屑は、文節一つのこともあれば、一章全体のこともあり、本一冊分のことさえある。

作家が何故あれを捨てこれを取るかは、その作家が、何がものになり何がならないかを、明に暗に判断しているからによるところが多い。これがものになるという判断は、常に、これはものにならないという判断よりも危なっかしい。そして、作家が自分の書いたものを客観的な批判の対象としなかった結果、自分をあざむいて、あれこれの文章がすばらしいと思いこんでしまうこともきわめて多い。こうして、欠点だらけの原稿を、作家は傑作と思いこんでしまうことになる。欠点が目に見える原稿は普通は編集者に目をつけられ、多くの場合、この原稿はなぜ失敗作かという理由をつけて、作者に返送される。上梓されるにいたった原稿は、批評家や一般読者の判断にゆだねられる。批評家と読者とが、ある本の評価で一致することもあるが、一致しないこともある。肯定的な批評は感情にあふれたものとなりがちで、他の傑作からの引用や、他の傑作との比較が書きつらねられることが多い。一方、否定的な批評は、何故この本はなっていないかを示す例証が列挙されることになりがちである。批評家は多くの場合、筋が一貫していないとか面白くないとか、人物が現実味がないとか書き込めてないとか指摘し、一般には、当の本がさまになっているという著者、編集者、出版者の考えに対する反証を提示する。一口で言えば、批評家はその本がどのように失敗しているかを指摘する。

この点をまことにはっきりさせているのが、テリ・ウェーゲナー作の劇『時間を見通した男』に対して最近書かれた劇評である。この劇では、一人の物理学教授が若い彫刻家と科学と芸術について討論するのだが、『ニューヨーク・タイムズ』紙上で批評したフランク・リッチは次のように書いている。

> よくできた登場人物二人の劇というものは、きわめて自然に見えるので、われわれは、その劇を作るのにどれほどの芸が注ぎこまれているのかをともすれば忘れがちである……ところが、登場人物二人の劇の失敗作を見ると、このスタイルの劇が実はいかに作りにくいものであるかがよくわかる。

エンジニアリングが作る構造物についても同じことが言える。大きな吊橋は、その描く線も構造原理もきわめて単純に見える。しかし、吊橋の破壊の歴史は、この種の橋の設計には天才の手が必要なことを示している。そして、ワシントン・ローブリングやオスマー・アンマンのような天才たちが、すでに忘れ去られた先人の大失敗から、何をしてはならないかを学んだのは、今日の設計者が、ブルックリン橋やヴェラザーノ＝ナローズ橋から、次の吊橋の大作をいかに設計するかを学び取りうるであろうよりも、はるかに多い。

作家の中には、出版しようという意志はないのに、書き損じた発端部や失敗に終わった草稿を、丸めてはしまわない人がいる。この種の人々は、完全な作品に到達することは不可能で、いずれはこの試作品全体の中から、最も不完全度の低いものを選び出さなければならなくなることを知っているかのように、すべての書き損じの草稿を保存している。このような、創造過程の記録文書は、もし傑作が書かれるときの一連の草稿であったり、すぐれた作家の作品であったりした場合には、類ない価値がある。他の作家が、大家の原稿や草稿から、ある作品の最終的に出版された姿からは学びえないものを学びとることができるのは、一冊の本を創造するということは、選択と、真実のまたは作家がそうと思いこんだ改良との連続であると見ることができるからだ。発端の一文、あるいは一語でさえ、最終の姿になったのは、何十という代替案が捨てられた結果かもしれない。ときには、最終稿が、捨てられた中間稿よりも、第一稿に似ていることがあるかもしれない。あるいは、一つの単語を抹消した結果、同意語、近同意語、遠同意語、はては反意語と、言葉の梯子を登りつめ、あたかも、空想上の富の雲を突き抜けたジャックの豆の木のように、結局は作家を、最初の出発点の単語までころげ落とすようなことになるかもしれない。こうした創造行為の繰り返しが示しているのは、作家がたった一つの単語を選ぶのも、それは、受容よりは拒否として、成功よりは失敗として、イエスよりはノーとして、考えたほうが理解しやすいということだ。きれいに出来上がった原稿からは、作者がなぜ、いかなる理由で、第一稿に書いたものを捨て去ったかについてのヒントはほとんど得られない。しかし、変更された語句、抹消された文、その他の改変を、一連の草稿を通じてたどることができれば、作家が最初に書いたことをそれでよいとは考えなかったということが、はっきりと見てとれるだろう。といって、第一稿から最終稿まで一度も改変されなかった部分について、作家がそれで完全だと考えていたということにはならない。それは単に、正しかったか間違っていたかはいざ知らず、作家が我慢ならないほどの欠陥とは感じなかったか、あるいは代案が見つからなかったことを示しているにすぎないのだ。ただ、作品全体の中で変更を加えられなかった個所を見ているだけでは、学生はその作品の構成について何ごとも学ぶことができないかもしれない。

文筆界の著名な大家の中には、自分の作品について、完全には満足するにいたらなかったらしく思われる人もいる。ジェイムズ・ジョイスは、代表作である『ユリシーズ』や『フィネガン徹夜祭』が印刷所で組版中にも、大量の訂正を加えたことで悪名高い。組版が終わるとジョイスは校正刷りで訂正した。『ユリシーズ』の一九二二年初版本に基づく批評書が何冊も出版された後の一九八四年になって、新版が発行されたが、初版に忍び込んでいた五〇〇〇個所を越える誤りが訂正されているといわれる。ある批評家の説によると、この本は、初版では数行にもわたる脱落個所が新版では復原されて大幅に変わってしまったため、小説全体のまったく新しい解釈が必要になったということだ。

その他の著名な大家でも、ある作品を完成させずに放棄するという考えを発表することが往々にしてある。こういう作家は、改稿を重ね訂正を加えても、その原稿は完成の域には達しないことを悟るにいたり、妥当な限界を超えるほどの仕事をしないかぎりは、その作品の主要な欠陥がいつになったらすべて摘出できるか、できるかぎり完成に近づけられるのがいつになるか、決められないということなのだ。ジョイスは『フィネガン徹夜祭』は二十余年を費やしたにもかかわらず、それでも完全な原稿を印刷所に渡したと信ずるには不足だったらしいのだ。およそ作家というものは、暗黙のうちに、原稿の訂正という仕事はある所で収穫逓減点に達することを認めているらしい。

　エンジニアの仕事も作家の仕事と似ていなくもない。新しい橋の最初の設計がどのようにして生み出されるかは、小説の第一稿と同じくらいの大きな想像力の飛躍を必要とする。設計者はそれ以前に多くの代替案を退けているかもしれない。それはたぶん、その設計者が、それらの案を思いついて程なく、あれこれの理由でものにはならぬと見ぬいたからなのだ。つまり設計者は、その案では作品が失敗に帰することをすばやく見通すことができたのである。エンジニアが考えたあげくに製図用紙の上に描いた設計図の中にも、いくつか明白な欠陥が含まれていることがある。しかし、いずれは完成の域にまで持っていけなくなるようなものはない。しかし時によると、紙の上にスケッチを書いている最中でも、その案ではものにならないことにエンジニアが気づくことがある。するとエンジニアは、失敗した橋の図面をまるめて捨ててしまう。それはちょうど、作家が、流産に終わった登場人物を描いた原稿をまるめてしまうのと同じことだ。

　設計案の中には、ほかの案よりも長く製図用紙の上に生き残るものがある。最終的には、一つだけが採用された設計となり、それは、各部分ごとに点検して、間違いがないことを確かめる。作家が原稿を一語一語検討するのと同じである。もしある部分が、その部分が果たすべきはずの役割を果たしえないことが見つかったならば、その部分は、頭脳のカタログの中から探し出した別の部材に取り替える。それは作家が自分の頭の中の単語集の中から、前に選んだ言葉の失敗を正すような単語を探し出すのと同じである。そして最後にはエンジニアは、作家と同じように、自分の最善をつくして欠陥がないと信ずる一つの設計に到達する。そしてその設計は他のエンジニアに渡され、あたかも編集者が小説に対してするように、設計が成功であるか失敗であるかの評価を受ける。

人生において完全というものがごく少ないように、書物と、エンジニアリングの所産である構造物との間の相似性も決して完全なものではない。書物は、建築や橋などのエンジニアリングの所産に比べれば、一個人の労作であることが多い。しかし、辞書や百科事典の編纂は、その事業の細部すべてを知悉している個人はいないという点で、最新の原子力発電所の設計に似ていると言えるかもしれない。さらに、ある書物が失敗であるということについては議論の余地があるが、壊れて瓦礫の山と化した建物の失敗については議論の余地がない。しかし、訂正の連続であるという点では、本の著作とエンジニアリングは共通しており、これは音楽の作曲や科学とも共通している。そして、一冊の書物、または一つの設計が出来上がるのは、欠陥や誤りを次々と取り除いていくことによるのだと見なすのは、著作とエンジニアリングにおける創造過程を正しくとらえたものである。このような見方で、文学とエンジニアリングを対比することにより、才能すぐれた作家とエンジニアは共通して、世界にみちあふれているすべての成功作から学ぶよりもはるかに多くのことを、先人や同時代人の失敗から学ぶのだということが理解できる。

安全第一主義で時の試練に耐えた設計の真似をするエンジニアは多くの収入を得るかもしれない（しかし、エンジニアが利用できるお手本に比べれば、同じジャンルの小説の定石をはるかに多く利用できる大量生産ペーパーバック本の著者ほどの収入は得られないだろうが）。その種のエンジニアが傑出したエンジニアとは見なされないのは、その種の作家が傑出した文学者とは見なされないのと同じだ。われわれが創造的なエンジニアと言うときには、少数の選ばれた人のことであって、それは大作家と言われる人が少ないのと同じである。大作家とは、類がなく思いきった実験を成功させて見せてくれた作家であるのとまったく同じように、偉大なエンジニアとは、大胆で他に類のない構造上の実験を行ない、時の試練に耐える作品を作り出したエンジニアのことなのだ。

エンジニアを一方では芸術家にたとえ、他方では科学者にたとえるのは、別に気まぐれではない。エンジニアリングは、芸術と科学の双方に共通する特徴を持っている。それは、エンジニアリングが、創造的であると同時に分析的な人間の営みであるからだ。エンジニアリングは創造的な営為であるから、その革新的な作品は、それを批評する批評家の用語を駆すことになる。この領域では、大胆かつ斬新な構造物が立つか倒れるかは、仮説をためすかりそめの世界においてさえ、必ずしも明白ではない。新しい構造物の問題は、その由来するところと、その構造物が使われる世の中とが、ともに人間のものであるところに存在する。エンジニアリングの所産である構造物が芸術作品として成功しているか否かは、生死にかかわる問題ではないかもしれない。しかし、完工式に参列した人々の重さのもとでその構造物が持ちこたえるか倒壊するかは、その場ではっきりと黒白のつく問題である。

エンジニアリングの創造物が斬新であるというまさにそのことから、その構造物の安全性の問題が問われることになる。図面の上ではきわめてうまくいくと思われたのは、設計者が、その構造物が予想もしないような悪条件にさらされるとは想像しなかったか、または、設計者が、実際にはその構造物の最も弱い繋ぎ目になるような、一つの細部を見逃していたことによるのかもしれない。タコマナローズ橋の悲運を記憶している設計者であれば、誰一人、同じような橋を設計しないであろうことは確かである。しかし、美学的見地または構造的見地から見て独自性の強い新しい橋は、その設計者当人にとってさえ驚きであることがある。安全性を確実にするため、エンジニアは、その構造物を、想定しうるあらゆる条件のもとにおいた場合を想像し、あらゆる場合を検討して、どんな小さな部分も破損しないことを確認すべく努力しなければならない。しかし、あらゆる考えられる場合を想像し検討するには無限の時間がかかるだろう。そこでエンジニアは、どの条件が最も厳しく、どの条件はさほど重要でないかの判断をしなければならない。最も厳しい条件については解析を行ない、さほど重要でないものは無視するのだ。

しかし、文芸評論家が、ある創造的な作品の中に、著者も意識していたことを認めないような意味や象徴を見出すことがあるのと同じように、新しい設計を解析する批評家は、ある構造物を構成する各部分の間に、設計者も驚くような相互作用を発見することがありうる。また、文学作品が批評家の喝采を浴びて何年もたってから、再評価が行なわれることがあるのとまったく同じように、エンジニアリングの所産である構造物も、あぶなげではあれ何年か持ちこたえた後で、その構造物自身または類似の構造物が破損したという理由から、再解析されることがありうる。幸運な場合には、欠陥を持つ構造物が崩落する前に発見される。多くの場合は、惨事が起こってはじめて、死体解剖にも似た暴露が行なわれる。

橋を設計するというエンジニアリングの仕事は、文芸の仕事と科学の仕事の双方に共通した性質を持っている。ある設計者が、ある特定の空間に、技術史上のある特定の時代に、架け渡そうと構想するある特定の橋と同じものは、時代を異にする他のエンジニアの脳裡には決して存在しない。これは文芸に似ている。しかし、ここに橋をかけるということが、理論上、または実際の必要上、基礎づけられるならば、その橋は架けられ、その橋は誰が設計するかにかかわらず、その場所その時に架けられるべき橋となる。これは科学の発見に似ている。詩の場合には、詩であるが故に文法からの逸脱が許容されうるが、橋の細部設計にはそれは許されない。青図の上の線が一本間違って引かれたら、また計算書の中の一つの数字が桁違いであれば、構造物は崩壊しかねないのであり、その橋が図面の上ではどれほど見事に見えても何の用もなさない。そして今日、コンピュータが使われる場合には、句読点や、小数点や、方程式の符号がついうっかり間違ったというような小さな誤りのために、コンピュータのモデルは動作しても、橋は倒壊することになりかねないのだ。

ロベール・マイヤールの設計した橋は、芸術作品として、アルプスの山々とひとしく賞讃されている。このスイス生まれのエンジニアは、革新的な才能を飛翔させ、地図上の等高線の精妙なうねりの上に鷲のごとく自らの知性を舞わせて、その等高線の間に目には軽やかでしかも強靱な橋を架け渡したということができよう。それはあたかも、ウォーレス・スティーブンスの「混沌の中を見通す人」の中に出てくる物思いに沈む人にもなぞらえることができよう。

……その人は空翔ける鷲を見る
重畳たるアルプスのすべてをねぐらとするその鳥を

マイヤールは、鉄筋コンクリートを使用したことによって、それまでの散文的な塊りに代えて詩を構造物の世界に持ちこんだ。在来の散文的な橋は理解しやすく、一見して安全であるが、どれもこれも千遍一律である。マイヤールの設計した橋は、ページの上で一行一行確かめていくようにして構想されたものではない。

それらの橋は、詩が行間に意味をこめているように、一つの全体として橋となっている。そして、詩が詩であることによって詩であるように、つまるところ、橋であることによって橋であるのだ。マイヤールの設計が製図用紙の上で完成すると、定法に従って解析され、張力を分散させたり線をなだらかにしたりするため、そこここに訂正が加えられたかもしれない。しかしそうした訂正は、図面から実地に移されたときに試されたのである。鉄筋の周囲にコンクリートが打たれると、建造中の橋を支えていた仮枠が(ちょうどタイプ中の詩を支えるゴムローラーのように)取り外される。こうしてそれぞれの橋は最初の試練に耐えるのだ。ちょうど詩が最初の朗読で試されるように。一つの詩が何回も人々の口にのぼるように、一つ一つの橋は長い月日にわたり人々に使われることによって成功となる。しかしマイヤールでさえも、自分の手に成った傑作の多くに、余分な重さや不要な線が残っていたことを発見し、以後の作ではそうした余剰を取り除いている。マイヤールが自己批評と改訂を実践したことは、作家と変わるところなかったのである。

エンジニアは、自分の創作物に欠点を見出すことにおいて、いささかも詩人に劣らない。またエンジニアは、自分と同僚たちの作った傑作のすべてから学ぶ以上に、自分自身や他者の失敗から多くのことを学ぶ。マイヤールは、鉄筋コンクリート橋の大家ではあったが、ある型を創始したわけではなかった。一九世紀の末葉、フランス籍の建設会社を経営し、ゴシック式カテドラルを修復したことが業績のうちに数えられているフランソワ・エネビクは、コンクリートが、全石造の構造物と同じように、圧縮力ではなく引っぱり力を受けるときに発生が避けられない亀裂に抵抗するため、コンクリートの中に鋼を埋めこむことを研究した。エネビクの会社は、何千件もの工事遂行を通じ鉄筋コンクリート構造物についての経験を積んではいたが、同社が手がけた構造物のすべてが完全無欠というわけではなかった。とりわけ、フランスのシャテルローでヴィエンヌ川を渡る橋には、いくつかの亀裂が生じた。この橋はエネビクが手がけたアーチ橋の中で最長のものであり、その亀裂の形状は、見る人すべてに、なお改良の余地があることを示していた。デービッド・ビリントンは、ロベール・マイヤールの橋について論じた論文集により受賞しているが、その論文の中で、マイヤールはとくに、自身の設計に成る橋、たとえば初期に手がけたスイスのズオの橋の亀裂から学ぶとともに、エネビクら他者の作品の欠陥からも学んでいたことを指摘している。

鉄筋コンクリートに生じた小さな亀裂は、必ずしも、構造物破壊の危険に繋がるものではない。鋼が、亀裂がさらに拡大するのに抵抗するからである。しかし設計者の立場からは、亀裂が生じたということは、自分の設計がまだ図上のものであったときに、完全には理解していなかったということを意味するものにほかならない。亀裂は、構造物のどこにも亀裂の原因となるような高い張力は存在していないという暗黙の仮説を、議論の余地なく否定するものだからである。したがって、完成後の構造物に亀裂を発見すると、設計者は、自分の知識と理論の弱点を学びとり、以後の設計においては、張力が正確には予測しがたい部分は頑丈に作っておくという方法によってでも、自分の弱点を改善することができるようになる。このようにして、一人のエンジニアの設計は、将来への期待を抱かせる初期作品から、卓抜で瑕瑾《かきん》すらない成熟度の高い作品へと発展していく。それは、詩人の作品が、若書きの習作から後年の完璧とも見える傑作へと成長していくのと同様である。

エンジニアリングは詩作と同じく完成を求めていく営為である。エンジニアは詩人と同じく、自らの創造物に完全に満足するということはめったにしないものだ。エンジニアも詩人も、他人はたとえ気づかずとも、まさに適語適所《ル・モ・ジュスト》ではない単語、あるいは構造物を汚す髪の毛ほどの亀裂を見逃さない。しかし詩人は、ある一つの詩がはじめて出版されてから、最終稿が全集に収録されるまでの間に、何百回もその詩に立ち戻ることができるのに対して、エンジニアが、完成してしまった構造物に大きな改造を加えうることはめったにない。しかしエンジニアは間違いなく自分の失敗から学ぶのだ。

アントン・テデスコは、ペンシルベニア州ハーシーのスポーツ・アリーナや、セントルイスの空港ターミナルなど、すぐれたコンクリートシェル構造物の設計者であるが、I・M・ペイのためにデンバーに設計した双曲放物面シェルに発生した微細な毛髪ほどの亀裂を観察した話を物語っている。このコンクリートシェルには、セントルイスの空港で建築上の汚点と非難された補強用のリブが設けてなかった。しかしテデスコは、大抵の人はたぶん気づいてもいないと思われるこの超大型シェルの亀裂は避けえたものだったと考えていて、以来二〇余年にわたり、デンバーに泊るごとに、その亀裂の観察を続けたのだった。このことは、エンジニアが自身の失敗に驚くとか他人の失敗にほくそえむとかいうことではなく、その失敗はたとえ不幸なことではあっても、次回の設計を改善する道を自他に教えてくれる意図せざる実験であると認識しているということなのである。テデスコが、コンクリートシェル構造の崩壊の歴史と成功の歴史とをないまぜた回想論文の中で述べている通り、「不運な実験の事例について述べたのは、好成績をあげた例からよりも、悪成績に終わった例からのほうが、教訓を引き出すことが容易だからである」。芸術や文学の批評もこれと同じ役割を果たすものであり、したがって、美術家や作家が、エンジニアと同じく、自己に対する最もきびしい批評家であることは、なんら不思議はない。

エンジニアリングの学生は、失敗から学ぶべきことが多いということを、学業の早い時期に理解する。最近、デューク大学のエンジニアリングのクラスで、学生たちは、無重量環境において新しい軽量構造材料を製造するフィージビリティを試すため、スペースシャトルの機内で発泡法により金属を生産する実験の設計に参加した。その課程の学生の一人は、「実際のエンジニアリングは考えていたよりずっと難しい」ことを認めたが、同時にクラス全体が、「失敗したりへまをしでかしたりすることから多くのことが学べる」ことを知ったと語っていた。この学生たちは、T・H・ハクスレーが著書『医学教育について』の中で述べた次の言葉を認識するところに到達していたのだ。曰く、「人生若いうちに少々の失敗をおかすのは実際上最高に有益なことだ」。

8章
事故は起こるのを待っている

一九八一年七月一七日金曜日の夕方、カンザスシティで最も新しいホテルは、人々を週末の楽しみに誘い込むような大編成楽団の演奏に合わせて踊る人、音楽を楽しむ人で混み合っていた。柱ひとつない中庭の広い空間に架け渡された、優雅な建築様式の歩廊の上でも、多くの人々が見物していた。人々は、「サテンの人形」の旋律に合わせて爪先で拍子を取り、体をゆすっていた。歩廊のゆるやかな振動も、ひたすらその宵のお祭り気分を高めていた。そのお祭り気分が一転して破局となった。人をいっぱい乗せた二層の歩廊が崩落し、もっと混雑している床に落下したのである。こうして、カンザスシティ・ハイアットリージェンシー・ホテルは米国史上最大の建造物惨事の同意語となり、事故の後数年間にわたって、悲嘆と非難、検証と訴訟が続くことになった。

一一四人が死亡、二〇〇人近くが負傷した。カンザスシティの住民の約半数が、直接にか間接にか、この悲劇に関わったものと推定された。いたるところに生存者がいて、なぜこんな恐ろしいことが起こりえたのかとあやしんだ。全国のニュースメディアは、数日にわたり、この事故を詳細に報道した。しかし間もなく記事は第一面から押し出され、関心は徐々に低下していった。ただカンザスシティの地元紙は、当然のことながら、より直接の利害があるこの事件への関心を持ち続けた。地元紙はコンサルティング・エンジニアに、証拠物を検討し、事故の原因を読者に報告することを委嘱した。構造物事故の四日後、『カンザスシティ・

スター』の第一面には、見出しの代わりに事故の原因を指摘する詳細設計図を掲げた記事が載った。後日ピュリッツァー賞を受賞するこの調査報告記事は、空中歩廊の弱い繋ぎ目をつきとめ、歩廊を吊った棒が箱形の梁を裂き、それが発端となって強度の弱くなった歩廊が逐次崩落するにいたった過程を説明していた。下層の歩廊を上層の歩廊に、上層の歩廊を天井に結合する吊り棒の結合部に、設計に反する工法がとられていたことが明白に示され、事故の究極の原因として槍玉に挙げられていた。

当ホテル空中歩廊のもともとの設計の建築図面では、各支持点で一本の長い棒が天井から吊るされ、この棒が梁を貫き、その梁の上に歩廊がのることになっていた。歩廊は上下二層あり、各層の梁の下に取りつけたワッシャーとナットで吊り棒に固定するようになっていた。もとの設計は、長い棒が十分強く、ワッシャーとナットが十分大きく、また梁が十分頑丈で、歩廊の自重だけでなく、その上に集まり、その上で走ったり跳ねたりダンスしたりすると予想される群集をも支えることができるならば、原理上はもつことになっていた。正確に言えば、「十分強く」とか「十分大きく」とか「十分頑丈に」とかいうのは、エンジニアリングでいう張力や応力をあらわす数字に翻訳され、普通なら建築法規で規定されるものである。しかしこのハイアットリージェンシーの空中歩廊のような、独特な構想に基づく構造物については、建築法規に明文化した規定はないようであった。

しかしたとえ空中歩廊の設計にとくに言及していなくても、建築法規では、鋼の棒の強度については一定水準の張力を要求しているし、ホテルの歩廊については、天井から吊ってあるかもう一つの歩廊から吊ってあるかには関わりなく、どのくらいの重さがのると予想されるかを想定する規定がある。この種の規格に照らしてみると、ハイアットリージェンシーの歩廊にもともと考えられていた支持方式は、設計強度不足であることが、米国標準局の調査官により明らかにされた。その支持法は、カンザスシティ建築法規が要求している強度の六〇パーセントの強度しかないと考えられた。しかし、建築法規を制定する人は、設計を安全な側に寄せたいと思うもので、仮定や計算に誤りがあった場合だけでなく、製鋼や建設工事に誤りがあった場合にも、十分余裕を見ておくはずだから、法規は最小限の強度よりずっと大きいものを要求しているはずである。したがって、歩廊がもとの設計の通りであれば、法規の規定ほどの強度はなかったにしても、たぶん落ちることはなかっただろうし、法規に合致していないことは発見されずにすんでいたかもしれない。

不運なことに、誰かはわからないが、結合部分のもとの詳細設計を見て、自分にはもっと良い案があるとか、一層の歩廊をもう一層の歩廊の下に吊り、両方を中庭の高さ約一八メートルの屋根から吊るのには、ずっと容易な方法があるとか言ったに違いない。もとの建築設計の結合法では、歩廊の取り付けが、不可能ではないまでも困難なのである。天井の結合点からそれぞれ一本の棒を吊るし、約四・五メートル下の四階相当のところの歩廊を支える梁を貫通させ、さらに同じ棒を約九メートル下がって二階相当のところの歩廊の梁を貫通させるというもとの考え方は、まったく非現実的な建設作業になる。だから、一本の長い棒ではなく、二本の短い棒にしようという誰かの提案は、歩廊の設置に従事しているすべての人に、すぐ気に入られたに違いない（玩具のエレクターに入っている一番長い部材がどんなに曲がりやすく、またいったん曲がったら、まっすぐにしようとしてもなかなかもと通りにならないことは、誰でも記憶しているか、想像することができよう）。

変更後の結合方式は、天井からの支持棒を上層の歩廊の梁の穴に通し、そこで棒の端にワッシャーとナットをねじ込んで梁を固定する。上層の梁の、さっきの穴より一〇センチほど中央寄りのところに別の穴をあけ、別の棒を通して、ワッシャーとナットで抜けないようにする。そして、上部の棒に上層の歩廊を取り付けたのと同じ方式で、下方の棒に下層の歩廊を取り付ける。これは確かに、二層の歩廊を組み立てるにはずっと容易な方法である。棒の端にねじを切ってナットをねじ込むというのは、約一四メートルの長棒の全長にわたってねじを切るとか、または、もとの図面に指示されているように、長棒が上層歩廊の梁を貫通したところにだけねじを切るとかいうのよりは、はるかに手なれた仕事である。しかし、いかに組み立てには便利であろうとも、変更後の棒の組み立て方では、上層歩廊の床を支える箱形の梁にかかるワッシャーの力は、まさに二倍になり、これでは、もともと強度が不足していた空中歩廊は、辛うじて自重を支えるだけの強度しかないことになってしまった。

簡単な比喩を使ってこの問題のメカニズムを考えてみよう。もとの設計の吊り棒を一本のロープと考え、二層の歩廊は二人の人で、そのロープにつかまっているのだと考えよう。この二人の体重は、ロープを握っているそれぞれの人の手を通してロープにかかる。もとの設計の歩廊の支持法は、一本の同じロープの上部と下部に、別々に二人の人がつかまっているのと同じである。ロープの強度が十分で、それぞれの人の握る力が十分強ければ、二人ともロープにつかまって落ちずにいることができる。しかし、もし下の人がつかまっているのが同じロープではなく、上の人の脚に結んである別のロープだとしたら、上の人の握力は二人分、ざっと二倍の体重を支えなければならなくなる。決定的な因子になるのはロープの強度ではなくて、上の人の握力になるのである。この人の握力が自分の体重を容易に支えることができても、体重の二倍はぎりぎり支えることしかできなければ、その手は引力のもとでゆるんでしまうことになろう。したがって、下の人が少しでも体をゆすれば、上の人の握りはゆるみ、二人とも床に墜落してしまうことになろう。

このホテル惨事のあと、米国標準局は、歩廊のもとの設計は、必要な強度を持っていなかったと結論しただけでなく、箱形梁と棒との結合部——実際に棒をつかんでいた部分——の詳細構造を調べて、建設後の状態での空中歩廊は、ようやく自重を辛うじて支えることしかできなかったことを明らかにした。つまり、この空中歩廊は、起こるのを待っていた事故であったことが確認されたのである。

ハイアットリージェンシー・ホテルの建設工事中には、歩廊の強度不足が気づかれてもよかったような事件が何度か発生していたようだ。しかし、ある種の自殺者が示す事前警告と同じように、これら、起こりうべき事故の予兆には注意が向けられなかった。同ホテルの建設中にロビーの屋根が崩落し、多くの構造上の細部を検討するよう指示が出された。その中には、当の空中歩廊の詳細設計も含まれていた。しかし、棒と箱形梁との結合部は点検もされず、欠陥が発見されることもなかったようだ。歩廊が吊るされた後で、建設労働者が、この中庭の上の高所の近道は、重い手押し車が通ると不安定だと言っているという報告があった。しかし、建設工事用通路を迂回させただけで、設計は点検もされず、欠陥が発見されることもなかったようだ。

後になってふり返ってみれば解析するのはやさしい。しかし、ハイアットリージェンシーの高所歩廊にあった弱い繋ぎ目は、どういうわけか、数多くの、その工事独特の細かな事情にまぎれ、注意を逃れてしまった。しかし、事故の後になると、月曜朝刊のスポーツ評論家のような議論が多数あらわれた。それを何よりも証拠立てたのは、『エンジニアリング・ニューズ・レコード（ENR）』誌の「編集者への手紙」欄であった。建築図面のもとの詳細図には、一本の長い棒の製作法については正確には示されていない。事故後に寄せられた投書を見ると、建築業界内で広く読まれているこの週刊誌の読者の少なくとも一部は、もとの建築図面は、M・C・エッシャーが描く建物を建てるのに必要とされるような、実現不可能な部品を要求している、と考えたことが明らかにわかる。実際、もとの図面として示されたものを見ると、ナットが、一本棒の下端から少なくとも四・五メートル上がったところに書きこまれている。多くの読者は、このナットはどうやってここまで持っていったのだろうかと頭をかきむしったらしいのだ。読者たちは、ナットの位置から棒の端までの全長にねじを切らなければならないではないか、だがそれは図面には示されていない、それとも、棒のねじを切る部分を残りの部分より太くしておくのだろうか、と指摘した。ある読者は、大方の一致した意見を次のように要約した。「設計に変更が加えられたとき、変更を要するとされた部分の詳細設計は、決して、完全に欠点がなかったとは言えない」。

ナットを四・五メートル棒に通すという、「ハイアット・パズル」に頭を悩ました投書の山からひと月たたないうちに、投書の第二波が『エンジニアリング・ニューズ・レコード』誌を賑わした。今回の見出しは「ハイアット・パズルの解答」とつけられた。これらの読者は建築図面をあるがままには受けとらず、どうすれば扱いにくいほど長くはない二本の棒の端と端とを、一個の「スリーブナット」——接合具として効果的に使われる——を使って結合し、棒を二本にしてその結果危険な状況を生ずるのを回避できるかを指摘してきた。別の読者は、箱形の梁を構成している一対のコの字形鋼材と同じものを使って別の形に溶接し、より丈夫な支持面を得る方法を提案してきた。というわけで、『エンジニアリング・ニューズ・レコード』の郵便袋には、そのほかどれほど多くの、発表されなかった提案の投書がつまっていたのだろうかと、ただただ驚くばかりである。私が『テクノロジー・レビュー』誌に発表した論文でハイアットリージェンシー事故を論じたときには、同誌の編集者も、歩廊の詳細設計について、異常に多数の投書を受け取った。スリーブナット、スプリットダイ、その他多種多様なパズルの解が読者から提案されたのだが、それらの読者は『エンジニアリング・ニューズ・レコード』誌を読んではいないらしく、また、そのような細部の設計がそのような重大な事故を引き起こしたことが信じがたいという様子であった。

しかし、ハイアットリージェンシーの歩廊では何が悪かったのか説明し、このように変えればうまくいっただろうと指摘するのは、設計に含まれる誤りを、設計が実際に移される前につかまえるのに比べればずっとやさしいことだ。実際にことが起こった後では、はっきりとわかる「パズル」が成立して、それを解ける人は賢明であることがわかる。実際にことが起こる前には、設計の「パズル」をはっきりとさせなければならないだけでなく、設計が失敗に帰するすべての可能性を検討して、自分の「解答」を確認しなければならない。もし、ハイアットリージェンシーの、歩廊だけでなく他のすべての部分についての、何十件という問題の詳細設計の中で、あの悲運に終った一件だけが照らし出されるという事態になっていなかったら、「編集者への手紙」欄への投書者のうちの果たして何人が、歩廊の設計の誤りをつかまえていたろうかと疑わざるをえないのである。棒と箱形梁の組み合わせが破損しないでいるうちは、この構造の欠陥は、訓練を受けていない人の目には、さほどはっきりとは見えなかったのではなかろうか。

エンジニアリングの専門出版物の投書欄その他、ハイアットリージェンシー事故に触発されて書かれた論説や論文の多くは、もし経験を積んだ設計者や詳細設計者が参画していれば、この事故は起こらなかっただろうと説いていた。熟練者ならばおそらく、経験を通じてうまくいくことを知っている、実証ずみの詳細設計を採用していたか、あるいは、歩廊の支持部に採用されていたような異常な設計は、きわめて入念に検討していたであろう。この種の主張はもちろん実証不可能である。しかし、かなりの経験を積んだ人なら、実際にはうまくいかない部分を抽出できる可能性が大きいことは疑う余地がない。しかし、タコマナローズ橋の事例を知っている人なら、吊橋に対する風の影響を無視することはありそうもないのと同じく、ハイアットリージェンシーの空中歩廊を記憶にとどめている人なら、この次に棒と梁の結合を見たら入念な点検を忘れるということはよもやないだろう。このようにして、ハイアットリージェンシーの悲劇は、疑いもなく、多数の経験不足の詳細設計者を、一挙に経験者に仕立て上げたのである。そして、これらの教訓を若いエンジニアの頭に叩きこむためにこそ、エンジニアリングの書物には、常に事故のことを記述しなければならないのだ。

二〇か月にわたる調査の結果、米国司法省とミズーリ州ジャクソン郡検察官は合同で、ハイアットリージェンシー空中歩廊の崩壊に関し、米国または州の犯罪が犯された証拠は発見できなかったと発表した。しかしこの発表後二か月たたないうちに、ミズーリ州検事総長は、当ホテル設計責任者のエンジニアを告訴した。これらエンジニアは、天井から吊った歩廊の設計および解析に「重大な怠慢」を犯した責任を問われた。具体的には「橋の棒と結合部の負荷能力を決定する計算を遂行」せず、設計変更がなされた後に、棒の仕様が適切であるかの検討を行なわず、建設工事中にホテルの屋根の一部が崩壊したとき施主から要求された歩廊の懸架方式の解析を実施しなかったことの責任を問われた。法律が精密科学でないことはエンジニアリングと変わりはない。ミズーリ州検事総長の訴因が強いか弱いかは、本書執筆時には、まだ裁判の結果を待たなければならない。

ハイアットリージェンシー歩廊の吊り棒のうち一本が、箱形梁との結合部から抜けたときには、明らかにこの棒はもはや、その棒が受け持つべき歩廊とその上に乗っている人の重量を支えることができなかったはずである。しかし歩廊がこれほどぎりぎりの設計になっていなければ、壊れた棒が支えられなくなった分の重量は他の吊り棒に再配分され、歩廊は壊れた結合部のところで少したわむだけですんだはずである。もしそうなればホテルの経営者は問題に気がつき、この警告が、建設工事中に歩廊が心もとないという徴候が見えたときよりももっと真剣に取りあげられたならば、悲劇は起こらずにすんでいたかもしれない。このように設計者は、多くの場合、自分が設計する構造物の中に「代替荷重経路《オルタネート・ロード・パス》」と言われるものを仕組んでおき、ある一つの荷重の経路が何らかの理由で役に立たなくなったとき、ほかの経路にかかるようになった張力や応力が吸収されるようにしておくものなのだ。

代替荷重経路が余分の荷重を受けとめることができなかったり、またはそもそも存在しなかったりした場合には、破局的な事故になる。ハイアットリージェンシーの空中歩廊は、ホテルの中庭に架けられた一種の橋であった。橋というものは、いくつもの役割を負わされるために、大胆な構造になることが多い。空中歩廊の場合には、大きな中庭ロビーの開放感を保つという建築効果を狙っていた。開かれた中庭が、ハイアット系ホテルのトレードマークにもなっていたのだ。空中歩廊が崩落するとただちに、他の大胆な設計のロビーの安全性に懸念が持たれた。しかし、カンザスシティのとまったく同じ考えに基づくものは他にはなかった。シカゴ市の検査官は、同市のハイアットリージェンシーの中の高く吊った部分を、補強工事がすむまで使用制限にするよう指示した。しかし全般には、カンザスシティ事故の影響は、悲運の空中歩廊と何らかの類似性を持つ新規建造物に及ぶことになりそうである。

空中歩廊の悲劇の数日後、崩落した二つの歩廊と平行して架けられて残っていた三番目の歩廊が、カンザスシティ市長の抗議にもかかわらず、深夜に解体され、ロビーから取り除けられた。ホテルの所有者は、歩廊が残っていると従業員やその他ホテルにいる人に危険だからと弁解したが、一部の事故被害者の弁護士は証拠隠滅だとして反対し、事故原因の研究に興味を抱いていたエンジニアたちは、崩落した歩廊と近似した唯一の残存構造物が取り除かれたことに遺憾の意を表明した。もしこの三番目の歩廊がこれほど急いで取り壊されなかったら、その上で人がダンスするときの歩廊の挙動が調査され、その結果、壊れた歩廊は、ワイングラスがソプラノ歌手の高音に共鳴するように、ダンスのテンポに合わせて共振していたという説の真偽が確かめられたかもしれないのに。

今日、カンザスシティのハイアットリージェンシーのロビーには、固い床の上に立てられた頑丈な柱に支えられ、ただ一つの歩廊が架かっている。ロビーの広々とした開放感という建築上の特徴はたぶん失われたけれど、新しい設計は疑いもなく安全感を与えることを意図したもので、危なっかしい空中歩廊とはほとんど似たところがない。しかし、ホテルのロビーに再建された歩廊が万全に安全らしく見えるからといって、天空に架かる鈎のような懸架システムが一見したところついていないように見える他の橋には、第一次の支持構造が壊れた場合にそれを補うための代替荷重経路が実際に用意されていないというわけではない。水上交通の多い水路に架けられた橋の多くは、重いはしけや船が橋脚に衝突した場合、橋の一部が落とされたという前歴を持っている。橋の中には柱の上に乗せてあるように見えるものもあるが、実際の構造はそれほど簡単なものではない。

ハイアットリージェンシー歩廊崩落事故から約二年後、ミアヌス川に架かるコネティカット有料高速道路《ターンパイク》の橋のうち、長さ約三〇メートル、三車線幅の部分が、突然、高架のハイウェイからはずれて落下した。四台の車が約二一メートル下の川の堤防に激突し、この事故で三人が死亡、三人が負傷した。この橋が、交通量の少ない早朝に破損したのでなかったら、もっと多くの犠牲者が出ていただろう。グリニッチに近い州間高速道路九五号線のこの区間は、普通、一日に一〇万台の車が通行する。道路を迂回させたため交通に若干の不便が生じ、近傍の小さい町の平安が乱されはしたが、コネティカットとニューヨークとを結ぶハイウェイの交通には、少なくとも代替経路を設けることはできた。しかし、この橋が壊れたのは、橋の一部がゆるんだとき、その迂回した荷重を支えるに足るだけの代替荷重経路がなかったからだった。

ミアヌス橋は「ピン結合懸架スパン」と呼ばれるもので、橋が斜めに川を横切り、そのため曲がった状態で支持されているところから、複雑な構造になっていた。落ちた部分の四つの角のうちの二つは、橋脚からカンチレバー状に突き出ている橋体に懸けてあった。懸架の手段は、自転車のチェーンの繋ぎによく似たもので、結合部材の一端をカンチレバー側の桁にピン止めし、他端を落ちた部分の桁にピン止めしてあった。この結合材の長さは二メートル近く、直径約一八センチの鋼製のピンが結合材と桁とを貫通して両者を固定していた。このピンを固定するため、ピンの軸方向に穴をあけてボルトを通し、大きな厚いワッシャーで結合材を両側から締めつけてあった。

事故後、米国運輸安全理事会が開いた聴問会で、ミアヌス橋の崩落は、懸架結合材の一つが破損した結果起こったことは、ほとんど疑いないと思われた。しかし、その結合材が、なぜ、どのようにして実際に破損したのかは論争の的になった。一人のコンサルタントは、橋が曲がった設計になっているのがそもそも良くないと言い、その結果、橋が架けられて二五年の間に、ピンのうち一本が自然にゆるむような力が作用したのだと主張した。橋を設計した会社の側からの証言は、破損の原因としてメンテナンス不良に焦点を当て、橋の排水機構が舗装でぬりつぶされ、道路の塩分で汚染された雨水により、問題の結合材がはなはだしく腐食したのだと主張した。州の運輸当局は、橋の排水がよくなかったことは認めたが、設計者が行なった懸架部の詳細設計計算に誤りがあったと主張した。

ミアヌス橋の事故によって、一九六七年に起きた、オハイオ州のポイント・プレザント橋の事故の記憶が呼びさまされた。この長さ五三〇メートル余の橋は、オハイオ州ゴーリポリスとウェストバージニア州ポイント・プレザントの間の交通を三八年間にわたって支えてきたが、突然、ラッシュアワーに約七五台の車が走行中に崩落し、四六人が死亡したのだった。この「銀の橋《シルバー・ブリッジ》」（ポイント・プレザント橋は、アルミニウム・ペイントで塗装した最初の橋であったところから、このようにあだ名されていた）は、最近の大抵の吊橋でおなじみの丸いワイヤーケーブルから吊るのではなく、長さ約一五メートルの結合材、通称「目あき棒《アイバー》」でできた巨大な鎖から吊ってあった。この橋は、特殊な高強度鋼製の目あき棒を使った初めての橋で、目あき棒の結合は、ボルトとワッシャーを使う、自転車のチェーンと同じ要領のものだった。こういう構成だと、検査がしにくいだけでなく、長年の間には腐食が起こりやすい。このような老朽化が気づかれないままに進行し、鋼製の結合材の穴のところに発生した小さな傷が、疲労亀裂の成長で大きくなり、これが腐食のため加速された。亀裂が結合材の強度を弱め、橋の自重に加えてはげしい交通による荷重が結合材の強度を越えるにいたったとき、結合材は破壊した。破壊した結合材が担っていた荷重は他の結合材により受け持たれるべきところであったが、鎖の形のバランスが破れてねじれ、そのため他の結合材のピンがはずれて、荷重を橋の支持塔に伝えていた荷重経路が破れた。橋は支えるものがなくなり、急速に全面崩壊に向かった。

これらの失敗例――ハイアットリージェンシーの空中歩廊、ミアヌス川橋、「銀の橋」――に共通しているのは、事故原因が細部《ディテール》にあった点である。空中歩廊の結合部は初めから十分な強度がなかったし、橋には文字通り弱い繋ぎ目があり、それが時がたつにつれさらに弱くなった。構造物が、その中の一つの結合部が失われ、持ちこたえられない場合、別の細部が破損して逐次構造物の破壊にいたるのを避けるためには、そのような構造物はすべてただちに解体すべきだと一般化してよいのだろうか？　これは、一機のＤＣ―10型機が一九七九年にシカゴのオヘア空港離陸時に墜落した後、すべてのＤＣ―10型機が運航停止になったのに通ずるのであろう。ＤＣ―10型機のエンジンは、ピン機構で翼に結合してあった。シカゴのジャンボ機事故で破損した結合部は、離陸時には、ラッシュアワーの交通を支える橋のピン結合部と同様な作用をするはずだった。不運なＤＣ―10型機では、エンジンを補修のため取りはずし取り替えるときに、設計者が予想もしなかったような取り扱いがなされていた。そのため、結合材（航空機用語では「バイロン」）を取り付けるフランジが、ピンを通す穴のまわりで、ちょうどルーズリーフ用紙をあまり強く引っぱったり、バインダーの中で手荒く扱ったりすると紙のリング穴のまわりが裂けるように、裂けてしまった。もし、大切なルーズリーフのページがバインダーから抜け落ちてほしくないなら、裂け目ができはじめたのちに気づいたらすぐ補修材で補修するか、習慣を改めてもっと静かにページをめくるようにするだろう。一枚の用紙もバインダーから抜け落ちないようにすることがどの程度重要かの度合いに応じて、用紙の脱落防止に念を入れるようになるだろう。二つ穴のバインダーを使っていたのなら、三つ穴のに取り替えれば、一つの穴が裂けたときの代替荷重経路を作っておくことになる。あるいは、もしすでに三つ穴のバインダーを使っているのなら、ときどきバインダーを繰って用紙の穴を一つ一つ点検し、我慢ならないほど裂けている穴を補強すればすむだろう。しかし、ルーズリーフの穴の場合には、一ページが実際にちぎれてしまうか、まさにちぎれようとしているのに気づいたのでなければ、穴の補強をしようと気を使うことはあまりありそうもない。

運命の墜落事故が起こるまでは、ＤＣ―10型機のエンジン取付機構には強度低下の疑いは持たれていなかったから、誰一人特別な注意を払う者はいなかった。しかし、シカゴ空港事故の原因がフランジの亀裂であることがつきとめられると、ただちに、事故原因発見まで運航停止にしてあった全ＤＣ—10型機のフランジの検査が行なわれた。いくつかのパイロン結合部に亀裂が発見され、遂に、亀裂が生じたのは、補修時に、度はずれの予想もしなかったような乱暴な扱いがフランジに対してなされていたためであることが明らかにされた。飛行機設計上の弱い繋ぎ目が突きとめられたので、パイロン結合部に亀裂のないＤＣ—10型機は再就航が許され、亀裂のあるものは修理され、すべてのパイロン結合部は以後特別の注意を払って補修し検査されることになった。さらに、破損の原因となった補修の手順は廃止され、補修技法全般がきびしく検討された。ＤＣ—10型機は引き続き安全に飛行を続けているが、事故の教訓は容易には忘れ去られることがないだろう。

このように、失敗の教訓は、一般に弱い繋ぎ目を摘出する。同種の弱い繋ぎ目のある既存構造物は、安全に立ちつづけ、飛びつづけることを許されることがありうる。知識は、人間に対してと同じく、構造物に対しても力だからである。以後の設計に際しては、弱い繋ぎ目は回避されるか、強化され、その弱い繋ぎ目を持つ構造物に関する分野の科学は恩恵を受ける。その恩恵は一般に、空中歩廊が架け渡されていたら、橋が架かっていたら、ＤＣ—10が飛んでいたら、何年、いや何十年かかっても受けられなかったほどのものであるといえよう。この理由から、エンジニアにとっては、成功例以上にとは言わずとも、成功例と同様に失敗例を研究することが重要なのであり、構造物破損の原因については、可能なかぎり公開の議論をすることが重要なのである。もし若いエンジニアが、弱い繋ぎ目のある構造物がまだ役に立っているうちに、その構造物をお手本にするようなことがあれば、そのエンジニアは自分が設計する構造物の中に、弱い繋ぎ目を作ってしまうことにもなろう。しかし、もしある構造物破壊の原因が理解されたなら、他の類似の構造物は念入りに点検されるはずであり、ただ一つの破壊した構造物から得られた教訓は、その後の設計においてはなすべからざることとなる。これはきわめて有力な教訓である。それ故、エンジニアリングの所産である構造物の破壊は、悲劇であることは間違いないが、決して無用無益ではないのだ。

9章 安全を数字であらわせば

エンジニアは、失敗した構造物から、何をしてはいけないかを学ぶことができる。しかし、成功した構造物からは、その成功例に変更を加えずにまねる以外には、何かをするのにこうすればよいということを学べるとは限らない。しかも、成功をまねても危険がつきまとっている場合がある。ある橋が、きずのない鋼材で作られ、保全が行き届き、一度も過負荷になったことがない、という幸運な条件の組み合わせは、同一の設計ではあるが、質の悪い鋼材で作られ、保全が行き届かないかまたはなおざりにされ、しょっちゅう過負荷になっている別の橋では、成り立っていないことがあるからだ。したがって、新しいエンジニアリングのプロジェクトは、一つ一つが、どんなに前のプロジェクトに似ていようと、失敗の可能性を持っている。こういう当てにならない条件下では誰も安住できない。そこで、設計と建設に関わるあらゆる種類の不確実性をうまく扱う合理的な手段がないと、エンジニアはまったく心配から逃れるすべがないことになる。そういう手段として最も安心でき、事実上エンジニアが行なう設計のすべてに使われているのが安全係数である。安全係数とは、一つの数のことで、マーフィの法則の類が相当多数複合して作用しても、エンジニアリングの営為の成功がおびやかされることがないように、誤りの余裕を作り出す役割をするところから、しばしば「無知係数」とも呼ばれている。安全係数は、考えられるうちでも最も質の悪い鋼で作られた橋の、考えられる最も大きい穴の上を、横風を受けて橋が揺れているときに、考えられる最も重い車輌が通行しても、その橋が持ちこたえるように設定される。もちろん、これら数々の最上級にいかなる数値を入れるかについては判断を下さなければならないが、設計者の目的は、自分の作る構造物を、きゃしゃにするのでなく、頑丈にすることにある。あまり丈夫にしすぎるのは、構造物が醜く、不経済になり、不必要なことであるから、エンジニアは、構造上の要因のほかに、建築美、経済、政治の要因をも考慮して、どれだけ強くすれば十分強いのかの決断をしなければならない。

安全係数は、構造物を破壊するのに要する荷重を、その構造物に作用すると予想される最大荷重で割った値である。したがって、一度に一〇〇〇キロを超えるものは持ち上げない起重機に、六〇〇〇キロの荷重に耐えるロープが使われていれば、安全係数は、六〇〇〇割る一〇〇〇で六である。起重機の設計時には、六という安全係数は、経験と判断によって決められる。この数値により、起重機の材料や使用法に誤りや不確実さがあっても余裕のあるような、ロープの太さが決められる。たとえば、起重機には最大荷重一〇〇〇キロと明記してあっても、操作員は、たぶん能力の一倍半ぐらいは超過荷重をかけることがありうるだろう。つまりこの起重機は、いつなんどき一五〇〇キロの荷重がかかるかもしれない。さらに、操作員には起重機の始動と停止はゆっくりやるように指示しておいたとしても、ときには乱暴な操作をされ、ロープにかかる有効荷重は慣性の作用で増大するかもしれない。もしこの結果、一五〇〇キロの荷重が二倍になる作用があるとすれば、ロープには実際上三〇〇〇キロの荷重がかかることになるだろう。

ロープの設計者が考えていたより三倍も大きい荷重がかかるだけではすまず、ロープ自体が、いくつかの理由で規定の六〇〇〇キロより弱いことがありえよう。うっかりして質の悪いロープが使われているかもしれないし、使用しているうちに、または、乱暴な使い方をしたために、ほつれて弱くなっているかもしれない。そうした影響でロープがようやく三〇〇〇キロを支えうるだけになっていたら、バケツを超過荷重にした起重機を乱暴に引き上げると、ロープが切れ、起重機が破損することは明らかだろう。六という安全係数は、あらゆる悪条件が同時に起こることを想定すれば、十分ではなかったということになろう。もし、起重機がどれほど超過荷重にされるか、どれだけひどく乱暴に扱われるか、どれほどロープがいたみ、弱くなるかに限界がなければ、安全係数にはどんな数を持って来ても間に合わないだろう。起重機の破損を避けるには、エンジニアは起重機の定格荷重の何百倍も強いロープを使わなければならないだろう。そうすれば明らかに不経済で図体の大きい設計になり、それほど慎重でない競争相手に容易に遅れをとってしまうだろう。

幸いなことに、直接的、間接的な手段で、起重機のロープに実際にかかると予想される超過荷重には、制限を加えることができる。起重機のモーターの力を、たとえば一四〇〇キロしか持ち上げられないようにしておくとか、比較的ゆるやかな加速、停止しかできないようにしておくとかいうことが可能である。ロープは、使用前にたとえば三〇〇〇キロを吊るしてみて、実地試験ずみ、つまり「証明つき」にすることができる。しかし予想最大荷重で実地試験をするわけにはいかない。それだけで切れてしまうかもしれないからだ。起重機が古くなれば、定期的にロープを念入りに検査して、ほつれやすり切れの有無を調べるよう求めることもできる。この種の事前配慮があれば、起重機を設計するエンジニアは、六という安全係数は小さ過ぎはしないという確信を持つことができる。

安全係数というものの背後にある本質的な考え方は、破壊の起こり方は明らかに説明できなければならないということと、破壊を引き起こす荷重は計算でき実験で決定できなければならないということである。このことは、エンジニアが設計に際して避けようとするものは、「失敗＝破損《フェイリュア》」であることをはっきり示しており、それ故に、実際の構造物の破損がエンジニアの関心の的となるのである。破損した構造物といえども各種の安全係数を用いて設計してあったのだから、エンジニアリングの際の推理にか、建設工事にか、破損した構造材料の使い方にか、明らかにどこかに悪いところがあったのだ。どこが悪かったかが理解されれば、同じ誤りが再びおかされることなく、材料や構造物の挙動についての誤った考えは正される。一般に言って、構造物破壊が起こると、それ以後の類似構造物にはより大きい安全係数が採用される。反対に、一群の構造物がごくありふれた種類のものとなり、予想外の破壊が起こらずにすんでいると、この種の構造物は過剰設計である、すなわち、この種の構造物には不必要に大きな安全係数が適用されていたと考えられる傾向が出てくる。設計者の間には、自分たちがこれほどよく知っている構造物にこれほど大きい無知係数を使う必要はないという自信が生じてくる。そこで、設計者と法規の起草者との間に、将来の同種の設計に使用する安全係数は引き下げるべきだとの合意が成立する。事故の後では安全係数を引き上げ、事故がないと安全係数を引き下げるという力学は、明らかに、構造物破損の周期的発生という事態をまねく。事実、吊橋の発展にはこのような周期性のあることが、タコマナローズ橋の破損事故の後で発見されたのだった。

安全係数というのは新しい考え方ではない。一八四九年に、鉄道橋への鉄の使用について検討するため任命された王立委員会は、当時のすぐれたエンジニアに、「橋桁の破壊荷重は、最大荷重の何倍とすべきと考えるか?」との質問を発した。ブリタニア橋の設計者ロバート・スティーブンソン、グレート・ウェスタン鉄道のエンジニア、イサムバード・キングダム・ブラネル、水晶宮のエンジニア、チャールズ・フォックスといったお歴々からの回答は、三から七までの幅があった。ついで、「最大荷重の何倍で橋桁を試験するか?」との問いに対し、回答者の答えは一から三までの範囲であった。委員会は、鉄道橋の桁の安全係数として適当な値は六であると結論した。

現実の構造物には梁と桁だけでなく、柱その他の構造要素もあるので、構造物にはいろいろな壊れ方が考えられ、そのため、一つの構造物にはたくさんの安全係数が使われている。一般には、その構造物の安全係数というときには、一番小さい係数のことをいう。プリンストン大学のデービッド・ビリントン教授のもとで行なわれた構造物研究では、ワシントン記念碑が壊れるとした場合に考えられる三種類の壊れ方を取り上げて、同記念碑の安全係数を計算した。一つは、碑の頂きのオベリスクには非常に重い石塊が使われているので、その石が基礎に衝突した場合、第二は風で転倒する場合、三番目は風の作用で亀裂が生ずる場合。前の二種類の想像上の壊れ方については、いずれも約九という安全係数であるが、最後の亀裂についての安全係数はわずか三・五と算出された。風による力は風速の平方に比例するから、安全係数が三・五ということは、およそコロンビア特別区で吹くと予想される風のほとんど二倍の風速の風が吹かなければこの有名な記念碑は倒れないということを意味する。したがって、ワシントン記念碑の安全係数が三・五であるということは、合理的に考えうるいかなる壊れ方に対しても、この記念碑はまず大丈夫なことを保証しているものと見てよいだろう。

安全係数というものは、あらゆる設計上の判断において暗黙のうちに想定されているものだが、時にはこの係数が、設計計算上はっきり表面に出して使われることがある。ハイアットリージェンシーの歩廊の設計では、果たして行なわれたのか、正しく行なわれたのか、はっきりしないが、事故後に米国標準局が行なった空中歩廊の結合部の解析では、もとの設計の結合部は、一か所につき平均約八四〇〇キロの荷重しか支えることができなかったと判定した。これは一つ一つの結合部が支えなければならない歩廊自身の静荷重ときわめて近い値である。つまり、安全係数は一――すなわち、何かの間違いや、歩廊の上で歩き、走り、跳びはね、ダンスする人による過負荷に対するゆとりがまったくなかったのだ。こんなに安全係数の小さい設計が、どんないきさつで実際に建てられてしまったのかは、法廷で決着をつけられるべきことがらである。多くの訴訟や反対訴訟が起こされているので、全貌はまだ明らかにはならないだろう。しかし、柱を建てて床の人通りの邪魔をしないようにして、中庭に橋渡しをしようと思った場合どういうことが行なわれるか、想像してみることはできるだろう。

カンザスシティ・ハイアットリージェンシーに架けられたような歩廊を設計するには、まず、距離三六メートルのロビー上の空間をどのようにして渡るかという、全体構想をたてることから始まる。ロビーの床の往来を妨げないようにしようと思えば、空中歩廊という考え方が出てくることは想像に難くない。その考え方は、ホテルの客が、居室のあるロビーの一方の側から、会議場や水泳プールのある反対側へ、いったん一階に下り（人ごみの）ロビーを通ってまた行く先まで上がる手間をかけないでも、行けるようにするということだ。この機能上、建築上の要求から、ロビーの両側を岸に見立て、ロビーの床を船の行き交う川や湾に見立てた橋の考えが浮かんでくる。水上交通の妨げになってはいけないのだ。これはまさしく吊橋に対する要求にほかならない。したがって、歩廊を天井から吊るというのは、決して想像力の大飛躍ではない。ロビーは四階分の高さがあるから、三種類の高さのところに橋を渡す必要がある。そこで、何らかの構造上以外の決定が下されて、二階の高さの空中橋の真上に四階の高さの空中橋を架け、三階の高さの空中橋はなしにしようということになった。この全体配置を頭において、さて設計者の仕事は、この考えを実現する部分構造を選ぶことになる。天井の梁の間隔から、懸架結合部はどのくらいの間隔に配置するかが決まってくるだろうが、その上で、鋼の吊り棒の寸法、梁の形や寸法、さらに、それらを全部組み合わせて、必要な機能を果たし、然るべき安全係数を持たせる結合法の詳細など、多くの決定を下さなければならない。

各部品の寸法を決めるのは智恵のいる仕事だ。歩廊を支える梁や桁の寸法によって歩廊の重さが決まり、歩廊の重さがこんどは梁や全体を支えるのに必要な吊り棒の寸法を決めることになるからである。できるかぎり一番細い梁にすれば一番軽くなり、その結果軽くて安い建物ができるだろう。だが梁を長さのわりに細くしすぎると、弱くなりすぎて、梁の自重、その上にのるコンクリートの床の重さ、歩廊にのる人の重さで壊れたり曲がったりするのに耐えられなくなるだけでなく、しなやかになりすぎて、子供がその上を歩くだけで揺れたり、ひどくたわんで曲線を描き、中庭まわりの直線的な建築とは調和しなくなったりするだろう。

設計者は仕事を進めて、各部品を選び、紙の上で組み立て、各種の荷重やたわみ工合と、自分がこれが重要だと思う安全係数を計算する。設計者が、自分が設計しつつある構造物が破壊するとすればどのようにして――あまり大きくたわみすぎたために、または、どれか一つの梁、棒、あるいは結合部にあまり大きな荷重がかかりすぎたために――壊れるかをほんとうに考える必要があるのは、ここでなのだ。どのように壊れるのか考えられないのでは安全係数の計算はできないのだから。設計のこの段階では、構造物の成功や失敗の経験が大いにものをいう。同じような構造上の要求のもとでうまくいったという事実に頼れば、設計者はかなりの自信を持って構造物の寸法や詳細構造を決めることができるからだ。これに対し、前にはこういうのがうまくいかなかったということを知っていれば、弱い繋ぎ目になる可能性のあるところに特別な注意を向ける警戒材料になる。悲運の空中歩廊の設計や詳細構造に、月曜朝刊のスポーツ評論家のような論評を加えた熟練設計者や詳細設計者は、一致して、きゃしゃな箱形梁と吊り棒の結合方式を選んだことを批判していた。しかし、もとの設計者か、設計を変更したほかの誰かは知らないが、明らかに、この詳細構造が弱い繋ぎ目になる可能性を見抜けなかったか、この部分の真の安全係数の計算を間違えたのだった。

思慮に欠けた空中歩廊のこの実例は、設計とは失敗を避けることだという見方を強く支持するものだ。空間に橋を渡すという最初の構造上の要求は、帰納法によって到達しえた積極的な目標と思われたかもしれないが、設計者の紙上プランは、仮説にまで高められはしたものの、演繹法によって立証されるわけにはいかなかった。設計者の目標は、むしろ、自分が作り上げた、構造上間違った仮説に対する、反証を見つけることにあるとも言えよう。中庭の空中歩廊の場合には、その設計を実際に建設すれば、ロビー上の空間に、落ちることのない橋が架けられるというのが仮説であった。この主要仮説が真理であることは遂に証明されることがなかった。しかしこの仮説が偽りであることは、吊り棒と箱形梁の結合を解析して、この結合方式は、予期される負荷のもとでは実際に役に立ちえないことが明らかにされたことにより、確証されたのだった。

斬新な構造上の考え方は――ホテルのロビーをまたぐ空中歩廊であれ、川にかかる吊橋であれ、大洋を越えて飛ぶことのできるジャンボジェット機であれ――一つ一つが仮説であって、まず紙の上で、つぎに可能であれば実験室内で、試されなければならない。しかし究極には、失敗することなく本来の役割を果たすことで立証されなければならない。だが、カンザスシティの空中歩廊やポイント・プレザント橋、DC―10型旅客機の事例が示すように、完成後一年または数年間は成功していたとしても、その仮説が正しいと立証されたことにはならない。それでも、もしわれわれがまだ試みられたことのないことを試みようとしなければ、建築空間の心を躍らすような新しい使い方を知っていないだろうし、多くの川を渡るのに渡し船に頼らざるをえないだろうし、大西洋横断ジェット航空路も知らないだろう。人間の本性の愚かしさが誤りを犯させる一方で、同じ人間の本性の決断力が成功に導くのである。

技術は、絶え間なく、われわれ自身の不満はいかにして、何故生ずるかを理解しようと求め続けることによって進歩してきた。そしてわれわれは常に、誤りを繰り返さないために、自分たちの誤りから学ぼうと努めてきた。しかし、新しい構造設計や構造材料が絶えることなくわれわれの環境の中に採り入れられているために、失敗は現に起こっているし、これからも起こるだろう。しかも、絶対的に結果が予言できなければならないからとの理由で、革新が完全に放棄されるという徴候はほとんど見られない。革新の放棄などということは、達するべき高さがあり架けるべき距離があるという理由からだけでも、常により高く建てようとし、より広い距離に架けようという、作る人《ホモ・ファーベル》の技術への衝動とは、相容れないもののようだ。新しい構造上の仮説は、いつ反証が出て否認されるかわからない。故に理性ある設計者は、信ずるに足る失敗が自分の知るところとなった場合には、ただちに反応するものなのだ。

設計エンジニアは経験から学ぶものなのだが、真に新しい設計は一つ一つが必ず不確定な要素を含んでいる。エンジニアは常に、何をすべきかよりは何をすべきでないかを知っている。このように、設計者の仕事は、経験に頼る仕事であると同じくらい、予見の仕事でもある。エンジニアは、歴史上のエンジニアリングの成功例と失敗例を理解することを通して、自分がまだ試みていない設計が実地にどのように働くかを予知する能力を増大させる。失敗はとくに教訓に富んでいる。これまでには何がうまくいかなかったか、次の設計では何がうまくいかないかを知る手がかりは、失敗が与えてくれるものだからである。失敗は、反証を例示してくれる。

実際に建設に移される設計仮説の大部分はもちろん失敗しない。しかし在来の設計をもう一度まねてそれのが成功しても、ニュースにはならない。銀行強盗をしない人間や犬を噛まない人間がニュースにならないのと同じことだ。新聞だねになるのは異常事であり、異常事が人々の会話にのぼる。このようなわけで、エンジニアリングの失敗について語ることが、間接的に、圧倒的多数の成功をほめることになるのである。

橋の上で！

一、エンジニアリングの失敗は、往々にして、一般大衆の憤りと侮りの的となった。一九世紀の鉄道鉄橋が亀裂を生じ、我慢ならないほどの割合で壊れたとき、ジョン・テニエルの「避けがたい事故を待ち受ける飽くことを知らぬ死」と題する気味悪い版画が一八九一年『パンチ』誌に掲載された。そして一九七九年にとてつもないエンジニアリングの大失敗が各所で続発する観のあったとき、ニュース漫画家トニー・オースは彼一流の問題解決法を提案した。

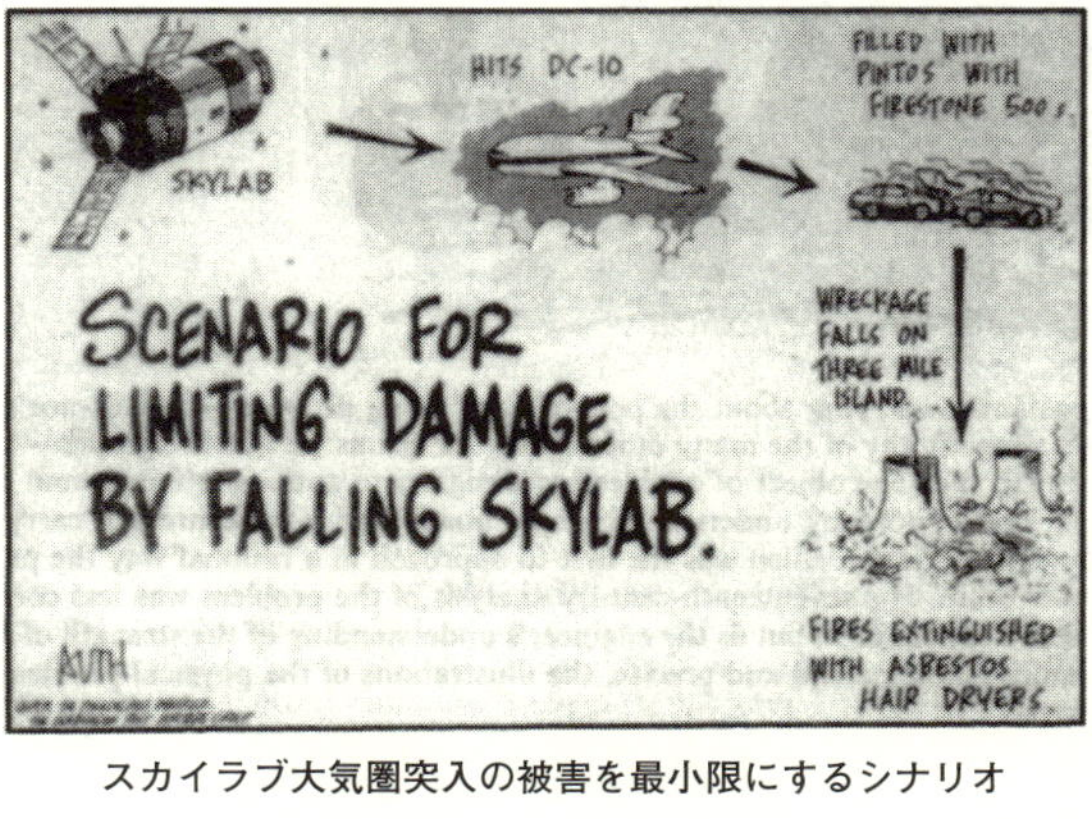

スカイラブ大気圏突入の被害を最小限にするシナリオ

コノヒト　ジブンガナニシテルカワカッテルンダロウナ

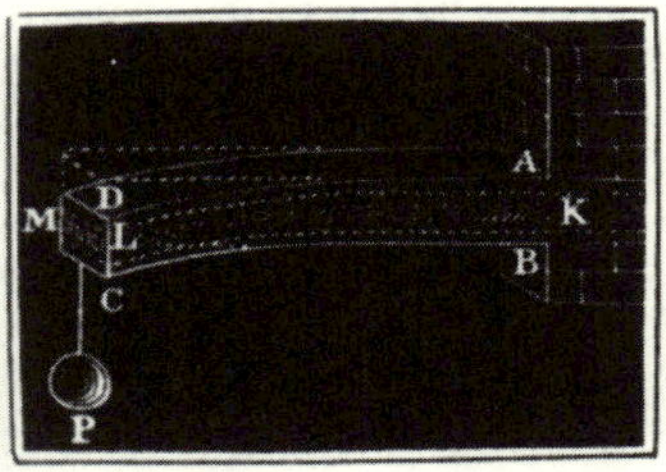

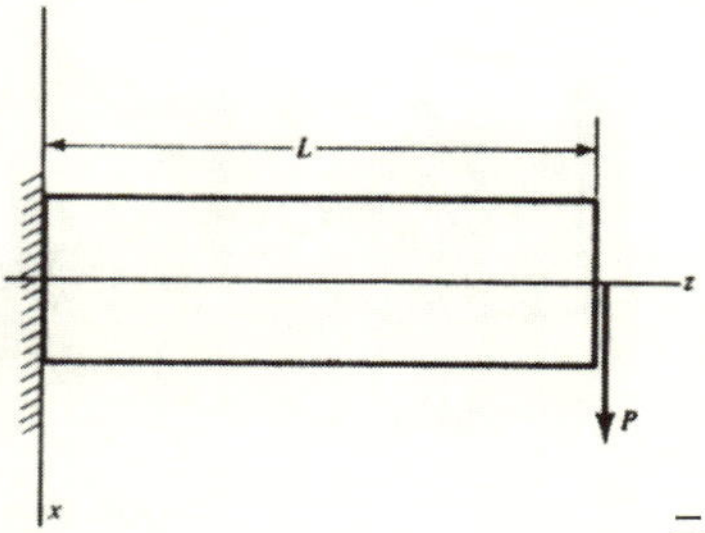

二、医者の腕、飛行機の翼、その他さまざまのカンチレバーに生命を預けていて、たえず落とされることを心配せずには過ごせないのが、われわれの人生である。エンジニアリングの設計の目的は、失敗＝破壊を予想し、それを避けるようにすることだ。そのためには、ある構造物が、落としたり壊れたりしないで、どれだけの荷重を支えることができるかを知る必要がある。ガリレオは、カンチレバーの問題に合理的な方法で取り組んだ最初の人だった。ガリレオが一七世紀に行なったこの問題の解析は、正確さの点では木版画の細密さに比べて劣っていた。だが、材料の強度についてのエンジニアの理解が数学的になり正確になるにつれて、この物理学の問題の図解は抽象的になってきた。

一時に25人に限り安全．前の人と接近して歩くな．走ること　跳ぶこと　速足は禁止．歩調を揃えず静かに！

技師長W．A．　ローブリング

三、ブルックリン橋は、一九世紀のエンジニアリングの偉大な成果の一つに数えられる。この橋の成功は、一つには、設計者ジョン・ローブリングが、同時代に起こった多くの吊橋の破損から学びとった教訓のおかげだった。この図は建設中のブルックリン橋で、ケーブルを張るための作業用仮橋が設けてある。ジョンの息子ワシントンの主張で掲示された注意書きの文言を見ると、ローブリングは、長い、細い、しなやかな構造物が振動荷重に弱いことをよく理解していたことがわかる。ブルックリン橋本体の橋路は、上下に厚い桁でできていて、マンハッタンとブルックリンの間を行き来する満員の列車が通れるだけの、堅固さを持っていた。これほど頑丈な設計になっていたにもかかわらず、一八八三年に開通してわずか一週間後、橋の上を埋めた二万人の群衆の間に橋が崩れるという噂が広まり、パニック状態となった。

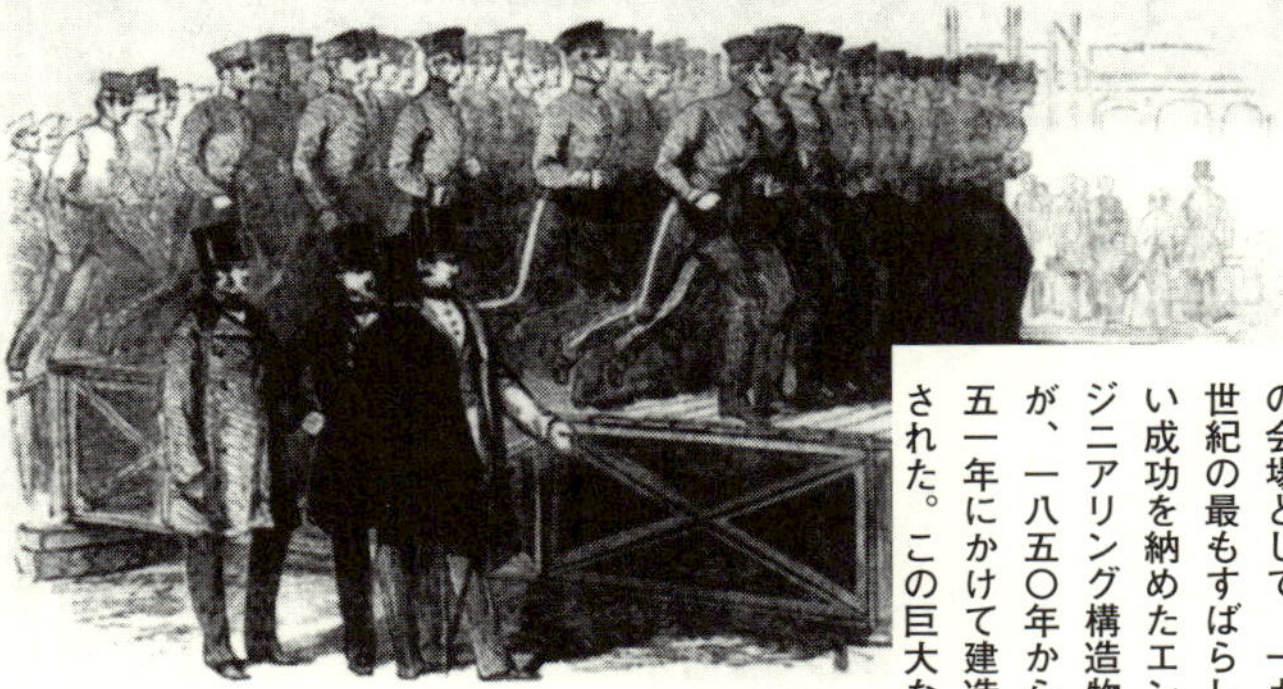

四、第一回万国博物会の会場として、一九世紀の最もすばらしい成功を納めたエンジニアリング構造物が、一八五〇年から五一年にかけて建造された。この巨大な建物は、ロンドンのハイドパークに建てられ、面積約八ヘクタール、わずか一七週間で完成した。このプロジェクトの成功と高能率は、革新的な工事管理手法と、モジュール設計と、初期の鉄道建設で得られたエンジニアリングの経験とによるものだった。鉄とガラスでできた特異な構造物の強度に疑念が持たれたので、ヴィクトリア女王とその側近の見守る前で、建物のギャラリーの一区画を使ってさまざまな試験が実施された。この試験の成功を祝福したのが、『パンチ』誌に掲載されたテニエルの漫画で、同誌はこの事業を全面的に支持し、大建築物を『水晶宮』と命名した。

五、水晶宮は長さ約五六〇メートル、幅一二〇メートル。今日、テキサス州ダラスに新設されたインフォマートの前面壁には、水晶宮の影響が見られる。インフォマートは面積一四万平方メートル、コンピュータと関連サービスのマーケティングセンターで、建築家はもとの水晶宮の影響を強く受けていたため、ヴィクトリア朝風の色彩計画にいたるまで、水晶宮の設計を忠実にまねようと努力した。現在ハドソン川の近くに建設中のニューヨーク・コンベンションセンターの設計も一九世紀の水晶宮の影響を受けているが、その影響は外観よりも広大な屋内に強く現れている。しかしこのニューヨークの建物は、工事の遅延と建築費用の超過に苦しめられた。こうしたことはもとの水晶宮ではまったく起こらず、水晶宮をロンドン南郊に移築するときに問題になった。

六、ブルックリン橋と、その構造をまねた橋の成功の陰にかくれて、一九世紀の多くの吊橋の失敗＝破損事故は忘れ去られていた。橋の設計者たちは、より長く、より軽い橋をめざして努力を重ねてきたが、タコマナローズ橋の劇的な破損事故で、設計者たちの自信はくつがえされた。この橋は、一九四〇年に、さほどのことはない風のためにねじ切られたのである。類似の橋はただちに補強され、新しく架けられる橋は、ここに示すマキナック橋のように、橋路をきわめて厚く頑丈に設計するようになった。英国の設計者は、セヴァーン橋の橋路を翼の形にし、まともに当たれば破壊力をもつ風が吹き抜けるように設計した。図は、一九六六年建設中の状況を示している。しかしこの橋は、はなはだしい亀裂と疲労の問題を生じた。これは、この橋の設計、施工に際し許容可能と想定された交通量に対して、橋が極端に薄く作られていたためだった。

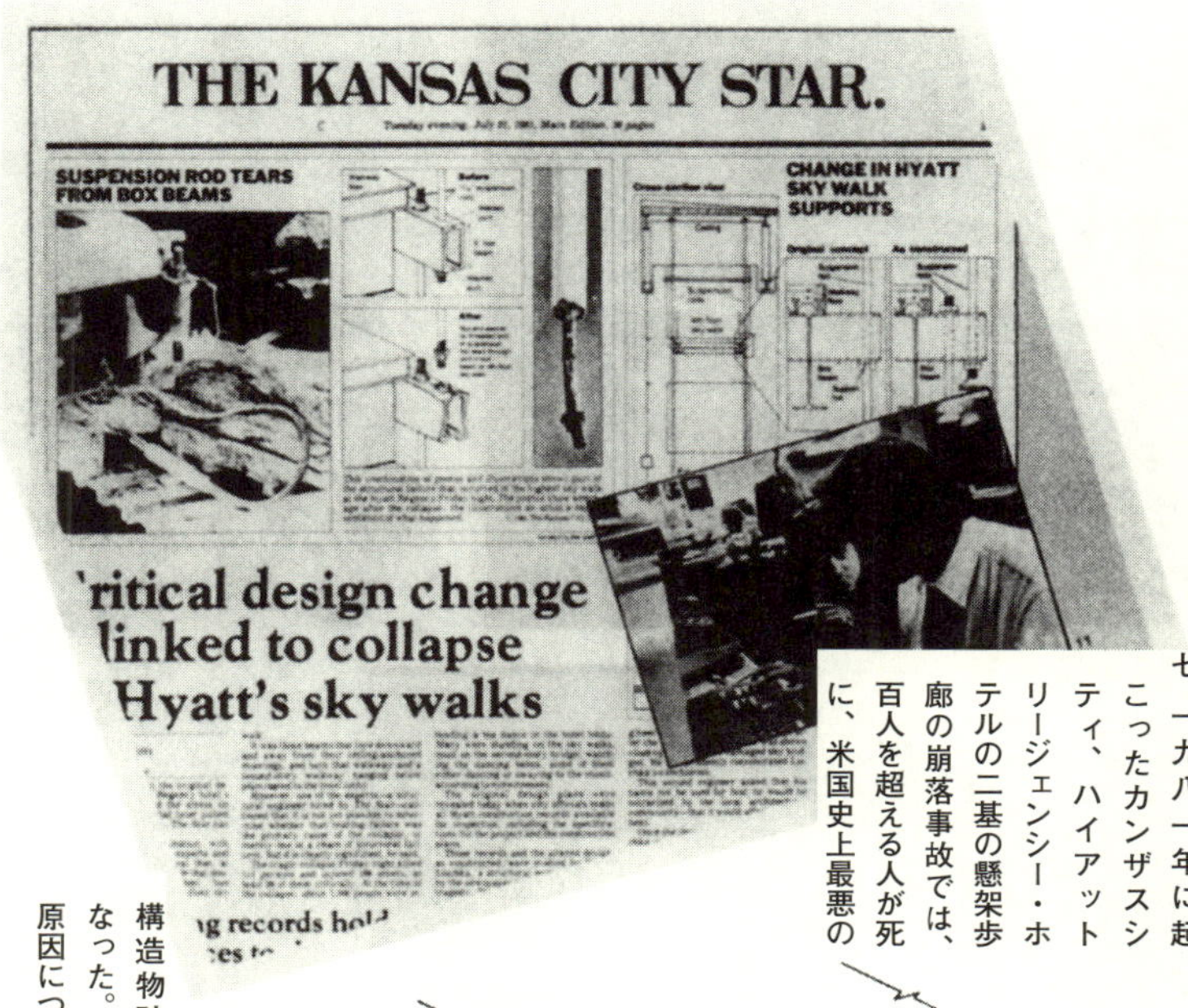

七、一九八一年に起こったカンザスシティ、ハイアットリージェンシー・ホテルの二基の懸架歩廊の崩落事故では、百人を超える人が死に、米国史上最悪の構造物破損事故となった。この崩落の原因については、初期の吊橋が軍隊の行進で崩落したことを想定して、歩廊の上でダンスしていた人が多すぎたからだとするなど、さまざまな説が提出された。真の原因は迅速に突きとめられ、歩廊の施工を容易にするために行われたと思われる、支持部の詳細設計のたった一つの変更にあったことが判明した。『カンザスシティ・スター』紙は、この事件の取材のため、一人のエンジニアをコンサルタントとして雇い、事故後数日のうちに真の原因を明らかにする記事を掲載して、ピュリッツァー賞を獲得した。その後、米国標準局が実施した試験でも、事故の原因がその詳細設計変更にあったことが裏付けられた。

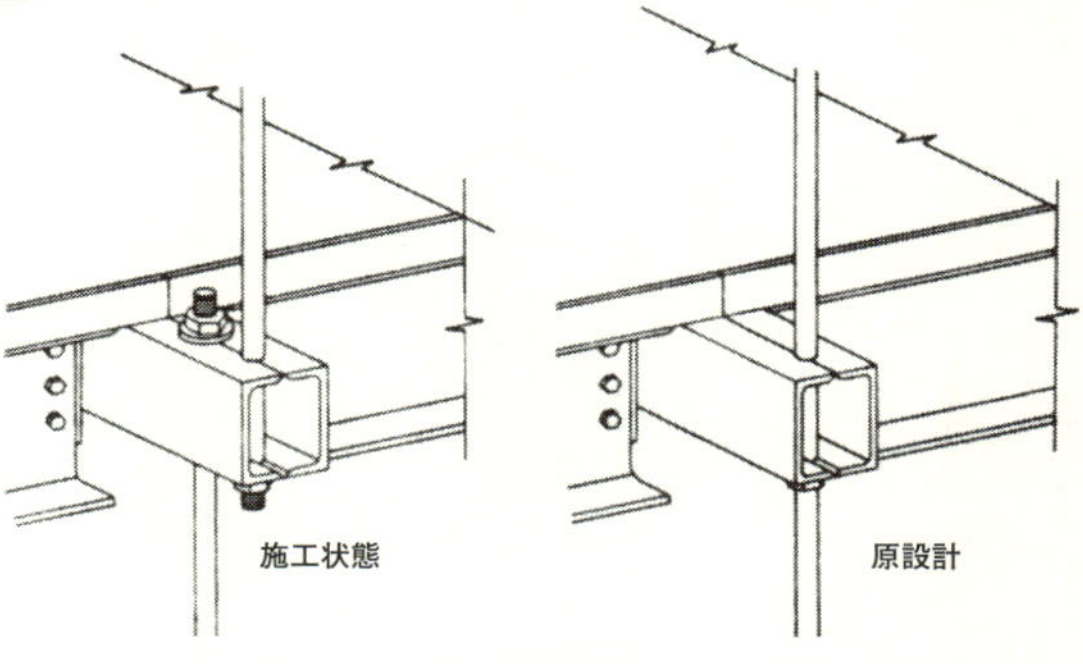

八、コネティカット州でミアヌス川に架けられた州間高速自動車道九五号線の橋が、一九八三年六月二八日の早朝に突然崩落し、崩落部から落ちた車に乗っていた三人の人が死亡した。一日に十万台以上の車が利用していたこの橋の事故がもしラッシュアワーに起こっていたら、死傷者はこんなものではすまなかっただろう。この崩落事故の結果、完成後二五年たったこの橋の設計に採用されていた、ピン・アンド・ハンガー式の結合法に注目が集まった。この方式では、ピンに何か不都合が生じた場合、橋を支えるものがなくなってしまうのである。事故後に検査を実施した結果、類似設計の他の橋にも、亀裂を生じたハンガーが多数発見された。この橋の設計者は、橋の保全が適正でなかったとしてコネティカット州を非難したが、同州は設計に欠陥があったとして設計者を非難した。この事故が教えているのは、良い設計と適正な保全の両方が重要だということである。

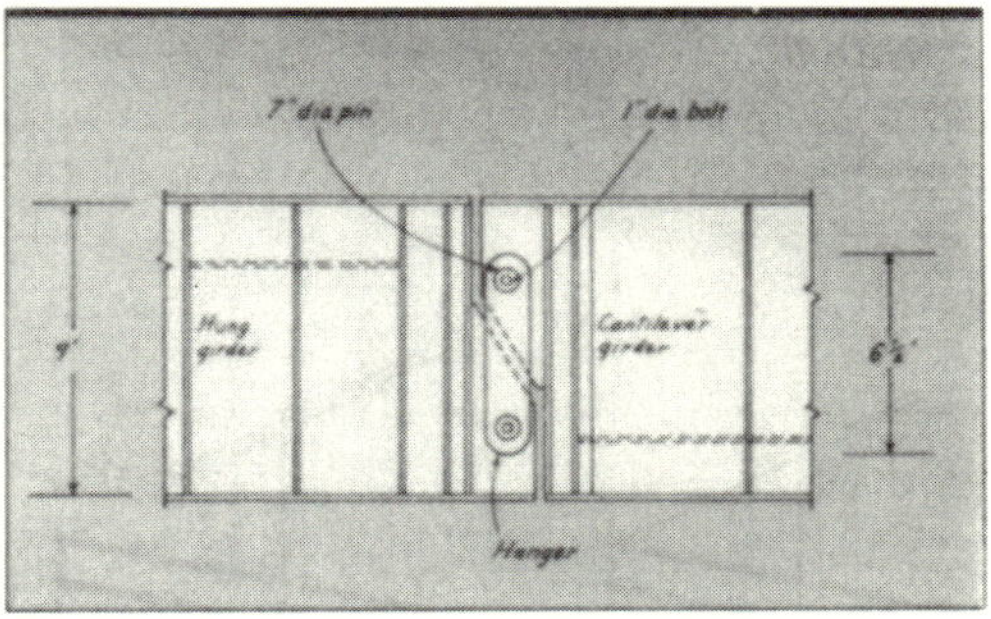

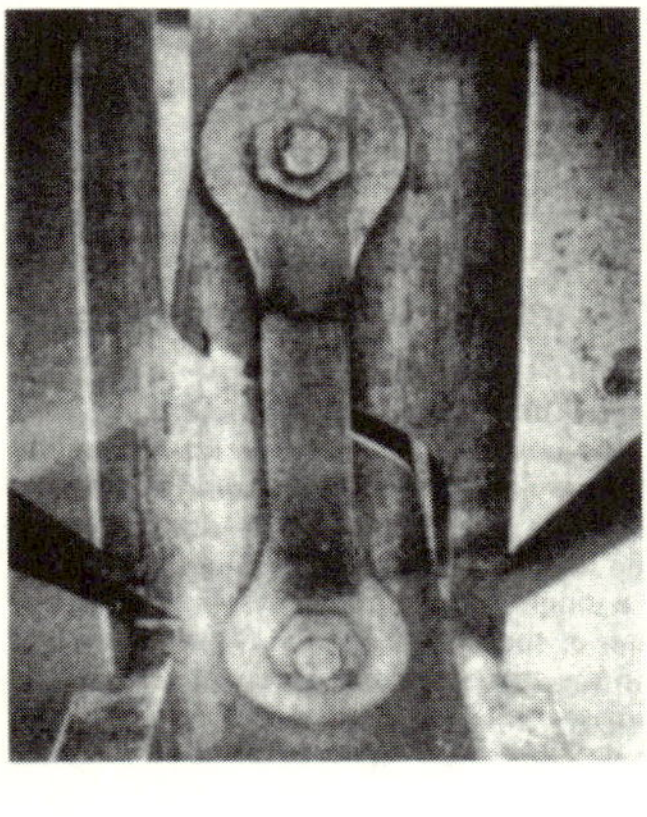

10章
割れ目が突破口になる

自由の鐘のひび割れは、米国史上で最も有名なエンジニアリングの失敗となっているが、この鐘が象徴しているのは米国の政治的独立だけではない。この鐘は同時に、産業革命の結果から得られた、技術面での独立の勝利と犠牲をも象徴しているのだ。だが、より大きく、より大胆で、より複雑なエンジニアリング構造物を、設計し実現するという仕事が、危険を犯さずに達成されたことはない。そこで、蒸気動力と鉄道の初期の歴史には、ボイラー爆発と鉄道事故の残骸と死傷者がちりばめられている。今日にもなお構造物の破壊があるとすれば、それは主として、この新産業社会にもまだ技術の最前線があるからだ。これらの最前線は危険を犯すことなしには越えられない。しかしまた、責任感ある技術の先駆者が慎重な注意を払うのでなければ、この最前線は越えられない。

自由の鐘の歴史は、それ自体、技術発展の波瀾を予言している。最初の鐘はイングランドで製作され、一七五二年にアメリカにもたらされたが、初めて打ち鳴らしたときにひび割れてしまった。大西洋を越える長い旅路を返送し鋳直させるのは止めにして、フィラデルフィアの地元の職人がその鐘を熔かした。いくつか小型の鐘を作って音響と鋳物の強度を試してみて、経験のないアメリカ人たちは、青銅に入れる銅の割合を増やすことに決めた。こうしてできた大型の鋳物は響きがよくなかったので、もう一度熔かし直した。今度は響きを和らげるため少量の銀を加えた。だがペンシルベニア州議会は、この新しい鋳物にも完全には満足せず、イングランドから新しい鐘を調達しようという議論も一部にはあった。しかし、この植民地製の鐘は、たぶん地元の顔を立てることもあって、結局は合格となり、一七七六年七月四日、独立宣言採択のしるしとして打ち鳴らされたのがこの鐘だった。

一七七七年に、自由の鐘は、侵攻してきた英軍の目からかくすため取りはずされた。そして翌年フィラデルフィアに戻るまでの輸送中に乱暴な扱いを受けたらしい。その後半世紀あまり、この鐘は、独立記念日やその他の重要行事のしるしに打ち鳴らされた。ところが突然、一八三五年に、最高裁長官ジョン・マーシャルの葬儀に打ち鳴らしている最中、自由の鐘に大きな割れ目が生じた。割れ目の拡大を防ぐ措置が施されたが、一八四六年にジョージ・ワシントンの誕生日を祝って打ち鳴らされたときに割れ目が拡大し、今日見なれている長さに達した。

あらゆる構造物破壊が自由の鐘の亀裂のように自然に生ずるものではない。構造物破壊は往々にしてきわめてゆっくりと進行し、そのため、修復不可能な損傷にいたるまでに発見され、亀裂の入った構造物が引き続き使用には耐えるよう補修措置がとられることもある。ロンドンの下院議事堂の東塔に懸けられている重さ一三トンの鐘、ビッグ・ベンの場合がそうだった。百年以上も前、この大鐘に亀裂が発見されたとき、鐘を打つ舌を前より小さいものに取り替え、打つ場所も鐘への損傷が少ない位置に変更された。この補修エンジニアリング措置は成功し、ビッグ・ベンは無言の骨董品になることを免れて、一五分おきに鳴らし続けられることになった（もっとも一部には、以前ほど澄んだ音がしなくなったとの声もあったが）。ビッグ・ベンには今も亀裂がある。しかし目につくほどの速さでは成長していないし、今後もそういうことはないと思われている。

ビッグ・ベンの打ち鳴らし機構にも亀裂が生じた。この亀裂は、一九七六年に、欠陥のあったはずみ車制御軸が破断し、時計仕掛けの部品が激しく飛散して、時計室に大被害を生ずるにいたるまで、気づかれることがなかった。この軸の亀裂は、製作時の欠陥により発生したものだったが、時計が一八五九年に設置されて以来四百万回以上も繰り返し鐘を打ち続けてきた間に、ゆっくりとしかし着実に成長してきたものらしい。

鐘、橋、飛行機、その他ありふれた技術の産物など、あらゆる構造物の破損の五〇~九〇パーセントは亀裂の成長の結果起こると考えられている。多くの場合、亀裂はゆっくりと成長する。大事故になるのは、亀裂が、構造物の寸法に対比して許容しえないほどの大きさに達し、しかもまだ気づかれることなく進行した場合に限られる。だから、亀裂はそれだけでは危険視する必要はなく、責任ある設計は、設計の目的物に亀裂または材料や工作上の欠陥がある可能性を考慮に入れておくものなのだ。その構造物の全寿命を通じて、それらの欠陥が構造物に及ぼす影響を計算しておくことは設計の一部であり、設計者は、自分の設計自体に欠陥があった場合にそなえ、亀裂の成長には警戒を怠らないよう、自分の設計する構造物の所有者や操作員に警告を発しておくものである。

「脆性破壊」では、大きな亀裂が、自然に、音速に近い速度で構造物の中を走り、鋼材が大音響とともに破断して、船の破損、圧力容器の破裂、橋の崩落などを引き起こすが、これは何世紀も前から絶えることのない大問題である。大事故にいたるまでには、ほとんどすべての場合、「懐妊」期――疲労の進行に伴って亀裂がゆっくりと長く伸び鋭くなっていく――がある。カール・オズグッドは、論文集『疲労設計』の中で、「あらゆる機械と構造物の設計は疲労の問題である。大自然の力は常に作用しているのであり、あらゆる物体は何らかの方法でこの力に対応しなければならないからである」とまで言いきっているほどだ。オズグッドはこの主張を、その著書の第二版の序文中でも繰り返し、初版以来約十年たったが、その間「(自分の)主張を変更すべき理由は何も発見できなかった」と述べている。すべてのエンジニアがこれほどまでに疲労だけに関心を集中しているわけではないが、きわめて多くの設計において疲労が重要な関心事であることは間違いない。

疲労による損傷が進行する機構を説明する冶金学の理論はいくつかある。その中には、金属の微細構造中の不規則性、あるいは「変位《ディスロケーション》」を仮定する深遠な説もあるが、あらゆる点で満足できる理論はまだない。しかし、冶金学者が、金属は実際にはどのようにして壊れるかについて、顕微鏡をのぞいて議論している間にも、エンジニアは常に、極端な振動やその他の変動荷重にさらされても壊れない機械や構造物を設計するよう求められている。そこでエンジニアは、亀裂がいかなる速度で成長するか、どれほどまで大きくなっても構造物の破損を引き起こさないですむかを予測する、実用的な方法を考え出さなければならない。構造物の予測使用可能寿命を設定するのは、この種の考察から行なわれることが多い。

疲労という過程に対するわれわれの理解が不完全であることを考えれば、疲労破壊に耐える設計で構造エンジニアが成し遂げた成功は賞讃に価する。数十年前から構造エンジニアは、疲労過程は実質上二段階から成っているとみなしてきた。第一段階では、「核形成の場《ニュークリエーション・サイト》」——金属の中の弱い点または応力が集中する点——に微細な亀裂が生成する。この期間は、機械部品または構造物の寿命の約半分に相当する。第二段階では、荷重の反復が続くに伴ってこの亀裂が成長し、その成長が加速される。もし亀裂が、作用する荷重に対して許容できないところまで達すると、弱体化した構造物はもはや持ちこたえられなくなる。亀裂は、疲労発生前の構造物の設計荷重以内の荷重のもとでも、終局に向かって進行する。

冶金学者は、多くの場合経験的に、できるだけ核形成の場が少なく、できるだけ亀裂成長に対する抵抗力の大きい金属合金を製造する方法を学んできた。エンジニアは結合材を大きくして局部的な荷重の水準を低下させ、脆性破壊を起こさず亀裂を封じこめる能力の大きい材料を使うことを学んできた。しかし、冶金学者とエンジニアが共に、限られた過去の経験から、常に新しい材料が不確実な将来の条件のもとで使用され乱用されるときに示す挙動を予知しようと努力してきたが故に、金属疲労の問題は依然として問題であり続けている。新しい設計において、経験からほんのわずか離れたことをしても、予想しえない結果を招くことがありうる。場合によっては、亀裂の懐妊問題がごく短かく、実際上存在しないこともある。その例が、自由の鐘で起こったような、金属材料に起因する事故である。

疲労という現象を理解することと、それを防止することとは、まったく別な二つのことだ。亀裂の成長に関する仮説は、実験室内の、理想的な、管理下の条件で試される。試験用標本は念入りに機械加工して、できるだけ欠陥のない表面に仕上げ、荷重条件は念入りに指定して管理する。そのような条件下では試験結果が再現できるから、繰り返し荷重の水準、または応力（エンジニアは*S*という記号で表わすことが多い）と、疲労により破損にいたるまでの繰り返し回数（*N*という記号で表わす）との間の関係を示す滑らかな曲線が容易に得られる。これらの*S*-*N*曲線が、個々の材料の挙動の特性を表わす。もちろん、応力を小さくすれば、破損にいたるまでの繰り返し荷重の回数――構造物の「寿命」――は大きくなる。それに、荷重の水準がある閾値以下にまで小さくなれば、破損は、どれほど多数回の繰り返し荷重をかけても、決して見られない。

疲労はこのように理論上は避けることができる。しかし、最大の応力も閾値を決して越えないほどに過剰設計の構造物を作ることは実際的でない。飛行機をそんな設計にしたら重すぎて飛べないだろう。たとえ飛べたにしても、競争メーカーがすぐに、もっと安く作れ、安く買え、安く操縦できる、もっと軽い設計の飛行機を作るだろう。しかし、疲労亀裂の拡大が起こることは認められるが、拡大速度がごく遅く、亀裂が安全上の問題となるずっと前に、構造物の使用期限が終るような「最適」設計も、原理上考えることはやさしいが、実際に実現するのは難しい。

大抵のエンジニアリング材料について、簡単なS-N曲線は容易に描くことができるが、この曲線を使って設計するのはそれほど単純明快ではない。一つには、この曲線を統計的に理解しなければならない。重要なのは、滑らかな曲線上の点だけではなく、不確実性の幅もだからだ。疲労のデータを取るときにばらつきがあるだけでなく、同種の材料でも、製造した日によって差異があるし、同時に作られた材料でも、使用される物理的、化学的環境が違う。

その上、実地に作られる構造物は、実験室内の模型のように、欠陥がほとんどなく、亀裂の核形成の場がないというわけにはいかない。不注意のため、溶接が不完全であれば、材料に重大な核形成の場を生じさせるばかりか、金属の中に、核形成期を通りこして亀裂形成に進むような、大きなひびを入らせることもある。製造段階ではまた、ときによると、構造物に残留応力を生じさせ、それが気づかれずにいることがある。これは、疲労過程初期の主要原動力になる。

最後に、エンジニアリング構造物にかかる実際の荷重は、実験室内の条件下で使われる試験荷重ほどには、規則的ではなく、数学的に精密ではない。ときには、設計者が、実際の使用条件にそんなことがあるはずがないとみなして、考慮に入れなかったような条件下で使われることもある。DC—10型機のエンジン取付部の例がそうだった。この場合には、補修時に、苛酷で、予想もしなかったような手を抜いた扱いがなされたため、大きな亀裂が生じたのだった。

「品質管理」は、許容できる標準からのずれを最小にし、作業不良な製品をはねのけて、許容できないような大きい欠陥のある製品をなくすものと考えられている。しかし残念ながら、製作された構造物中にすでに存在している亀裂を検出する技法はまだ完全ではない。検査機器が比較的感度が低いだけでなく、機器の扱い方や結果の解釈法は、科学というよりは芸術である場合が多い。

「非破壊検査」——不透明な部品や、部品を接合する溶接部に存在する欠陥を、その物を壊さずに探知するのに使われる技術を一まとめにしてこう言う——の道具のうち最も有望なものの一つに、超音波を使うものがある。超音波を部品の中に送り込み、その反射を観察すると、構造物やその部品を壊さなくとも、他の方法では見えないその内部に欠陥のないことが確認できる。ひび割れや空洞や異物や、その他厄介の種になるような欠陥が金属の中にあると、これらは超音波を反射し、受信側の変換器に特異な信号が出る。残念ながら、最近の構造物に使われる複雑な形状のものについては、反射波の数学的特性はまだ完全にはわかっていない。それに、オシロスコープに出てくる信号には、構造物の他の部分に由来する雑音その他の妨害がいっぱい入っていて、その解釈には想像の助けを借りなければならぬ部分が多い。

非破壊検査の手法には、他に、X線や磁場など、よくわかっている物理現象を利用したものがあるが、エンジニアリング構造物について十分詳しい情報が得られるほどの解像力と感度はない。検査の結果がマイナスであっても、それは、この器具をこの検査員が使ったところ、大きな欠陥は検出されなかった、ということを意味しているにすぎない。場合によっては、鋼板の厚みの四分の一ほども進行している亀裂が、非破壊検査では見つけられなかったということもある。

非破壊検査の一変種に「実証試験」というのがある。新しく作られた圧力容器その他の容器にゆっくり加圧し、あるいは梁に荷重をかけて、最悪の使用条件のもとでそれら構造物が耐えるはずの圧力や荷重を超えるところまで持っていくのだ。もちろんこの種の試験が非破壊的であるのは、容器や構造物が健全であることが証明される場合に限られる。この手法によれば、部品が健全であることを決定的に実証できそうに思える。しかしこの種の試験にもやはり限界がある。試験時には、容器の破裂の原因にはならないほど小さいが、相当期間使用した後に破損を引き起こしたり、疲労亀裂の成長をきたしたりするには十分な大きさを持つ欠陥は、存在している可能性がある。

構造物の強度を観察したり、試験手法の感度から類推したりして、検出されない小さい欠陥の存在を仮想することはできる。エンジニアはそのような亀裂の存在を仮定して、その成長速度を計算しなければならない。たとえば、飛行機が建造されると、品質管理手順や、実証試験や、試験飛行によって、構造部材にはただちに危険を招くような大きな亀裂はないことが確認される。それでも、最初はさほど悪質でない亀裂が実は存在するかもしれない。そこでエンジニアは、そのような亀裂が目に見えるほどまで成長するにはどのくらいの時間がかかるか、したがって、使用中の検査をどのくらいの頻度で行なう必要があるかを決定しなければならない。疲労亀裂が危険なほどにまで成長し、惨事にいたるのを防ぐもう一つの手段として、エンジニアはふつう「フェイル・セーフ」設計を採用する。検出されずにいた亀裂が自然に成長するのを妨げるような、構造上の障害物を組み入れておくのである。

もう一つ、構造物破壊を避けるための基本的な設計思想に「セーフ・ライフ」原理というのがある。セーフ・ライフ設計とは、破壊が不可避的に起こるまでの期間が、その構造物が使用に供される寿命をずっと越えるように余裕をみこんでおくことだが、これはそう簡単には実現できない。エンジニアは、多くの場合比較的容易に、最悪の場合構造物には最初どのくらいの欠陥があるかは言うことができるが、その後、その構造物にはどういう荷重がかかるか、どのように亀裂が成長するかを正確に決定することは不可能である。たとえば、設計エンジニアは、飛行機がその一生にわたって繰り返し離陸し、上昇し、飛行し、乱気流に遭遇し、着陸し、地上滑走する間に、通常かかる荷重を推定することはできる。しかし、そのような飛行経過の間に一つの疲労亀裂がどのように進行するかを正確に予測することは容易にはできない。亀裂の進行は、飛行が嵐の中か穏やかな日か、着陸が静かか乱暴か、積み荷が重いか軽いか、その繰り返しの順序によって左右されるものだからだ。その上、さまざまな荷重がさまざまな順序でかかる場合の影響を解析する数学モデルは、標準化されているというにはほど遠い状態にある。それ故、安全設計は、すべてセーフ・ライフ原理だけに頼るわけにはいかず、フェイル・セーフ設計も採用し、危険をまねく可能性のある亀裂を捕捉するようにし、また規則的に検査をするよう規定して亀裂を発見できるようにしておかなければならない。

理論が不完全であったり、データが不確実であったりするため、解析には限度があるにしても、設計エンジニアは仕事をしなければならない。実際の、実寸の疲労試験などというものは一般には問題外だから——構造物の実寸の模型を作るということは構造物そのものを作ることにほかならない——エンジニアは設計に際して、安全係数を使い、欠陥を逃げる仕掛けを設計の中に組み込むのだ。

原子炉容器の器壁に生じた亀裂が危険な大きさにまで成長しつつあるか否かが、一九六〇年代に、原子力産業界や、米国原子力委員会や、同委員会の原子炉安全諮問委員会（ＡＣＲＳ）で熱烈な論争点になった。ＡＣＲＳの委員たちは、壁の厚さ一五ないし二〇センチの原子炉容器を欠陥なしに製作するのは不可能なことを認識していた。製作技術も検査技術も完全とはいえないから、ごく小さい欠陥は存在しているものと仮定せざるをえなかった。ところが何をもってごく小さい欠陥とするかということもきわどい仮定の問題で、これまた議論の的となった。

その上、原子力発電所が操業されると予想される何十年もの間に、加熱と冷却が繰り返され、出力と圧力が変動し、容器壁内全体の応力分布が違うために、疲労亀裂が発生し成長する可能性があった。運転中の原子炉を検査するのには困難が伴い、使用できる検査機器には限界があるところから、器壁の亀裂を発見できるかどうかは、今日と同じく当時も不確実であった。遠隔操作のテレビカメラを使って容器の周囲を動かし、検査員が亀裂やその他金属材料の健全性に疑いを抱かせるような欠陥を発見しやすくするといった非破壊検査法は、信頼性が著しく限られていた。そこで、たとえ破壊力学の技法による解析の結果、欠陥はさほど悪質なものではないと合理的に結論できるにしても、何らかの亀裂は存在するものと仮定しなければならない。

しかも、原子力発電所の場合には、圧力容器の材料である鋼材の「破壊抵抗力」が一通りだけではないという事実のために、問題は一層複雑であった。悲惨な破壊に対して鋼材が持つ抵抗力は、温度によって変わるのである。一定の温度があって、その温度以下で鋼材はきわめて脆くなり、破壊に対する抵抗力がなくなる。この温度は「基準温度」と呼ばれ、安全係数と同じように、安全上のゆとりとされている。原子炉容器が加圧されていても、この温度以上でなら、亀裂が大きく口を開けて重大事に繋がる危険はない。

しかし、鋼材がこの基準温度以下に冷やされていると脆性破壊が起こりうる。この現象は、初期の溶接構造の橋で冬期に何度か起こった突然の崩落事故や、第二次世界大戦中のリバティ型船舶の劇的な破壊の一部の原因であった。船の破壊の代表例は、一九四三年一月一六日に、オレゴン州ポートランドで起こった。天候は穏やかで海も静かだった。一隻のT—2型タンカーが静かに桟橋に着船していたが、何の前ぶれもなく真っ二つに裂け、その轟音は少なくとも一五キロ先まできこえた。その後数年間にわたり、同様な劇的な破壊事故が、大部分は当時新しく採用された全溶接工法で建造したタンカーやリバティ型船で続発した（皮肉なことに、従来の鋲接の接ぎ目は、亀裂が一枚の板から次の板に拡がるのを自動的に止めていたのに、溶接の接ぎ目にはこの作用がなかった）。こうして、少なくとも鋼が橋や貯蔵タンクやその他のエンジニアリング構造物に使われるようになって以来発生していた脆性破壊という現象が熱心に研究されるようになり、破壊力学というエンジニアリング・サイエンスが、ほぼ原子炉容器と同じ頃に成立するにいたったのであった。リバティ船の破壊の後に行なわれた研究で、自然の破壊は、金属の性状と、環境と、荷重とが、あるごく限られた関係で組み合わされたときに起こり、通常、鋭い角とか亀裂とかいった形状の上の異常個所があると条件が悪くなるということが判明した。溶接船の場合には、急いで採用された技術と、経験の浅い労働者だったことが、鋼製構造物の健全性を一層不確実なものにした。研究を通じてエンジニアは、脆性破壊を避ける設計法を学んだが、構造物の中にすでに存在している欠陥の大きさを判定し、そのような欠陥が発達して疲労亀裂を生ずる状況を予知するという課題は残されていた。

原子炉の容器は、材料の鋼の基準温度よりかなり高温で運転されるように設計してある。したがって、遠隔操作テレビその他の検査手段で発見されなかった亀裂がたとえあっても、危険はないであろう。原子炉容器が、冷たい海に浮いている船や、冷たいタイル張りのカウンターに置いた熱いガラスのコーヒーポットのように脆くなることはないだろう。しかし不運なことに、原子炉の炉心から出る中性子の照射の作用で、原子炉が運転されている間に、鋼材の基準温度が上昇する。この事実は一九六〇年代半ばに知られるようになったが、当時は運転中の原子炉の基準温度がどれだけ上昇しているかを正確に示すような実験は行なわれていなかった。エンジニアと冶金学者は、中性子線の破壊効果について余裕を見込んだと思われる予測をたて、それに基づいて原子炉を設計していた。しかし、一九八〇年代初め、ということは、中性子照射の影響が注目されてわずか一五年後で、大部分の初期の原子炉の寿命がようやく半ばに来たころ、照射を受けた鋼材を試験した結果、脆化現象は予想よりもずっと速く進行していたことが示されるにいたった。最初設置されたときには、これら原子炉容器は、セ氏約三八度までの低温で運転することができ、それでもまだ基準温度よりはかなり高温であった。鋼材が照射を受けたため、一部の原子炉容器では基準温度が変化し、セ氏約九三度を超えていると推定された。原子炉は通常セ氏約三一五度で運転されているのだが、事故時には低温と高温が組み合わされて危険な状況になる可能性を完全に無視するわけにはいかない。すなわち、もし事故が起こって、そのため緊急炉心冷却系統が作動し、加圧されている容器をあまりにも急激に――上昇している基準温度に近づくように――冷却すると、すでに亀裂が存在していれば、きわめて急速に成長するかもしれない。

米国で原子炉を操業している各電力会社は、自社の原子炉容器の破壊耐久力を厳重に監視しており、これら操業会社は一般に、脆化は危険なほどには進行していないと考えている。亀裂を発見し解析する技術がたえまなく向上していることからも、各操業会社は、不必要な危険を犯してはいないという確信を抱いている。その上、原子炉操業会社は、開発中の焼鈍技術により、鋼をしなやかに丈夫にして、基準温度を再び低下させ、中性子照射の脆化作用を逆行させて、もとのような安全上のゆとりを回復できると期待している。しかし英国では、まだ発電用には使われたことのないアメリカ設計の加圧水型原子炉容器の亀裂の危険性に関する論争が続けられている。

　原子力産業は、配管の亀裂にも問題をかかえている業種の一つであり、『チャイナ・シンドローム』などの映画に劇的に描かれたような、何千人もの人に害を及ぼす原子炉事故の可能性があるため、電力不足をきたす危険を犯しても原子炉の運転が停められる恐れがある。原子炉配管の亀裂のうち一番やっかいなのは腐食に由来する亀裂で、この種の亀裂は、配管用のステンレス鋼の選定に留意し、配管の製作と取り付けに注意し、配管の中を流れる水の化学組成を入念に管理することで避けられると考えられてきた。特に、原子炉の冷却水は極端に純粋に保たれてきた。しかし、配管にかかる応力と、溶接技術と、温度と、水の組成との組み合わせが、ある未確認の条件になり、事故のきっかけになったことがある。こういうわけで、一九六〇年代から一九七〇年代初めに、原子炉配管の亀裂が何件か発生したことから、一九七五年初めに、当時新設されたばかりの原子力安全管理委員会によって配管亀裂研究グループが設置されることになった。

　この研究グループは、配管の亀裂はいわゆる粒界応力腐食割れ*によるものとした。この現象は、亀裂を生じやすい金属が、比較的高い機械的応力と腐食性の環境が組み合わさった、不利な条件におかれた場合に起こる。この現象の特徴は、亀裂が、一般に、金属の微細な断層線とみなしうる結晶粒の境界に沿って進行することで、ひび割れ《クレバス》があるとそこに腐食性物質が集まりやすく、機械的応力が高まると亀裂が発生しやすくなる。金属は溶接によって応力腐食割れを生じやすくなり、また、原子炉冷却用の純水の中の酸素含有量が高いと条件はさらに悪くなる。真偽のほどは疑わしいが、ある説によると溶接工が溶接の相手方のパイプに合わせるためパイプを曲げようとして、パイプの一部の片面を熱すると、応力腐食割れを起こしやすくなるという。こういう、作業手順上許されてもいないし、予想もされていないことをすると、設計エンジニアが計算に入れなかったような応力が配管に生ずるのだ。これまた真偽のほどが疑わしい別の説によると、溶接工が昼食時に作業中の配管にまたがって、固ゆでの卵を食べる。卵にふりかけた塩の一部が汗の塩分と一緒に配管の継ぎ目に入りこみ、かくして、設計エンジニアも運転エンジニアも、既知の腐食性物質が存在しないとみなしていた配管系統に塩化ナトリウムが入りこんだのだという。

亀裂の原因をいかようにこじつけようとも、原子力発電所には、熱い炉心に冷却材を供給する、大容量でしかも信頼性のきわめて高い配管系はなくてはならないものである。主供給配管の一本でも突然破裂すると、「冷却材喪失」の大事故になりかねない。配管の亀裂は検査や試験では発見されないかもしれないし、疲労による亀裂の拡大の可能性を消し去ることはできないから、原子炉の設計者は、いわゆる「破壊前洩れ」原理という安全性の考え方を取り入れて、この原理に基づいて自分の設計を験している。配管壁にある種の延性鋼《ダクタイル》を使っておくと、発生した亀裂は、他のどの方向に成長するよりも速くこの材料のところで成長する。このため、危険な長い亀裂が溶接線と平行に発生して、悲惨な配管破裂にいたるよりかなり前に、比較的小さいが検出可能な水洩れが確実に起こるようになる。この安全基準は信頼できるものと認められており、運転中の原子炉のいくつかで、管壁の七五パーセントに達する水洩れ亀裂が生じ、脆性破壊にはいたらなかった事例がある。水洩れ個所を追求してそのような亀裂が発見されると、傷んだ部分の配管を新しい健全なものに取り替える。原子炉配管にはさまざまな損傷が生ずる可能性があり、事実生じているが、配管亀裂研究委員会は、原子炉配管に使われるステンレス鋼は、大きな亀裂に対してもきわめて抵抗力があることを認めている。原子力発電所にはきわめて慎重な設計方針がとられていて、全系統に十分な安全係数が採用されていることが実証されており、破壊前洩れ原理も健全な考え方であると思われる。

それにもかかわらず、現代のエンジニアリングが作る精巧な構造物も、古い簡単な鎖と同じように、その中の一番弱い繋ぎ目の持つ強さしか持ちえないのである。その繋ぎ目がどこにあるかは、冶金学上の事故であったり偶発事であったりする。だから今日のエンジニアは、歴史上の鍛冶屋と同じように、将来災いの種になりかねない部分を探し、除去しようとする。それでも、ある暑い夏の一日、鍛冶場で疲れ果てた鍛冶屋が、きっと白昼夢に陥り、製作中の鎖の中の一つの環を残りの環よりも細く打ち上げてしまったり、別の用事をしている間に、弟子が鎖の中の別の環を叩きすぎ、ひび割れを入れてしまった。あるいは、鍛冶屋が、熱しすぎた鎖の環を所定通りに冷やさなかったり、完成した鎖を検査するとき、うっかり一つの環を見落としてしまった。あるいは、鎖の引っ張り試験のとき、馬のうち一頭が病気だったため、所定いっぱいの試験荷重をかけなかったり、鎖を買った人が、鍛冶屋が約束した鎖の強さを越える大きな力をかけようとした。今日のエンジニアが、どれほどよく亀裂の挙動を理解していようとも、自分自身の予知能力の限界をも含め、未知の人間的要素の係数をすべて計算の中にとり入れることは不可能だ。広胴旅客機や原子力発電所のような複雑なシステムの安全操業は、究極には、人間的なものと機械的なものとを含めた、鎖のすべての環の強さと信頼性とにかかっているのである。

原子力発電所の構造物破壊はきわめて重大な結果を招くから、その設計には、例外的なほどの重複や安全上のゆとりが取り入れられている。反対側の極では、靴ひもや電球のような使い捨て製品では、切れてもさほど重大な結果を招かないから、切れやすいのは値段が安いことの妥当な代償として許容される。大部分の「中間的」な部材や構造物については選択はそれほど明白ではない。自分の作った構造物が壊れることを望む設計者はいないし、安全性が問題になるところに故意に過小設計した構造物などというものはない。それでも、設計者と買い手と使い手とは、「どれだけのゆとりがあれば十分か?」、「どれだけの値段になれば高すぎるのか?」という、愉快でない問いを突きつけられることは避けられないのだ。

バスのフレームのような一見ありふれた構造物でも、新型の軽量で省エネルギーの車を支持することが要求される。高所の歩廊は、じゃまな柱を使わずに建築空間に架け渡すことが指示される。設計者は自信をもってその課題に挑戦する。設計者は、事実上壊れることのない在来のバスのフレームや、一キロを超える長さの橋についてのエンジニアの経験から、新しい課題も自分たちの能力で達成できる範囲にあることを知っている。しかも、新しい精巧な解析手法や最新の強力材料やコンピュータの利用が、さらに大きな自信の源となる。しかしこうした進歩がエンジニアを自信過剰に陥らせ、在来の設計から劇的に、しかしたぶん未熟に、飛躍することができると思いこませる。

こうして、ときに誤りは起きる。そこで、事故解析——全体を再構成して、壊れてばらばらになった部分の合計よりも大きいあるものに仕上げる学問——の出番となり、エンジニアに、将来の設計のための警告を発する。皮肉なことに、構造物の成功ではなくて失敗が次世代の設計の安全性を向上させる。一世紀もたった橋が過剰設計であったかどうか、四〇年もたったバスのフレームはどれくらいもっと軽量にしておいてもよかったのか、言うことは難しいのである。

(*注) 次章末の注を参照。

11章
バスのフレームとナイフの刃

例年のニューヨークシティ・マラソンのスタート直後、一万五千人の参加者が一団となってヴェラザーノ＝ナローズ橋を走りすぎるとき、その中の誰一人として、この多数のランニングシューズの足なみが道路に振動を与えて共振させ、多くの一九世紀の吊橋が軍隊の行進のもとでおちいっていたのに近い状況を起こしていることを思いわずらう人はいないようだ。また、一九八一年のマラソン走者たちが、この橋を渡り終えてブルックリンに入り、四番街をフラットプッシュに向かうとき、ダンスに興ずる群集の足下で起こった空中歩廊の崩落も、ランナーたちの心からはたぶんほど遠かったことだろう。もしマラソン走者たちが何事かを考えていたとすれば、それは、いささかの余力をも残さずレースを走りぬくようにペースを整えること、事実上安全係数なしで走ること、四二キロ余を走りきり、疲労でまさに倒れんばかりの状態でゴールに入ること、親方自慢の馬車が百年間もったように何時間かを持ちこたえること、であっただろう。

第一二回ニューヨークシティ・マラソンの先頭グループの中にアルベルト・サラザールがいた。かれは以前のレースで落後した経験があった。しかし、自分の経験から学んで今回は完走し、最初にセントラルパークのゴールラインを走り抜けた。走者たちの前にはレースを生中継するテレビ中継車が走っていた。それで、放送される画面のひどい揺れは、ニューヨークの道路にあるさまざまな凸凹や、突起や、割れ目や、穴をはっきりと示していた。それはまるで、誰かが走者集団の前を後ろ向きに走りながら手持ちカメラで写した、シネマ・ヴェリテの画面のように見えた。走者たちがラファイエット通りから左折してベッドフォード街に入ると、そこはクウィンシー通りからわずか四街区離れたところである。ほんの一か月前、このクウィンシー通りでは、一台の市内バスが特殊な計器を取り付けられて、走り工合を試験されていた。それはマラソン走者が、走行ベルトの上で身体機能テストをされている光景と似ていなくもなかった。バスには心電計の電線ではなくて砂袋が積んであり、張力計が取り付けてあって、その比較的新型のバスのぴかぴかの車体の下の鋼の骨組みに、どれほどの曲げ伸ばしが作用しているかをエンジニアに知らせていた。目的は、バスの金属疲労に対する抵抗力を知ることで、医師のチームが宇宙飛行士の耐久力の限度を知ろうとするのに似ていた。クウィンシー通りの穴ぼこ道を乗りこえていくバスを調べているエンジニアたちは、何故このバスの設計では、設計走行距離の十分の一も走らないうちに、ひどい疲労亀裂が発生したのかを知ろうとしていた。エンジニアたちは、どこが悪かったのかを理解し、それによってこのバスが、アルベルト・サラザールのように敗北から立ち直って、ニューヨーク市の路上で勝利を勝ちとるようにしたいと願っていた。

ニューヨークシティ・バス路線マラソンの完走に失敗していたバスは、メーカーであるグラマン・フルキシブル社（あの飛行機会社の一事業部）の名をとって、グラマン・フルキシブルという名前であった（このフルキシブルという名前はフレキシブルの誤植と思われそうだが、昔のフルキシブル社が第一次世界大戦中に製造した、オートバイにサイドカーを取り付ける自在《フレキシブル》結合具の名前に由来している）。このバスの斬新な設計は、米国都市大量輸送管理局の仕様書に従ったもので、この官庁はバスの購入に補助金を出しており、軽量で燃料を節約でき、身体障害者が乗れ、エアコン付きで、エレクトロニクス操縦の新型バスを求めていた。グラマン社は、何世代にもわたる旧型の、事実上破損知らずの重いバス・シャシーから大胆に決別して軽量バスを開発し、最終的には八五〇台のバスが発注になるニューヨーク市の入札で最安値をつけたのだった。しかし、軽量化したフレームに多数の疲労亀裂が発生したため、ニューヨーク市は、バスが運行を開始してわずか約六か月後に、稼動中のフルキシブル六三七台全車の運転を取りやめた。このバスを引き続き使用していると、強度の低下したフレームが突然破損して事故になる恐れがあるという理由だった。ニューヨーク市がグラマン社と善後策につき協議している間、走行不能となった一部のバスはハドソン川の波止場に駐車してあった。会社は不工合なフレームを補強し、バスは約一年後に戦列に復帰した。グラマン社は、復帰したバスと会社とのイメージアップ・キャンペーン用のコマーシャルを制作するため、テレビ劇「ハネムーナー」でバス運転手を演じたジャッキー・グリースンを起用しようとしたが、ジャッキーの要求したギャラが高すぎたのだそうで、刑事コジャック役を典型的なニューヨークっ子らしく演じたという評判のテリー・サバラスが、バスの広告で、テレビやラジオや新聞に登場した。会社はついでにこのバスを「メトロ」と改称したが、グラマン・フルキシブル社が一九八一年第四・四半期に出した三千万ドルを超える赤字の多くはこの疲労問題の結果だった。これは、当時防衛支出が削減され、バス事業に頼っていた親会社にとって、相当な財政上の打撃となった。グラマン社は結局バス子会社を売却した。

それでも、ニューヨーク市のフルキシブル・バスの災厄は終わらなかった。後車輪取り付け部付近の床に亀裂が生じ、前車軸まわりに問題が起き、ハンドル軸の軸受けが破損し始めた。一九八四年初め、ニューヨーク市交通局（NYCTA）は、当初は少なくとも一九九〇年代まで運行する予定だったグラマン八七〇型フルキシブル全車輌の廃棄を決定し、バス代金九二〇〇万ドルを回収し、損害賠償金三億五〇〇〇万ドルを請求する訴訟を起こした。このバス関連訴訟と、それに加えて、海軍が、競争相手マクダネル＝ダグラス社のF―18型機でなく、グラマン社製のA―6型およびF―14型軍用機の性能を向上させるという契約を緊急に発表したのがたぶん動機となって、一九八四年七月二三日、『ニューヨーク・タイムズ』の論説欄対向ページに、奇妙な四分の一ページ大の広告が掲載された。印刷部分より余白のほうが多いこの広告の全文は次の通りだった。

ほかのバス会社では
グラマン八七〇型バスが
月まで八〇往復もの距離を
走りきっているというのに

NYCTAはおっしゃる
グラマン八七〇を街に走らせてはいけないと

グラマン社

グラマン社の広告は、文法的には無傷とは言えないが、その言おうとするところは明らかで、ニューヨーク市交通局が自社製バスを廃棄したのは無謀な行為だとほのめかしているのだ。しかし、他の町のバスが、ニューヨークほど穴だらけの路線を走っているのかどうかは、明らかにされていない。
会社の抗議にもかかわらず、グラマン・フルキシブル・バスの一件は、設計の失敗事例研究の古典的例題として残るだろう。この件では、タコマナローズ橋の場合のような重大事故にもならなかったし、ハイアットリージェンシー歩廊の場合のように死者を出すこともなかったのではあるが、燃費節約とか、軽量化とか、乗りやすさとか、快適さとか、運転しやすさとか、その他あまりにも多くの要求を満たそうとすると、それまでは長い間うまくいっていた設計からはなはだしくかけ離れたものにならざるをえなくなり、とくに強度が低下して、悪い結果を招くということの、有力な例証がこのバスなのだ。二〇世紀後半のエンジニアが大都市用のバスを設計できないなどと、誰が想像していただろう。ニューヨーク市のかかえる困難がバスに劇的に表現されたままで、生命に対する直接さしせまった危険はなかったのだから、ニューヨークは壊れかかったバスで間に合わしておいてもよかっただろうという議論も許されるかもしれない。しかし一方、もしバスが走行中に突然車輪がはずれたり、シャシーが真っ二つに折れたり、ハンドル軸が回らなくなったり折れたりしたら、人命にかかわる結果を招くことも想像できるだろう。予期しない問題が次から次へと発生するようなバスで、重大事故が起こる確率を計算することはきわめて難しい。また、メンテナンス費用を確信をもって予測することも難しいだろう。

金属に亀裂が発見されるということは、実際やっかいな問題である。とくに、その亀裂を生じた構造物が、どのようにして設計され、製作され、使用されてきたかに疑問がある場合には、その亀裂の由来、成長、危険度を評価することが難しいからだ。そんなに前のことではないが、私は、九本のステンレス製ナイフを、ニューヨークの波止場にグラマン・フルキシブル・バスが並べてあったような工合に、机の上に並べていたことがあった。例のバスと同じように、相当数のナイフに亀裂が生じていて、九本のうち三本には、刃のつけ根の柄に近いところにはっきり見えるほどになっていた。亀裂のはいったナイフは一見まだ使えそうではあるが、割れ目のあるその金属はあぶなっかしく頼りなく見えた。そこで私は、その亀裂の原因と、今後ナイフを使う上で考えられる影響とをつきとめてやろうと決心した。

鋼材がいかれてしまう可能性とそのもたらす結果は、ナイフのほうがバスより予想しにくいということはない。私は、自分がある日の夕食時に、肉を切ろうとしてナイフが骨にぶつかり悪戦苦闘しているのを思い浮かべることができた。亀裂が突然拡大し、柄を握りしめていた勢いで、拳がお皿のふちを叩きつける。お皿じゅうのものがテーブルの上にぶちまけられ、折れた刃は回転しながら空を切って飛んでいく。開けた窓から飛び出し、隣家との間の私道を越えて、隣家の開いた窓から飛び込み、隣人の鳥籠の格子の間をすりぬけて、カナリアののどを切り裂く。この上まだいったい何が起こるというのか？　そこで、ナイフが私の机の上に並んでいる間、家族は、少数の、古い、亀裂の入っていないナイフで用をたすことにし、私は亀裂の入ったナイフの非公式安全性解析を遂行した。つまり、ナイフの設計の応力解析と、製造と使用の履歴調査と、継続使用の適否判定の仕事である。

これらのナイフは、私の妻が、結婚一年ほど前から使っていた食卓セットの一部であって、以来一五年間、毎日の食事と内輪のお客に休みなく使い続けてきたものだ。その間、このナイフで不幸な事故は一度も起こらなかった。もっとも、この賞讃に値する安全記録は、一つには、約一〇年前一本のナイフに亀裂を発見し、以来その欠陥ナイフを完全にわが家の食卓から排除した結果といえるかもしれない。その後さらに二本のナイフに、前のほどひどくはないが、結構目につく亀裂が発見されたが、そのときはこの二本を使わないとわが家の食卓揃えに間に合わないときであった。しかし、人間にナイフやバスを作らせるその理性が、人間にナイフやバスの不完全性に思いをいたさせる。ある日の夕食時、食卓の会話が、当時まだ新しかったグラマン・フルキシブル・バスの亀裂を報じた『ニューヨーク・タイムズ』の記事から、わが家の食卓ナイフに及んだとき、私は、ナイフの亀裂に思いをいたさずには、それ以上食事を楽しんではいられない気分になったのだった。

金属の強度を原子間結合から理論的に推論するなどということは、エンジニアリング構造物とは無縁だ。何十億個という各種の原子が何千度という温度のもとで混ぜられ、汗にまみれまばたきしながら夕食に思いを馳《は》せる男の手で何トンもの鋼材に鋳込まれる光景は、清潔な部屋のような物理学者の心象とは別の世界である。金属は、人間と同じように、統計と確率で支配されるものであり、橋やバスやナイフを作る人が頼ることができるのは確率の高い事象だけだ。そして、集合物の挙動は個々のものの挙動によってきまる。

ここで、ナイフが鋼でなくゴムでできていると想像してみれば、ナイフというものを、いわばエンジニアの見方で見られるようになるだろう。ナイフの刃は、肉を切ったりバターをぬったりする動作のとき、動作の対象物と反対のほうに曲がる。対象物が固いステーキ、または軟らかいステーキ、あるいは固いビスケット、またはもろいビスケットでも同じことである。この曲がりに伴う機械的応力は、ゴムのナイフがもろいペンキの皮膜で覆われていると想像すれば理解できる。子供のときには多くの人がそういう玩具のナイフを持っていたもので、そういうナイフを使うとペンキにひびが入ったのをおぼえているだろう。これは、ナイフを作る材料が、自然の形に反して伸ばされるか圧縮されるかし、ペンキは中のゴムほどには伸びたり縮んだりできないからだ。

ステンレス鋼製のナイフの刃は、ゴム製の模型よりはずっと堅いが、一定の弾性があることはゴムと同じで、力で変形させるともとの形に弾ね返る（このことは、亀裂の入ったナイフを机の電灯の前にかざして、刃を曲げてみるとはっきり見ることができた。曲げると亀裂は拡大し、光がもっと通るようになるが、手を放すと、カメラのシャッターのように、亀裂はまた閉じた）。ペンキの薄片がゴム製ナイフの表面からはげるように、金属製ナイフの表面も、薄片になろうとするか、曲げた位置でかかる張力を緩和しようと何らかの動きをするのだ。

どんなに頑丈な金属でも、曲げられてもとの形に戻りうる回数には限度がある。何度も繰り返すと、どれほど注意深く加工して作った製品でも、特別にストレスの高い点、または抵抗の弱い点に、小さな亀裂が発生し、成長し続けて、ついにはその製品が弱くなり、もう一回の応力に耐えられなくなるにいたる。こういう亀裂が疲労亀裂で、機械または構造物の部材が、繰り返しかかる応力に耐えられる回数の限度が、その部材の疲労寿命である。

わが家のナイフの亀裂はすべて、金属が最も細く、機械的応力の最も高い点に発生していた。もし亀裂発生の傾向があれば、その傾向はこの場所で発現すると予想できただろう。欠陥の生じたナイフを使い続けていると、亀裂は鋼材の中で拡がっていく。堅い鋼に生じた亀裂がその部分を横断するにいたるまでには、何万回、何億回という、比較的わずかな曲げが必要かもしれないが、ペーパークリップを何回も何回も曲げ伸ばししていると折れたように、ナイフの亀裂が鋼材を横断するまで成長するという事態は、いつかは確実に起こる。

わが家で一部のナイフに亀裂が発見されるまでは、わが家のナイフは、食器棚の引き出しから、亀裂のあるなしにはおかまいなく、無作為に取り出して使っていた。こういう無差別な使い方で、最大、たとえば一五年間、年間三六五日、一日三食、一回の食事に平均一二回ものを切ったり伸ばしたりしたとすると、ナイフの刃の亀裂が応力のもとで開いた回数は、最高約二〇万回になるはずだ。エンジニアリングの標準からすると、疲労により生じた微細な傷が成長して亀裂になるまでに要する繰り返し使用の回数として、この二〇万回というのは決して大きい数ではない。さらに、もしわが家のナイフが、同じように作られ、同じように使われ、同じように純機械的な疲労だけを受けてきたのだとすれば、一五年の間には、すべてのナイフに多かれ少なかれ同じように亀裂が生ずると考えてよいだろう。だが実はそうなっていない（九本のうち三本には、刃の基部の半ば近くまで達した亀裂があるのに、六本には、今日までのところまったく亀裂がない）。このことは、亀裂を生じたナイフは、他のナイフとは違った履歴を持っていることを物語る。この亀裂は、疲労によってわずかに成長したかもしれないが、純機械的な理由以外のところに原因があったに違いない。その差の手がかりを見つけるべく、もっと詳細にナイフを調べてみることにした。

このステンレス製食器の出所について知りえたのは、次の刻印だけである。

STAINLESS
JAPAN

調査対象ナイフ九本のうち八本にこの刻印があり、もう一本だけは違っていて、

STAINLESS
STEEL
JAPAN

表面上はよく揃った一組のナイフにこういう奇妙な不揃いがあることは、一五年間気づかれずに来て、ナイフをバスのように検査し検討するため並べてみて初めて明るみに出た。刻印の字句が一様でないだけでな

く、字体も刻印の深さも、刃によってさまざまであった。こういう細部《ディテール》は、何かの説明を求めようとするまで気がつかないものなのだ。ちょうど、カンザスシティのホテルの歩廊を支えていた構造の詳細が不適切であったことが、歩廊が落ちるまで気づかれなかったように。

こういう発見をするまでは、私は、ナイフは事実上、一つ一つお互いに区別がつけられないものと思っていた。一部のナイフだけに亀裂が生じているということは、最初から、弱さ強さに不均一があることを示していたはずであるのに。そして、ナイフを整列させ、スプーンやフォークと並べずに置いてみると、洋食器というものは、一台きりの機械で複製して作られたものではないことがはっきりしてきた。

わが家の食器のデザインは単純で、ナイフの柄は、数枚の浅い浮き彫りの笹の葉が飾ってあるだけで、ほかに飾り気はない。つぶさに観察すると、どの二本のナイフをとってみても、正確に同じ笹の葉の模様のはないことがすぐにわかった。何本かを手でつかんで束にして立ててみると、長さも一様ではないことがわかった。かくして、わが家のナイフには、まぎれもなく、手づくりであることを示す証拠が刻みこまれていた。すなわち、個別差。

これらのナイフの材料である金属は、おそらく、ステンレス鋼の調合から始まったのであろう。そのステンレス鋼はたぶん、鉄、炭素、その他の諸成分の組成から、ヴィクトリア朝英国の冶金学者、ウィリアム・チャンドラー・ロバーツ＝オーステン卿の名をとって呼ばれている種類のもので、アメリカ鉄鋼協会では、タイプ三〇四と名づけているものである。

オーステナイト系ステンレス鋼

鉄	一四〇〇ポンド
クロム	三六〇ポンド
ニッケル	一六〇ポンド
マンガン	四〇ポンド
ケイ素	二〇ポンド
炭素	一六ポンド
燐《リン》	二ポンド
硫黄	二ポンド

ベッセマー炉中で鉄を煮え立たせ精錬。合金元素を加え、熔融状態にし、インゴットとする。製品一トン。ナイフ四〇〇〇本分*。

料理人なら誰でも知っていることだが、同じ料理でもその成分は、質の点でも正確な量の点でも、鍋ごとに違っている。ことに、料理が多くの成分を要し、その量が比較的少なくて、正確な量を示さず「適宜」などとなっている場合はなおさらだ。その上ステンレス鋼は、新しい鉱石から作られることもあるが、よくあるように野積みにされていたスクラップから作られることもあるのだから、インゴットの品質は料理以上に不確実となる。

ある日に作られたステンレス鋼の質が、別の日に作られたのより優れているか劣っているかは、主要成分の品質よりも、たとえば硫黄のような、料理でいえば一つまみ一振りの香辛料のような成分の量によってきまるものだ。一九七〇年代、大型の試験用原子炉の建設時に、エンジニアと冶金学者とは、ある重要な炉心用取替部品を作るためのステンレス鋼は、回収再使用した鉄ではなく新しく鉱石から作った鉄を使用し、味付け的な微量成分の量も正確に入れて製造すべきだと決定した。ちょうど、昔のアメリカの自由の鐘を鋳た職人たちが、よい音を出すために合金の調合を変えたように、このエンジニアや冶金学者は、特製のステンレス鋼を作って部品の品質を良くしようとはかったのである。不運なことに、新しい原子炉用鋼は、一般の鋼に比べて、強度が良くなるどころかかえって悪くなった。複雑な合金というものはこのように扱いにくいしろものなのだ。しかし少なくともこのエンジニアと冶金学者とは、こうしてはいけないという、別の教訓を学んだのだった。

わが家のナイフのメーカーは、おそらく、自家製のステンレス鋼を使ったはずはなく、普通の原子力発電所のメーカーと同様、注文を出して送りとどけてもらったのだろう。わが家のナイフに使われた鋼がすべて同じ炉で同じ時に作られたものかどうかは私にはわからないが、もし一部が料理人の作りそこなった鍋に由来しているのであれば、亀裂が一部のナイフにだけ発生し他のには発生していない理由が説明できよう。さらに、もし亀裂の生じたナイフが事実、出来の悪い鋼のインゴットから作られたのであれば、亀裂の生じていないナイフがすべて健全であることを疑う理由は少なくなる。亀裂のないナイフは、洋食器セットはすべてそうあってほしいものだが、良質の鋼で作られていると仮定して間違いないだろうからだ。

ナイフの製造工程も重要な因子だろう。ナイフに個別差があることは、一本一本が少しずつ違った過程を経てきたことを物語っている。たぶん最初は、長い棒から切り取った素片から始まったのであろう。それからこの素片は、一端を叩いて柄にし、他端をロールにかけるかハンマーで叩いて平らな刃にしてナイフの形にされたのだろう。そのハンマー加工またはロール加工は、たぶん、一種の高速機械ハンマーを使い、その下で、作業者またはコンベアベルトが素片を動かしてナイフの形を作るのだが、この作業はおそらく、触るには熱すぎるが鋼が熔けるには程遠い、冶金学上「冷間加工」と言われる工程で行なわれたのだろう。こういう鍛造工程のあと、ナイフはたぶん熱処理される。ごく高温まで加熱した後、たぶん油の中で、きめられた速度で冷却して、望ましい靱性を出す工程である。ナイフはその後もう一度、冶金学的には低い温度まで熱して鋼のもろさを取り除き、また冷却する。仕上げ工程では、刃を尖らせまわりを切って最終製品の形をととのえ、鋸状の刃をつけ、

STAINLESS
JAPAN

といった類の刻印を打ち、磨きをかける。

冷間加工の度が過ぎると鋼は硬くなり、硬い鋼は軟らかい鋼より亀裂を生じやすい。わが家のナイフのうち亀裂を生じたのは、ハンマー工が熱中のあまり加工しすぎたか、並はずれた愛国心を持つ職人が刻印に力を入れすぎたのだろう。もう一つ別の亀裂の原因としては、研磨機か鋸歯切り機か何かの加工具が滑って、ナイフに傷がつくか損傷の核ができるかし、そこから、疲労亀裂または他の種類の亀裂が始まって、まだあまり日がたっていないのに成長したということが考えられる。あるいはナイフの冷却のし方が不均一であったか急速すぎたかして、加工による残留応力が刃の中に残ったのかもしれない。

この最後にあげた理由は、わが家のナイフの亀裂の原因を説明するには一番もっともらしいようだ。この種の亀裂は、何本かの一群のナイフにほぼ同じように生じ、また、この種の亀裂はある大きさになるまでは

急速に成長するが、それで沈静化するものだからである。わが家のナイフに初めて亀裂が見つかってから十年あまりの間、亀裂の大きさにはあまり変化が見られなかった。ナイフの亀裂が機械的な疲労によるものだとするには、この成長速度は遅すぎ、いま見られるような損傷の程度は説明できそうもない。ナイフを繰り返し使っている間に、亀裂は引き続き鋭く長くなっていくかもしれないが、今後予想できる範囲では、亀裂の成長はほとんど気がつかない程度であるに違いない。

わが家のナイフの亀裂の原因については、まだ他にも説明のし方がありうるだろう。ステンレス鋼は時によると、応力腐食割れ*という、まだ完全には理解されていない機械的＝化学的複合現象によって亀裂を生ずることがある。この種の亀裂が生ずるには三つの条件が必要とされる。すなわち、ある限度を超えた応力、腐食性の環境、それに、製造過程で製品に亀裂を生じやすくさせるような一定以上の感受性が付与される、の三つである。わが家のナイフはたぶん、製造中の冷却時か、亀裂が生じている部位に切り込みを入れたときに、応力がかかったのだろう。また、食卓塩が近くに置いてあったため、ステンレス鋼に対する腐食性の強い塩素イオンという有害な化学的環境にさらされたこともありえよう（ステンレス——さびない——鋼というのは実は誤称である。ステンレス鋼は塩水の中では容易にさびるのだ）。

わが家のナイフのうち一部は、製造時の異常な加熱や冷却のため感受性が高められており、それ以外のナイフはそうなっていなかったのかもしれない。徹夜パーティの後で、塩気のある残り物の中に長時間ナイフを浸けておいたため、感受性の高くなっていたナイフだけに亀裂の核が生じたのかもしれない。その後洗ったり使ったりしている間に、口を開けた亀裂の裂け目から有害な塩水が追い出され、亀裂の進行がくいとめられたのかもしれない。それとも、亀裂が進行して、金属の中の感受性の高くない領域に入りこみ、応力腐食が関係している限りでは、亀裂がそこで捕捉されてしまったのかもしれない。妻の写真用ルーペを借りて見ると、亀裂は明らかに鋭角的で、ジグザグの道をたどってナイフの刃に食い込んでいる。これは応力腐食割れの特徴で、金属の角ばった粒子が隣り合っている間を縫って進行し、金属粒子を貫いて数学的直線状には進行しないのである。

要するに、証拠の示すところによれば、わが家のナイフの亀裂は、応力腐食または熱処理による、自然停止性の亀裂として発生し、幾分かは疲労を通じて、気のつかぬうちに成長したものと思われる。もしそうであれば、まだ亀裂の生じていない、つまり感受性を高められていないナイフに新しい亀裂が生ずることはありそうもなく、したがって、亀裂のないナイフは無条件に信頼して使用することができよう。これまで長年使ってきた亀裂の入ったナイフも、引き続き使用してよいが、これまでよりは力を入れずに扱うようにし、亀裂の成長が速まって、亀裂が新しい段階に入ったことを示していないかどうか、監視する必要がある。亀裂の成長を監視する方法は目で視ることだけには限られない。亀裂のあるのと亀裂のないのと、二本のナイフを、水の入ったコップ、またはまな板に打ちつけると、違った音がするだろう。亀裂が入るとナイフの堅さが低下し、亀裂のないナイフとは違った周波数で振動するようになる。人間の耳は、わが家のセットの中でも、亀裂の入ったナイフと亀裂のないナイフとを容易に聴き分けることができ、すでにできた亀裂の長さが著しく変化したならば、それを感知することができる。打席に入るごとにバットをホームプレートに打ちつける野球選手のように、われわれも食事の度にナイフをお皿に打ちつけてもよいのだが、それは遠慮しよう。

過去数年間にわたっては、新しい亀裂の問題を起こさなかったわが家のナイフとは違って、グラマン・フルキシブル・バスはその後も続けて、構造の各所に新しい亀裂の問題が生じた。同型のバスが結局完全にニューヨーク市から退役させられたのはそのためであった。私がナイフについて行なったのと似ていなくてはない機械的な解析が終わると、その後には法的な解析が始まる。法的解析にはずっと長期間を要するにきまっている。契約の穴や法律のよろいの裂け目は、鋼に生じた亀裂に比べれば、無害の判定を下すのが難しいからだ。それに、弁護士の情熱も、決して、疲労困憊と無縁であるとは考えられない。

わが家の亀裂の入ったナイフへの懸念は、想像から始まった家庭内の出来事であったかもしれないが、ここに述べた解析方法は、大型のエンジニアリング構造物に亀裂が発見された際に行なわれるものと、さほど大きく違ってはいない。しかし、材料金属の出所や製造工程を推理したのとは違って、バスや、とくに原子力発電所に生じた亀裂の調査に際しては、一般に、ナイフの場合に生じた種類の疑問にもっと決定的に答えるための記録を見出さなければならない。そのような記録があってはじめて、亀裂や、そのもたらす危険の可能性について、もっと決定的な解析が可能になる。そしてそういう解析の報告書が、将来に向けての教訓となり、警告となるのである。

（＊注）合金成分は元素の形でなく、各成分と鉄との合金であるフェロアロイを作ってから鉄と混合する。燐や硫黄は鉄に含まれる不純物で、わざわざ入れるわけではない。現在の日本ではベッセマー炉はほとんど使われず、ステンレス鋼は主に電気炉で作られている。また、応力腐食割れには金属結晶の粒界に沿って進行するものと結晶粒を貫いて直線状に進行するものとがあり、塩素イオンが関係するのは後者と考えられている。

12章 間奏曲——水晶宮の成功物語

何事であれ、革新には危険性がつきまとう。エンジニアリングの革新も同じで、どこかがうまくいかなくなる誘因を蔵している。だからといって、革新が必ず失敗に終わるときまっているわけではない。大胆な新設計にあれこれとけちをつけたあらさがし屋が結局は間違っていたことを立証して見せた劇的なエンジニアリング・プロジェクトというものは、いつの時代にもあったのだから、今日のエンジニアが、現存のどの橋よりも長い橋、どのビルよりも高い超高層ビルを建設するのに、まだ性能が確証されていない新奇な材料や構造を採用しようとしたからといって、そのエンジニアの行動が無責任だということにはならない。そういうエンジニアは、一九世紀の建設エンジニアが、同時代の反対論者を乗りこえて、今に名を残す大胆な建造物を作った伝統に、忠実であろうとしているのだ。その一九世紀、ヴィクトリア女王時代に建てられた最も大胆で革新的な建造物の一つに数えられるのは、橋でも塔でもなく、一八五一年のロンドン大博覧会の会場として建てられた広大な建物である。「水晶宮」の物語は、何度も繰り返すに値するすばらしい物語だ。それは、エンジニアリングが作り出した建造物がどんなに革新的であろうと、またどんなに多くの反対者がいようと、その建造物が実際に建てられ、使われたという事実こそが、そのエンジニアリングの正当さを立証するのだということを、はっきりと示しているからだ。

ジョーゼフ・パクストンは一八〇一年生まれ、英国ベッドフォードシャーの農民の息子だった。ごく若いうちから庭師になり、デヴォンシャー公爵家に雇われ、一八二六年には、同公爵がダービシャーに持っていたチャツワース庭園の管理人になっていた。パクストンは建造物の設計にすぐれた才能を示し、一八四〇年にはすでに、内部の面積四〇〇〇平方メートル余りの温室を建てていた。この「チャツワース大温室」は当時の驚異の一つに数えられ、パクストンは、肩書きはともかく、実力と精神にかけては押しも押されもせぬエンジニアとしての地歩を確立した。ロンドン近郊にある王室所有の植物園、キュー・ガーデンの「大ヤシ温室」はパクストンの「大温室」をお手本にしたものだし、またパクストンは各地に呼ばれて、独創的な建造物を数多く建てるようになった。

パクストンがキュー・ガーデンからオオオニバスのさし穂を取ってきて、さし木にはじめて成功したのは、このチャツワース温室内の温水槽であった。もとの種子は、英領熱帯ギアナ（現在のガイアナ）からもたらされたのだが、キューではよく育たなかった。だがパクストンの世話で、オオオニバスは大きな葉を出し、独特の美しい花を咲かせた。パクストンはこの植物に、ヴィクトリア・レギアと命名し、つぼみの一つを女王様に献上した（現在の正式な学名はヴィクトリア・アマゾニカという。パクストンがこの植物にかかわる前にそう命名されていたのである）。

オオオニパスがどんどん大きくなるので、パクストンは専用の温室を設計した。温室の骨格は、オオオニバスの葉そのものの構造をまねたものだった。これより前、パクストンは、浮いている葉の上に自分の娘をのせ、葉脈が天然の骨格になっている構造の強さを実験したことがあった。直径一五メートルもあるオオオニバスの葉は少女の体重を支えて、沈みも破れもしなかった。それ以来、まわりにふちどりがついて、大きなパイ焼き皿のように見えるオオオニバスの葉に乗って写真をとるのが、ヴィクトリア朝の流行の一つになった。パクストンは、この葉の強さ硬さは、葉の裏に網目になって走っている葉脈によることを見抜き、これを建物の構造に応用したのだった。こうしてできたチャツワースのオオオニバス温室は、縦横が「四メートルに一八メートル（面積約二五〇平方メートル）、鉄の柱で鉄の桁を支え、その上に木の梁を渡して、ガラスで屋根をふいた構造であった。この軽量で風通しのよい建物から、後に水晶宮の発想が生まれたのだ。水晶宮は縦横が一二〇メートルに五四〇メートル（約六万四八〇〇平方メートル）、「万国工業製品大展覧会」（最初の万国博の正式名称）の十万件にのぼる展示物を収める建物となる。

一九世紀半ばには、通商の世界では、最初の国際工業製品展覧会を開催する条件がととのっていたが、同じように技術の世界でも、水晶宮を建設する条件がととのっていた。英国政府は、百年も昔からガラスにかけられていた物品税を、一八四五年に廃止していたので、水晶宮の建設に三〇万枚ものガラスを使うについての資金上の障害はなくなっていた。水晶宮の建設には、四五〇〇トンという膨大な量の鉄材が必要だが、英国の鋳鉄と錬鉄の年間生産量は、その千倍をこえる五百万トンに達していた。また、水晶宮の規模はたしかに巨大ではあったが、英国の鉄道網を発展させ、数百の鉄橋をかけたエンジニアリングの経験から、大胆な設計を実施に移すのに必要な、材料強度に関する知識が蓄えられていた（当時、橋の崩落が続発するのに驚いて、構造物材料に鉄を使うことの是非を調査する王立委員会が任命された直後であったが、鉄道車輪の衝撃を受けず、また積載重量が日増しに増大することもない、巨大な静的構造物に鉄を使用することについては、すでに十分な信頼が持たれていたようだ）。にもかかわらず、大博覧会を水晶宮の中で開催することは、期限ぎりぎりになるまで決まらなかった。

学芸の工業への応用を主題に国際規模の展覧会を開催することを最初に提案したのは、ヘンリー・コールだった。コールは官僚だが、芸術の庇護者でもあり、飽くことを知らぬエネルギーと芸術への関心によって、ヴィクトリア朝の建築と工業デザインの陰の原動力となった人物である。同時代人のジョン・ラスキンが、産業革命が産み出した大量生産商品をあまり好意的には見ていなかったのと違って、コールは芸術とエンジニアリングの結合を夢みていた。その意味で、コールが大博覧会を構想したのは、かれが一八四七年に芸術協会の会合で表明した下記見解の、自然な発展だった。

わが国は、高度の技芸には豊かに恵まれている。機械の製造と発明にかけても、類なく豊かである。今後になすべきことは、この両者の結合を実現すること、すなわち、高度の技芸と機械の技能を結婚させることである。

ヴィクトリア女王の夫君アルバート公がただちに大展覧会の構想に賛成し、会場はハイドパークが最良であることに同意した。一八五〇年初め、同公は、事業推進のための王立委員会の議長に就任し、まもなく建築委員会が任命された。この委員会は、面積約六・五ヘクタールの仮設建造物を想定し、設計は公開設計競技によって選ぶと発表した。しかし、応募作二四五点の中には委員会が満足するものはなく、それら応募作の中から委員会が最良と考えるものを採り入れ総合して、委員会独自の設計を進めることになった。その産物である「らくだ」とあだ名された建物の完成予想図は『イラストレーテッド・ロンドン・ニューズ』誌六月号に掲載され、ただちに『タイムズ』紙にこきおろされた。

批判した人々の意見では、委員会が提案した建造物は〝膨大な煉瓦の塊〟であり、解体除去は不可能で、

〝ハイドパークの永遠の汚点〟になる恐れがあった。事実、この途方もなく大きな怪物は、煉瓦千五百万個を積む必要があり、直径六〇メートルという、セント・ポール寺院のより大きいドームを作ることになっていた。モルタルは、あと一年もない展覧会開催日に間に合うようには乾かないと予想された。

やがて、博覧会の開催自体と、その会場が、議会の論議の的となった。排外的な反対論者は、英国製品の売れ行きに対する外国の競争の影響を懸念したし、一方、混雑、喧騒、疾病など、商売とは関係の薄いことがらを心配する向きもあった。とりわけ声の大きかった反対論者はチャールズ・シブソープ大佐で、この人物は保護主義者であるとともに、かつて、一八五〇年の公共図書館法に、自分は〝読書を好んだことがまったくない〟という理由をもあげて反対したご仁だった。今回の博覧会場に関する同大佐の反対理由の中で最も評判になったのは、小さなニレの木立ちが切り倒されることになるというものだった。しかし、理性が議会を制し、シブソープ大佐一派の反対はひとまず抑えられたが、環境に対する影響の問題がすべて解消したわけではなかった。

パクストンは最初の設計競技には応募しなかった。その理由は、当人の言うところでは、自分が口を出すまでもなく、建築委員会が、当然、適切な設計を選定するものと思っていたからだった。だが、応募作のことが多少とも委員会の外で議論されるようになり、パクストンはそれらの案に失望して、自分の案を出すにはもう遅すぎるのだろうかと考えるようになった。パクストンが博覧会当局に接触したのは、建築委員会が最終結論を発表するわずか二週間前だったが、委員たちを説得して、追加提案を認めさせることに成功した。その約束を取り付けたのは一八五〇年六月一一日のことで、この日パクストンはロンドンを発ち、ウェールズ北部のメナイ海峡に向かった。その地で、ブリタニア橋の三番目の鉄製筒形桁が設置されるのを見るためだった。パクストンはロンドンを離れて、ある役員会に出席していたが、その間、大博覧会会場の構想に夢中になっていた。かれが吸取り紙に、後に水晶宮と呼ばれることになる建物の有名なスケッチを描いたのは、この会議の席上でのことだ。次の一週間、鉄道技師ピーター・バーロウの助力を得て、建物の柱と桁の寸法を決め、設計は出来上がった。その帰路パクストンと出会って設計を見せられた橋梁エンジニアのロバート・スティーブンソンは、深い感動を示した。

建築委員会は最初、この新提案を鼻であしらったが、次第にこの案への支持が増えてきた。未完成なままの見取り図が『イラストレーテッド・ロンドン・ニューズ』誌七月六日号に掲載されて間もなく、委員会は自分たちの案を棄て、全員一致でパクストンの「鉄とガラス《フェローヴィトレアス》」案を採択した。この案の利点とされたのは、建物が極度に簡単なこと、組み立てが迅速にできること、内部に壁がないこと、それに、材料の再使用が可能なことであった。建設費の安さと残存価値の高さという経済上の利点が、この案が選ばれる決め手になった(事実、この博覧会は、それ以後の実際上すべての万国博や国際展示会と違って、結構な利益をあげたが、その理由の一つは、水晶宮の建設が経済的で順調に進んだからだった)。

しかし、ハイドパークのニレの木の扱いは、依然として水晶宮に影を投げかけていた。そこでパクストンは、最初の設計を変更し、建物の中央部に翼廊を設けて、高さ三〇メートルほどのニレの木を収容することにした。工事を請負ったフォックス・ヘンダーソン社との契約も未確定のうちに着工となり、契約調印は一か月以上もたってからになった。契約価格は、材料は請負会社の所有とし、建設と閉会後の撤去工事を合わせて、七万九八〇〇ポンドで合意をみた。翼廊その他の追加など変更を含めた水晶宮の最終工費は二〇万ポンドになったが、それでも、屋内面積一平方メートル当たり約三ポンドで、一九世紀半ばの値段としても格安であった。

建設従業員は八月に現場のまわりを塀で囲んだ。この塀には、後で床やギャラリーに張るのと同じ木の厚板が使われた。完工は一八五一年一月と予定され、床面積が約七・七ヘクタールに拡大された展示場を大量の鉄とガラスで囲むための期間は、わずか二〇週間余しか残されていなかった。整地し、基礎と排水用の鉄管を敷設し、最初の柱が建てられたのは九月二六日だった。工事は迅速に進み、夜間はかがり火がたかれた。ある土曜日にパクストンは、二本の柱と三本の桁が、二人の職人によって、わずか一六分間で建てられるのを見たと記録している。鉄とガラスでできた最初の大規模で壮麗な建造物は、わずか一七週間で建てられるのである!

水晶宮が数学的な規則性をもって構成されていたことも、建設工事を簡単にするのに役立った。パクストンは、長さの基本単位を決めるのに、美学に根拠をおく「黄金分割」のようなものにはよらず、必要とされる展示場の広さと、技術上の基本的制約によった。一八五〇年当時は、長さ約一二メートルを超えるガラス板は製造するのがきわめて高くついたばかりか、取り付け作業にもはなはだ不便だった。そこで、長さ一・二メートル強のガラス板を、ゆるやかな傾斜のジグザグ山形をした屋根の上にのせることにした。この屋根の形は、見た目に快いだけでなく、水はけをよくする効果があった。工事を簡単にするため、ガラス職人は、「パクストンの側溝」の凹みに車輪をはめこんだ手押し車に乗り、移動しながらガラスを取り付けていったが、この側溝は屋根の谷の部分を通っていて、雨水と屋根裏の凝縮水がこの溝を流れ、水樋の役目もする中空の鉄の柱に流れ込むようにしてあった。側溝の間隔は約二・四メートルで、規定の傾斜をつけたガラス板二枚分の長さに合わせてあった。この側溝間隔の三倍、つまり約七・二メートルというのが、鋳鉄製の桁の長さとしてちょうど適当だった。そこで、桁を支える鉄の柱は、七・二メートル間隔で立てられた。こういうわけで、水晶宮全体の平面図は、七・二メートルを長さの基本単位として構成されることになった。

建物内部を長さ方向に伸びる幅広い「大通り」には、長さ一四・四メートルの錬鉄製トラスが架け渡され、壮大な「中央大通り」には、長さ三単位分、つまり二一・六メートルのトラスが架け渡された。アーチ形の中央翼廊の幅も二一・六メートルだった。こういう無愛想なほど簡単な幾何学的規則性が、建物の外観を優雅なものにするのにあずかっていたことは疑う余地がない。それはちょうど、現代建築の外壁で、ガラスと大理石の基本単位の繰り返しが示す効果と同じだった。水晶宮の南側正面には、七・二メートルの基本単位が七七個連なり、シブソープ大佐のニレの木を収容する中央翼廊は実は真の中央にはなく、一単位だけ片方にずれていたのだが、単位の数が多いので、よほど観察力にすぐれ、数えることが好きな目の持ち主でなければ、それとは気づかなかった。

桁やトラスの上下方向の幅が、約九〇センチという、他に例をみないほど広いものであったことも、長い大通りを見通したときの水晶宮の美観を高めていた。そして、これがパクストンのいつものやり方なのだったが、この美観が構造上の目的にもかなっていた。すなわち、こういう幅広い桁やトラスの上下を柱に固定することで、風その他水平方向の力に対する建物の強度が増すのである。この幅広い桁が構造上有利なことは、細い折りたたみ式の脚のついたトランプ机と、天板の裏に幅広い木の枠を取り付け、この枠の幅全体をしっかりと脚に固定した旧式の台所テーブルと、どちらが頑丈か比較してみればわかるだろう。

建物の構造だけでなく、建設工法にも、工事の進行を促進する工夫があった。ガラスを所定の位置に固定するのには木製のサッシ・バーが使われたが、これは、パクストンが考案した特製の機械で、一枚の木の厚板から数個ずつ同時に切り出し、縁の溝切りや斜面つけも行なった。サッシ・バーの端に切り込みを入れ斜めに切る職人は円形鋸を使った。釘穴を開けるのには、スチーム・エンジン駆動の回転錐が使われた。総延長約四〇キロメートルにのぼる「パクストンの側溝」用材も含め、全部で約一万七〇〇〇立方メートルの木材が水晶宮に使われた。

比較的小ぢんまりしたハス用温室のようなものを拡大して、巨大な展覧会場を作るというのは、あぶなっかしい仕事である。自然界のものと同様、エンジニアリングでも、大きくするということは必ずしも良くすることにはならない。そこで、環境保護論者はハイドパークの景観が失われることを心配したし、保健当局は衛生と疾病に懸念を示した。火災や、会場の快適さや、大博覧会に押し寄せると予想される数百万の参観者の中の犯罪を心配する向きもあり、単純に、建物自体が安全性を欠くと考える人もあった。プロシア国王が、大博覧会会期中にロンドンを訪問しても安全だろうかと問い合わせて来たのに対して、アルバート公は皮肉をこめて警告の返書を送った。公は、さまざまな不吉な予言をあまさず紹介し、「数学者の計算では、水晶宮は風の一吹きで吹き倒されるだろうということですし、エンジニアたちは、展示場が倒れて参観者を押しつぶすだろうと言っております」と書いた。

水晶宮の強度と安定性には、当初から疑念が提出されていたが、こと安全性に関しては、設計と施工は一切の妥協を排していた。桁とトラスだけでは水平方向の強度が十分でない場合は、細い棒を対角線状に十文字に入れてあった。この種の棒は中央の翼廊にはふんだんに使われ、その斜めの線は、単調になりかねない広い空間を截《き》る作用をしていた。鋳鉄製の桁が現場に搬入されると、職人たちは、その目的でとくに作られた水圧機を使って、全数について検査を行なった。今日でも、これに匹敵する例はあまり見られないほどの、高水準の品質管理が実施されたのだ。二単位、および三単位の長さの錬鉄製トラスは、各タイプごとに一本だけ抜き出して検査が行なわれた。錬鉄は鋳鉄とは違って、品質の一様さに信頼がおける特性があるからだった。

それでも建設期間を通じて批判は絶えなかった。あらさがし屋たちは、風やひょうがガラスの箱を打ち砕いてしまうだろうとか、ロンドンの夏には熱気と湿気でがまんできないだろうとか警告した。しかし現実には、そのどちらも起こらなかった。ただ一つ、この大建築物に「水晶宮」という名をつけた張本人で、概して好意的な立場をとっていた『パンチ』誌のパロディが痛烈だった。キュウリに、「蒸し暑い七月の日に熱いガラスの家の中にいる気分は私がよく知っている」と語らせたものだ。だが水晶宮は自然の力に耐え、また予想以上に涼しく(屋根の上にかけたカンバスと、壁に取りつけた調節よろい戸のおかげ)、かつ乾燥していた(「パクストンの側溝」のおかげ)。それでも、予言者たちはおさまらなかった。水晶宮は自然の力では壊れないにしても、参観者の大群で壊れるだろうと言うのである。

歩道と展示場を合わせて約二万平方メートルを追加するため、広大なギャラリーを設けることが計画された。だが、大博覧会開会の数か月前から、高所の歩道は安全性に欠けるという非難があった。なにしろ、鉄道鉄橋がほとんど四つに一つの割合で崩落し、吊橋が軍隊の行進で壊れていた時代である。水晶宮のギャラリーの安全性は実証しておかなければならなかった。試験のため、七・二メートル四方の実物模型が、実際の床の傍に、四本の鋳鉄製の桁を支えとして設けられた。試験台の昇降用に、木の厚板で作った斜面路が取りつけてあった。ヴィクトリア女王も来臨され、側近とともに実証試験に立ち会われた。試験の模様は、『イラストレーテッド・ロンドン・ニューズ』一八五一年三月一日号の報じたところによれば次の通りだった。

最初の実験は、約一万九〇〇〇キログラムの静荷重試験。工事業者の労働者三〇〇人が、床と、床に接続する昇降路に乗った。

二番目の試験では、できるだけ狭い面積に多くの人を密集させた。しかし、第一、第二の試験ともに、台のたわみには目に見えるほどの変化は生じなかった。少なくとも静荷重のかぎりでは。

三番目の試験——さまざまな条件下での、約一万九〇〇〇キログラムの動荷重。同じ労働者集団が、まず足並みを揃え、次に足並みを乱して台上を歩き、最後には台上をかけ回った。結果は前と同じく満足すべきものであった。

四番目の試験——これは、展覧会公開時のギャラリーの使用状況を考えるとき、およそ最も苛酷と思われるものであったが——同数の人間を密集させ、しばらくの間、一斉に跳びはねさせた。床の最大の変形は、いかなるときにも七ミリメートルを超えることはなかった。

その後、フォックス・ヘンダーソン社の労働者の代わりに、現場作業に従事中の工兵隊員と坑夫を使って、三番目のと同じ試験を再現した。この最終試験も、参観者全員により、それまでの試験と同様満足すべきものとみなされた。本誌の挿絵は、この最終試験の模様である。

ギャラリーの実物模型は、これらの試験すべてに耐えた。『イラストレーテッド・ロンドン・ニューズ』の記事はさらに続けて、建物の安全性に関する危惧は、「これにより、五月一日はこの日のために大工業宮殿に殺倒するであろう数千の人々にとり運命の日となるほかない、とまで予言していた人々の脳裏から、完全に一掃された」ことを希望する、と書いた。

ギャラリーの試験の成功を見て、『パンチ』誌は、テニエルの筆になる漫画を掲載し、同誌は「水晶宮の後援者」であると誇らしげに自称した。その漫画では、ギャラリーの模型の上に「世界」と銘打った大きな球を載せ、その球の上でパンチ君自身が笑みをたたえているところが描かれていた。ギャラリーの床にはいささかのひずみもなく、試験を見守る群集の顔は喜びに輝き、双手を挙げて水晶宮に対し脱帽し歓呼していた。

水晶宮は、構造の詳細部についてだけでなく、保全に対する配慮や装飾の面でも、独自なものを持っていた。たとえば、床は板の間にすき間を空けて張ってあり、塵やごみがそのすき間から自然に落下するか、または掃き落とされて、通路を清潔に保つようにしてあった。最初は床掃除機を使って、一・二センチ幅の床板のすき間に塵芥を掃き入れる予定だったが、ご婦人方の衣装のすそがその役目をしてくれたので、掃除機の用はなくなった。小さい少年が雇われて床下に入り込み、紙きれがたまって火災の危険が生じないように拾ってまわった。

水晶宮の装飾、彩色の詳細の全体指揮にあたったのは、ムーア式建築に造詣の深いところから「アルハンブラ・ジョーンズ」とあだ名されたオーエン・ジョーンズであった。ジョーンズは、構造要素の塗装に、自分の発案になる「色彩の科学」を適用した。同時代の人が必ずしも皆が皆その結果に賞讃を贈ったわけではなかったが、現在では、当時の手彩色の印刷物はとっくに色あせてしまっているので、判断を下すのは難しい。しかしその色彩について言葉で書いた資料は数多い。

屋内の垂直な金属枠組みはすべて淡青色に塗られていた。これは、空間の広々とした感覚を強めるのに役立ったに違いない。桁の下面はすべて真紅に塗られ、同じ色が、多くの展示物の背景をなす仕切り壁にも使われた。型を付けた詳細部には黄色が使われ、また、淡青色の柱の溝になった部分も黄色で引き立てた。すべてが、強烈な印象を与える配色であった。屋外では、屋根の周辺に立てた千本の旗竿に万国旗を掲揚し、色彩を添えていた(大博覧会の組織委員の一人であるチャールズ・バリー卿の発案であった)。この万国旗は、長い屋根の直線の単調さを破って、きわめて目に快い効果を与えた。

ジョーンズが細部にまで気を配ったもう一つの例は、中央翼廊の南入口の上に設けられた、直径七・二メートルの文字盤を持つ電気時計だった。翼廊そのものの設計を活用した文字盤の時間の配列に、ジョーンズがもし在来の円形を採用していたとしたら、この時計は圧倒的すぎ、翼廊の姿をみにくく変えてしまっただろう。時間の数字は、放射状になった翼廊構成部材を利用して、半円形に配列された。一本の時針が一二時間で文字盤を一周するのでなく、プロペラ形の、実際には二本の役目をする時針が取り付けてあった。この時針は二四時間で一周し、プロペラのどちらか一方の翼が常に時を指すのだった。分針も同様な設計になっていた。

水晶宮について、時計の針の歩みのように進まなかったことが仮にあったにしても、それはほとんど人人の記憶に残っていない。われわれは、悲運にあった設計の失敗点以外は記憶にとどめず、その設計において試みられた革新のうち成功であったかもしれないもののことは忘れ去ってしまうように、成功した設計については、それが良かったということしか記憶していないらしいのである。ジャーナリストのホレース・グリーリーは、ジョーゼフ・パクストンについて、「かれは自分が知っている以上に見事な建築をした」と書いている。事実、水晶宮は、あらゆる人が希望し期待した以上に成功をおさめた。この建物は、博覧会に展示された多数の工業製品以上に、観客の目を奪ったのだった。

一八五一年五月一日、ヴィクトリア女王は、多数の外国高官を含む観衆を前に、華やかにとどこおりなく開会を宣言した。一四一日の会期（日曜は休館）の間に、六〇〇万人を超える人が博覧会を訪れる予定だったが、来場者は多い日には十万人を超え、ある時点での館内の人数は最高九万人に達した。ギャラリーにはいささかのゆらぎもなく、建物の安全性がもとで恐慌状態が起こるというようなことはなかった。女王自身も、大博覧会が一八五一年一〇月一五日に閉会するまでに約五〇回も水晶宮を訪れ、計画的に展示を巡覧して疲れをも知らぬように見うけられた。閉会当日の女王の日記には次のような回想が記されている。「思えばこの偉大で光輝ある時は夢のごとく過ぎ、成功と勝利が残った」。

水晶宮は大博覧会終了後は解体し、ハイドパークを原状に復する予定だったのだが、当局者は、大型化したハスの温室をそのまま残置することを真剣に検討した。一部には、この建物を「冬の園」とし、長いロンドンの冬の陰欝な日々にも、人々が花咲く間で乗馬や散歩を楽しめる場所にしたいと考える向きもあった。建物を解体して別の場所に移設するのと、ハイドパークで恒久的に使用に供するのとの費用比較が詳細に行なわれた。しかしシブソープ大佐は、たぶん翼廊の外の切り倒されたニレの木を忘れかねたからであろう、恒久利用案には反対していた。移設についてのさまざまな提案が寄せられた。

柱と桁との再利用法に関する思い切った提案の中には、高さ三〇〇メートル余の「展望塔」を建てようというのがあった。この塔の設計者が指摘していた通り、この案はたしかに土地利用の点では経済的だったろう。この塔には、直径約一四メートル、数字の高さ約三メートルの大時計を取り付けるという案だった。提案者は、ガラスの外壁が強い風に耐えることには確信を持っていた。近代の摩天楼を先取りしたこの案は、構造面ではともかく、美学の面では一世紀ほど時代にさきがけたもので、おそらくは、今日の設計に比べてもひけをとらないものだった。しかし、一八五〇年代のエレベーター技術には荷が重すぎたろうし、構造エンジニアリングの面では、水晶宮と比べても大胆すぎる飛躍だったことは間違いなく、水晶宮のような成功はみられなかったろうと思われる。

正真正銘の摩天楼は二〇世紀になるまで実在のものとはならなかったが、水晶宮は多くの重要な点で現代の摩天楼を先取りしていた。風圧に対して巧みに抵抗力を持たせた軽量モジュール構造は、現在の高層建築の本質である。また、水晶宮の壁は、建物と一体となって荷重を支える部分とはせず、独立の支持体からカーテン状に下げる斬新な方法がとられていたが、これは現在多くの建物の外壁に採用されている、いわゆるカーテンウォールの原理である。

水晶宮は同時代の建築に大きな刺激を与えたが、一方、国際博覧会の考えが急速に世界中に広まった。一八五三年には、ニューヨーク市の主催で、十字形の鉄とガラスの「宮殿」を会場とする世界見本市が開かれた。この建物の頂には、高さ五〇メートル余のドームが設けられていた。ここで、エリシャ・オーティスは、エレベーター用の新しい安全機器を公開した。オーティスは自らエレベーターの篭に乗って、危険な高さまで上っていき、息をのんで見守る観衆の前で吊り綱を切断した。エレベーターは落下し始めたが、オーティスの考案した、重力で動作する簡単な制止機器が誘導索を掴んだ。これは、土木エンジニアリングの面で水晶宮が里程標となったのと並んで、機械エンジニアリングの面で、摩天楼の発展に不可欠となった、一つの里程標であった。

水晶宮はハイドパークからは消え去る運命となったが、パクストンは、自分にナイトの称号が与えられるもとになったこの建物に、新しい生命を与える計画を抱いていた。解体作業は一八五二年夏に開始され、柱や桁や側溝やガラスは、ロンドン南方シデナムの樹木に包まれた丘の頂に運ばれた。パクストンはシデナムの地所と建築材料を取得するため、五〇万ポンドを超える資金を集めた。

しかし、シデナムの水晶宮は、もとの建物の再現以上のものであった。屋根は全長にわたってアーチ形に変えられ、中央翼廊は思い切って拡大し、幅を二倍にして、新しい屋根に圧倒されないようにした。拡大した翼廊部分は二階建てとし、建物の両端に二つの翼廊をつけて釣合いをとった。広い庭や噴水を含めた総事業費は一三〇万ポンドに達した。

費用が余分にかかったのは、一つには、ヴェルサイユ宮の噴水の向こうを張る意図をもって設けられた華麗な噴水に水を供給するための、二基の給水塔が原因だった。これは単なる貯水塔ではなく、南側の塔には「水晶宮エンジニアリングスクール」が開設された。世紀の変わり目の頃にこの学校で学んだ人の中には、若き日のジェフリー・デ・ハビランドがいた。後に飛行機製作者となったジェフリー卿は、自伝の中で、シデナムの建物は、エンジニアリングの学生ばかりでなく、すべてのロンドン市民にとって、限りない気晴らしになったと、楽しげに回想している。

北側の翼廊は一八六六年に火災により失われたが、非対称形になって残ったジョーゼフ・パクストンの記念碑は、人々の関心が離れていくのには耐えられなかったにもせよ、多年にわたって風やあられには耐え続けた。だが一九三六年に再び火災に見舞われ、完全に焼失した。二基の給水塔はなお残っていたが、一九四〇年に、たぶんロンドンを探して飛んで来る敵爆撃機の標識になるとの懸念から、取り壊された。今日ではその跡地にテレビ放送塔が建ち、その影にジョーゼフ・パクストン卿の胸像が、ひび割れた石柱の上に建てられている。近傍のロンドンの各所に、また世界各地に、建築様式上水晶宮の後裔とみなされる建物は数多い。しかしそれらの建物がいかに高くそびえていようと、先祖の偉大さに迫るものとは思われない。

水晶宮は、エンジニアリングと建築の歴史に、論争の余地ないとは言わないまでも、確固たる地位を占めているが、専門分野としてのエンジニアリングと建築の勝利であると言えるかどうか、一八五〇年には熱烈な論争の的となった。パクストンは、水晶宮以前に二〇年間も、公園や庭園や温室や普通の建物の設計と工事管理に従事してきていたが、エンジニアリングについても建築についても専門教育を受けたことがなかったため、彼の設計は一部からは冷い扱いを受けた。人間というものは、人間が作る建物と同じように、誤りをおかすことがある。最初の水晶宮が倒壊するという予言をした中心人物の中には、土木エンジニア協会の高名な会員がいたし、パクストンはついに、建築の国王金牌を授けられることはなかった。

ヴィクトリア朝の建築家は一般に、水晶宮には形式と有機的統一の強い感じが欠けているとみなしていた。これらの建築家は、パクストンによるモジュールの繰り返しの使い方は、思いつきで、芸術的な動機と抑制に欠けると評した。実をいうと、この批判にはいくらか当たっているところがあるかもしれない。パクストンの最初の設計では、モジュールの基本寸法を約六メートルとしていたからである。基本寸法を七・二メートルに伸ばしたのは、出展者の小間の最小幅が七・二メートルであることを知った後のことだった。その結果偶然にも、建物の全長が、博覧会の開催年と同数の、一八五一フィート（五六四メートル余）になった。この事実は、チャールズ・ディケンズが、自分の主宰する大衆向け週刊誌『家庭のだんらん』に紹介している。しかし、当時の専門家が何を言おうと、パクストンの水晶宮は、その後のどの建物や構造物にも類を見ないほど、一九世紀半ばのロンドンと全世界の心を掴んだのである。

パクストンは、エンジニアリングの伝統にも建築の伝統にも浸っていなかったおかげで、学問を通して植えつけられた、特定の構造上、美学上の様式に対する選り好みを持つことなく、設計上の問題に取り組むことができた。かれはオオオニバスを入れる建物を作るという問題にも、大博覧会を入れる建物を作るという問題にも、同じように、在来の建築方式とも建築の伝統とも無縁なやり方で解答を出した。ひと言で言えば、パクストンは、専門家としての色に染まっていなかったから、次世紀の建築家とエンジニアのお手本になる、輝かしい新方向を打ち出したのだ。水晶宮は、金属とガラスで作られた、最初の巨大で真に重要な建物であり、構造上の強度とは無関係な外壁をもつ最初の大建築物であり、プレハブの標準化部材を建築現場に搬入して迅速に組み立てるという工法で建てられた最初の建物であった。これらのやり方は、今日では、多くの大規模建設プロジェクトで普通に行なわれている。水晶宮が建築に開いた突破口の一つは、巨大な空間を利用する建物を作ったということだ。同一の構造単位の繰り返しは、内装家オーエン・ジョーンズの「黄色い円・青い空間・赤い平面」という色彩計画で効果を強められ、多くの現代建築の明確な先駆となった。この建物はまた、建設工事管理の成功事例として立っている――いや、立っていたのだった。水晶宮が建てられたのは、万事が単純であった時代のように見えるけれども、今日、建設工事が遅れ、計画工期から何年も遅れて完成をみるという事態を招いているのと同様な症状に見舞われないわけではなかったのだ。水晶宮プロジェクトには、計画、資金調達、監理、労務などの面に重大な問題があった。発注し、製作し、搬入し、加工し、組み立てた材料の量は、今日の標準からしても膨大なものだった。社会的、政治的な障害もあった。一八五〇年には環境影響報告書の提出を求められることはなかったが、それでもパクストンは、今日ならば環境保護論者から出されてもおかしくないようなものを含め、多くの反対論に相手しなければならなかった。

建築家とエンジニアの役割が、一九世紀後半に、次第に分化してしまったため、水晶宮は、この両者の関係はかくあらねばならぬということの象徴になったが、現実には両者の関係は、二〇世紀中葉にいたるまでは、再びもとのようにはなりえなかった。もちろん、温室は引き続きパクストンの流儀に従って建てられたが、金銭や、芸術や、知識や、その他比較的生命の長いものを育て保持するお堅い機関を収容する目的で設計される建物には、重々しい煉瓦や石や鋳鉄の壁面を使うスタイルのほうが好まれた。

たぶん一〇〇周年の故であろう、建築界に水晶宮が再生した。一九五一年には、無数とも思えるほどの、水晶宮に関する展示会が開催され、書物が出版されて、ジョーゼフ・パクストンとその手がけた建築とが、好意をもって再評価され始めた。一九五〇年代には、リーバ・ハウスとシーグラム・ビルディングという、どちらも構造体と離れた「カーテンウォール」を特徴とする建物がニューヨークに建てられ、以後いたる所に建てられるようになる高いガラスの箱の典型となった。事実、パクストンと同様正式な建築の教育を受けなかったミース・ファン・デル・ローエは、一九二一年、そのときには実現できなかったが、建物の前面がその建物自身の曲面に反映する「ガラスの摩天楼」を構想し、後に自分が作るシーグラム・ビルディングに多数の追随者が出ることを先取りしていたのだった。また、ミース・ファン・デル・ローエがシカゴに建てたアパートは、力強い外面構造の詳細を極限にまで強調し、なくてもよい鋼の梁や柱を装飾上の目的にのみ使用して、水晶宮に含意されていた建築の技術上の根源感覚を呼びさました。このような考え方の究極の例は、パリのボーブール地区に建てられた、ガラス壁のジョルジュ・ポンピドゥー芸術文化センターの、外面に露出した構造要素と機械施設であろう。

水晶宮の影響は今日とりわけ強く、建築家たちは、大会社の本社などの都市建築を設計する際、建物内部に大きい中庭などの公共スペースを取り入れている。ニューヨークのＩＢＭビルディングには、四階分の高さの温室があり、鋸歯形の屋根の下に冬も緑の竹の葉が茂るという念の入れようである。この屋根の形はパクストン考案の山と谷の設計を思い出させずにはおかない。そして、水晶宮の遺産は、中庭だけでなく、米国の少なくとも二つの大建築プロジェクトの中に生き長らえている。ダラスに新築された「インフォマート」は、世界で最初の、コンピュータ製品を商う大規模センターで、その外観は、建築家マーティン・グロウォルドの手で、できるかぎりもとの水晶宮を忠実になぞっている。グロウォルドは、大博覧会の会場となった建物のヴィクトリア朝色彩計画にならうことまで考えたのだが、一九世紀の建物の、色のあせていない印刷物や、傷んでいない残存物は入手困難である。

　グロウォルドの水晶宮は、ダラス・マーケットセンターの名で知られる、トランメル・クロウ社の卸売市場複合施設《コンプレックス》の、箱形をした不透明な建物群の一郭、ステモンス・フリーウェイに面して建っている。最初の構想では、このコンピュータ市場の建物は、花崗岩とガラスのカーテンウォールを使い、屋根をガラスのアーチにした、在来型の建物になるはずだった。だが、設計を依頼されたグロウォルドは、コンピュータ市場は複合施設の中の他の建物とは対照的なものにすべきだと提案した。この建築家は、自分の手になるインフォマートの設計は、コンピュータの展示、販売という目的に理想的なものだと考えている。建築家の考えでは、コンピュータとは、産業革命を持続させる器具だからである。しかし、現代版水晶宮は、今日ありきたりの市場建築物に比べると、著しく高くつくことがわかって、経済性比較の論争が起こり、その間計画は遅延した。完成時には一五階になるうちの六階分が第一期工事として、八五〇〇万ドルの予算で承認され、一九八三年五月に着工、一九八五年一月に入居可能となった。パクストンの水晶宮よりも長期間を要したのは、水晶宮にはコンピュータ用の多数の電気配線が不要だったからで、インフォマートは現代の水準では比較的問題が少なくてすんだ建設プロジェクトだった。

ニューヨーク・コンベンションセンターも、一八五一年の水晶宮に触発された建造物である。しかしこのセンターの建設工事は、パクストンやグロウォルドの建物の場合には回避できた多くの難題や遅延によって妨げられた。もっとも、水晶宮のシデナムへの移設では、もとの水晶宮にはなかった新技術が採用されたため、後にニューヨークのプロジェクトで発生する事態を予告していたともいえる面があったのではあるが。ニューヨーク・コンベンションセンターの起工式は一九八〇年に行なわれ、一九八三年開場を目標に、工事は「早期着工」方式で遂行されるはずだった。約六・五ヘクタールという建物面積は、一八五一年にハイドパークに建てられた建物とほぼ同規模だが、設計はまったく二〇世紀風だった。ニューヨークの水晶宮では、桁を柱にボルト締めするのではなく、世界最大の立体フレームが採用されていた。六ブロックの長さの建築物の屋根には、二か所にエクスパンジョン・ジョイントが設けてあり、エンジニアの考えでは、この長い建築物は、建物というよりはむしろ橋に似た挙動を示し、橋に吹く横風の教訓を学んで、風の揚力に抵抗するようになっているのが、設計の特徴だった。この立体フレームは、孔を多数あけた鋼製のハブに、いろいろな角度で鋼の棒をはめこんで、玩具のティンカーのような工合に組み上げられることになっていた。

プロジェクトの費用は、一九七九年設計公表時には三億七五〇〇万ドルと見積もられていた。しかし、一九八三年初め、立体フレームの一万八〇〇〇個の結節点に位置するハブの鋳物に欠陥が発見されたというニュースが伝わった。そのときまでに完成していたハブをX線で検査したところ、多くの空洞や、毛髪状亀裂が金属の中に発見され、この部品を使ったのでは、もとの設計で予期されていただけの荷重が支えられないことがわかった。初期の報告では、この予想外の難題のため、建物の工費は五〇〇万ドル余分にかかると予想されていたが、その前提として、建設工期の大幅な遅延を防ぐため、欠陥のある小型ハブ部品のかわりに、欠陥はあっても大型の部品を転用することを提案していた。そうすれば、すでに一万二〇〇〇個鋳造ずみで、そのうち六〇パーセントが規定の強度に欠けるハブ部品を、全部廃棄しなくてもすむというのだ。しかし、この対応策は結局却下され、ハブ全数を鋳造し直すという、まったく新しい注文が出された。その費用は百万ドルを超え、一年以上の工期遅延となる。その間、高い、巨大な、溶接鋼構造の柱の列は、不毛の地に、枝を刈りこんだ樹木をまばらに植えた廃園のように見えた。

このコンベンションセンターの完成期日が予告された直後から、マンハッタンに巨大なスカイラインを形成するはずのこの建物の下の空間の使用予約が殺倒し始めた。建設工事の難関が新聞のトップを飾るようになるまでに、数街区を占めるこの夢の建物には、一九八四年後半だけでも、五〇件をこえる行事の申込みが入っていた。工事遅延の影響は、予定の収入が入って来ず、行き場のなくなった諸行事から訴訟を起こされ、その上、新しい予約も失なわれたため、莫大なものとなった。つまるところ、誰が、確信をもって、このご難つづきのコンベンションセンターの開場日を予告することができるのか？　ニューヨーク州知事は、工事遅延に関し報告を求めた。約三か月かかってとどいた報告書には、完成時期は一九八六年夏とあった。工費は増えて五億ドルになった。この金額には、センターがすでに開場し営業していたはずの、一九八四、八五年分の、ニューヨーク市のコンベンション事業収入数億ドルの損失は含まれていない。

ニューヨーク・コンベンションセンターの建設で生じた遅延の多くは、早期着工方式が原因だと非難されている。この工事方式では、全体の設計が完成する以前に建物の一部を建設するのだが、そのため、工事の自由度は大きくならず、かえって制約されるというのが反対派の議論で、また、早期着工方式では、着工時に最終工費がわからないとも言われる。他方、この工事方式を推奨する人々は、反論して、建設工事の設計段階と施工段階とを同時進行させることで、インフレーションの影響をある程度防ぐことができ、また、詳細設計を全部完了してから工事に取りかかるよりも、プロジェクトを早期に完成できると主張する。この早期着工方式は、ワシントンではコンベンションセンターの建設に適用され、またサンフランシスコではモスコーニ・センターの建設に適用されて、いずれも好成績を収めている。ニューヨークで問題が起こったのは、早期着工方式自体によるものではなく、大公共建設プロジェクトの管理に特有な各種の問題によるのかもしれないし、ハブに亀裂などの欠陥があった例が示すように、品質管理の不十分さによるのかもしれない。

　最初の水晶宮の建設者たちは、鋳造では、信頼できる構造部品を作るのが難しいことを知っていた。そこで、鋳造した桁材は、一個一個検査してから、建設現場向け発送を許可したのだった。これに対して、錬鉄はずっと信頼できることを知っていたから、鍛造桁材は少数を試験するだけで、その試験結果が全体を代表するものとみなした。ニューヨーク・コンベンションセンター用の鋳造ハブ部品では、統計学に基づき、個々の部材を全数検査せずとも、一部の検査で十分であるとの保証をえて、抜取検査が行なわれた。しかし、サンプリングの方法は一九世紀より進歩していたかもしれないが、鋳造につきものの問題は解決していなかった。今回の経験は、このことを実証したのだった。

　困難に出会うのは、建設工事には常につきもののようにも見える。しかし最初の水晶宮の例が示すように、困難は避けられないものではない（一四か月で建設されたエンパイア・ステート・ビルディングはもう一つの研究の題材となりうるだろう）。たとえ仮に問題が起こっても、建造物が完成すると忘れ去られてしまうことが多い。革新は、構造設計においても建設工法においても、成功に脅威を与えるものでありうるが、他方、設計者や建設者に、より慎重に難題を予想し予防するよう仕向けるものでもある。記録的な長距離に橋をかけ、記録的な大容積の建築物を建てようとしているのだということを知っているからこそ、エンジニアは細部にまで注意を行きとどかせるようになる。このことが、水晶宮を、成るべくして成った成功の象徴にしたのであった。

13章
橋は落ちてはまた架けられ

英語で書かれた最初のなぞなぞの本が出版されたのは一五一一年のことだが、その本の中には、「それなあに、小さいほど、こわさが大きいもの、なあに」という問題があった。答えにいわく、「橋」。当時も、今と同じように、橋を作る人々は、自分たちの作る構造物を、もっと長い距離をまたいで架け渡そうとしながらも、美学的あるいは経済的な理由から、構造物をもっと軽くする道を探し求めていたらしい。一方ではより小さく、一方ではより大きくという、この心理上、構造上の葛藤の故に、橋の歴史は、とてつもない大失敗とすばらしい大成功との例が、互いにからみあいないまぜられており、多くの技術上の謎や教訓や驚愕の源となっている。

いまやすでに百年以上にもわたって、イーズ橋はセントルイスでミシシッピ川に、三つのクロム鋼製のアーチを架け、ブルックリン橋はニューヨークのイースト川の上に、四本の鋼のワイヤーケーブルで吊られている。この二つの橋は、空気圧ケーソン技術と鋼とが、大胆かつ斬新な構造物設計に使用された、最も早い例の中に数えられ、ともに、他に比類ない、その当時の偉業として現存している。この二つの橋はともに、エンジニアリング上の飛躍がいくつか同時に試みられており、それ故に、何かよからぬことが起こる可能性を蔵していた。しかし、水晶宮やエッフェル塔や、その他一九世紀に作られた特異な構造物と並んで、この二つの橋は、偉大で大胆なエンジニアリング・プロジェクトというものは、実際に、不祥事が起こるのを克服するもので、その結果、マーフィの法則の反証となるものだということを示す、劇的な実例となっている。

この二つの建設プロジェクトはともに、それぞれの障害に遭遇した。その中でも決して小さくなかったのは、構造の重要部分に新しい材料を使用した点にあった。ジェイムズ・イーズは、当時の冶金学者の多くが疑いを抱いていた材料であるクロム鋼を実際に使用したのだが、それは自分が作ろうとする橋に満足のいく炭素鋼製部品が入手できなかったからだった。ジョン・ローブリングの息子ワシントンは、父親が橋の完成を見ずに亡くなったあと、ブルックリン橋の建設工事を監督したのだが、一部の鋼のワイヤーが橋を吊るケーブルの位置に張られてしまった後で、ワイヤー供給業者が不良品を納入していたことを発見した。ローブリングは、すでに施工した部分をやり直すのでなく、ケーブルを構成するワイヤーを増やし、それで弱いワイヤーの分を補うことにした。その不良品のワイヤーは今日もそのまま残っていて、安全係数という考え方と、設計・建設過程でとることが可能な是正措置と、欠陥があってもそれだけでは必ずしも破損にいたるものではないという事実を証言するものとなっている。

イーズとローブリングの構造設計の成功に疑いを抱いた人々に対する答えは、その二つの橋が完成したときに出された。イーズ橋は一八七四年五月に完成し、六月半ばにいたるまで、徐々に積荷を増やした列車が、何回も橋上を往復した。一頭の象が何のためらいも見せずに橋を渡ったのが最終テストになったらしい。象という動物は、本能から、危険な橋の上に足を載せるのを避けるものと俗に信じられていたからである。一八七四年七月四日、イリノイ州南部とセントルイスとの間で、橋の完成を祝う行列があった。イーズは演説の中で、橋の安全に関して疑いがあったことを認め、同時にその疑いを打ち消した。「昨日、友人諸君は私に対し、橋の試験が終わったことで心の安らぎが得られたであろうと、慶びを表明された。だが私は何の安らぎをも感じなかった。私はその点に関しては何の懸念をも感じていなかったからだ」。しかし、もしイーズが、自分の設計した石と鋼の構造物が、ピラミッドのように長持ちすると信じていたならば、かれは、開通当夜の祭典の行列に参加した人々が期待していた、橋を渡る「まぼろしの列車」の像を花火で描き出す計画が不成功に終わって人々が失望したのと同じように、橋の経済効果に関しては失望を強めていくことになっただろう。イーズ橋は、予定されていただけの通行料を稼ぐことができなかったし、またかつてはセントルイスを中西部の通商路が通っていて、同市を西部への門としていたその地位を、シカゴから奪い返すこともできなかったからである。

「世界の八番目の不思議」と言われるブルックリン橋は、一八八三年五月に、行列と花火できらびやかに開通式をあげた。セントルイスでは不成功に終った仕掛花火は成功したらしいし、橋は、後援者たちが期待していた通りの経済的成功をおさめるようになった。不運なことに、ブルックリン橋の安全性は、象を渡らせて確認されることがなく、盛大に開通してわずか一週間後に、大惨事が迫っているとの流言が橋上の群集の間に流され、一万二千人の群集がパニックに陥って、一二人が踏み殺された。新聞が、橋の構造の安全について、公衆の疑惑を作り出したとして非難された。しかし、今日にいたってもブルックリン橋は、不安定な世界の中の安定の象徴として立派に架かっている（ただし一九八一年には、対角線に張られたケーブルの一本が切れ、構造上は不必要だが人間にとってはすばらしい、橋と河上交通の両方が見下ろせる遊歩道の上にいた一人の人をはらい落とすという事故はあった）。

吊橋は、エンジニアリングの成功と失敗との間の微妙なバランスを絵に描いたようなものだから、その歴史は、他種類のどの構造物の歴史にもまして、不思議なほどに、一方ではさまざまな伝説にみちており、他方では、往々にして忘れ去られたものがある。フランスのアンジェでメーヌ川に架けられた初期の吊橋は、一八五〇年に、五〇〇〇人の兵士の橋上行進中に崩落し、兵士の約半数が死亡したといわれる。橋のところに来ると歩調をとるのをやめる軍隊の習慣はこの事故に由来しているといわれ、また、水晶宮のギャラリーのテストで労働者の一隊を行進させた理由の少なくとも一つは、一九世紀に架けられた吊橋の多くが、多数の兵士や牛が通り、あるいはボートレースを見に群集が集まったためにしばしば破壊したことにあった。不運なハイアットリージェンシー・ホテルの歩廊では、橋の上の人々がリズミカルにダンスしたため歩廊が振動し、その振動がだんだん大きくなってついに崩落したという説を提出した人々の頭の中には、上記のような橋の事故のことがあったのかもしれない。例のホテルの歩廊は、長い吊橋や工事場の仮設通路よりはよほど頑丈にできていたのに、ダンスが橋を壊してしまうというのは、一見して思われるほど無理な考えではないのである。しかし、ホテルの従業員もお客も、想像するに、他の近代ホテルやショッピングモールにある、薄いばねのようなコンクリートの歩廊やバルコニーと比べて、より不安を抱かせるような歩廊のはずみは感じていなかったようだ。

ワシントン・ローブリングは、揺れやすい歩廊の危険性を知っており、その危険を防止するため、ブルックリン橋の建設工事中、橋の塔にいたる長い仮設吊橋の入口の、きわめてよく目につく場所に一枚の看板を立てた。その看板は、構造物の共振という危険な現象をはっきり警告していた。構造物の共振とは、遊園地のブランコの振れが、タイミングよく押してやるとその度に大きくなるように、歩廊の揺れが、リズミカルに歩く一歩ごとに大きくなる現象である。

一時に二五人に限り安全
前の人と接近して歩くな
走ること、跳ぶこと、速足は禁止
歩調を揃えず、静かに!
技師長　W・A・ローブリング

これは、構造物の設計者が、危険を招くと知っている事態を防止するための、明確な警告であった。建設現場で往々にして行なわれるように、仮設構造物を必要以上に頑丈に作るのではなく、使用に制限を加えたのである。この仮設吊橋には何の不幸な事故も起こらず、ブルックリン橋は完成とともに、吊橋の新時代の到来を告げたのだった。同橋の恒久通路は十分頑丈で、後にタコマナローズ橋の事故原因となったねじれ作用に抵抗できただけでなく、兵士の行進とは別の衝撃にも耐えたのである。

ジョン・ローブリングが生きていたのは、吊橋の破損の時代であった。そして、二重の橋板を持つナイアガラ橋、オハイオ川に架かるシンシナティ橋、それにブルックリン橋などでローブリングがおさめた見事な成功は、これらの長い橋が、交通や風の負荷に対して安定だったからで、それは、同時代の多くの吊橋の崩壊は、上記負荷に対して、橋板の強さが適切でなかったためであることを、ローブリングが理解していた結果であった。しかし、ローブリングの設計の成功は、その後の橋のエンジニアたちにとって、教訓であるよりはシンボルであり励ましであるとして見られることになった。後の橋のエンジニアたちは、より広い川や湾に、より経済的な構造物で橋を架けるという課題を突きつけられる。

ローブリング自身は、ナイアガラ川に橋を架けるという課題に対し、同時代人の中にはそのやり方ではできないだろうという意見があったにもかかわらず、当時としては斬新きわまる設計で立ち向かった。ロバート・スティーブンソンは、大きな方形の筒の中に鉄道列車を通すという設計でブリタニア橋を建設した英国の偉大なエンジニアだが、この設計は、吊橋では列車は支えられないと考えたところから採用したのだった。このスティーブンソンは、ローブリングがナイアガラ橋で吊橋に列車を通すことを提案していることについて、手紙を送った。「もしあなたの橋が成功をおさめたら、私の橋はたいへんな大失敗だったということです」。ナイアガラ橋は成功をおさめた。しかしスティーブンソンの「大失敗」も成功だったのだ。スティーブンソンが設計したメナイ海峡の橋は、百年以上にもわたって列車を渡し続けた。この橋は、一九七〇年に火災で失われてはじめて、アーチ橋に架け替えられたのだった。

ロバート・スティーブンソンが、自分の筒形の橋は、表には出ない設計の「失敗」だった（構造上は成功だったにしても）とみなしたのは、この橋の設計に際しての彼の主張が、構造上もっと経済的な橋では、鉄道列車のような重くてしかも移動する荷重には耐えられない、というものだったからである。同時代人のウィリアム・フェアベアンは、おそらくはブリタニア橋の成功を見ての過信に基づいて一八五〇年以後にいくつかの「弱い橋」が架けられたことを理由に、実際にスティーブンソンの筒形鉄橋の成功を非難した。ブリタニア橋では、橋をケーブルで吊るための塔が設けてあったにもかかわらず、ケーブルによる支持を必要としなかったのだ。ナイアガラ橋におけるローブリングの成功は、同時に、鉄道橋には吊橋は駄目だというスティーブンソンの主張に対する反証例となり、以後の橋の設計者にとっては乗り越えるべき目標となった。

ローブリングは、ナイアガラ橋で自分が発明した革新技術の多くを、その後のシンシナティ橋やブルックリン橋でも採用した。厚い、強化した橋路や、風の力に対抗するための対角線状のケーブルがその例である。しかしその後の吊橋の設計者は、橋路をだんだん長く、かつ薄くし、その結果、橋路は交通の負荷に対してだけでなく、風の負荷に対してもよりたわみやすくなった。同時に、ほとんどローブリングの橋のトレードマークのようになっていた対角線状のケーブルも省略してしまった。こうして、二〇世紀最初の三分の一の間に出現した吊橋は、より長く優美な設計となり、ジョージ・ワシントン橋、ブロンクス＝ホワイトストーン橋、タコマナローズ橋などが架けられた。この最後にあげたタコマナローズ橋では、経験の教える合理的な限界をこえて、ほっそりした優美さが採用されたことはいうまでもない。

成功した構造上の考え方が失敗に転落し、一方、惨たんたる失敗が機縁となって、革新的で新たな挑戦を呼ぶ構造の発展を促すというのは、設計についてまわる矛盾である。しかし、設計の最も主要な目的が失敗の回避にあることが理解されれば、この矛盾は解決される。ある構造が失敗すれば、それはそのもとになった仮説に対する反証となり、何をしてはいけなかったかを議論の余地なく示してくれる。一方、ある構造物が事故を起こすことなく立っていると、その構造物が次代のエンジニアに対して持っているかもしれない教訓や警告が、往々にして隠されてしまう。成功と失敗の間の往きつ戻りつの絶え間ない相互作用が、劇的な様相を見せているのは、吊橋の歴史以外には例をみない。もっとも、大胆な新しい建物で、屋根が橋に似ていなくもないような挙動をするのは、将来、何らかの重要な教訓を秘めているかもしれないが。ジョージ・ワシントン橋などの記念碑的な橋を設計したオスマー・アンマンが次のように書いている。

……タコマナローズ橋の破損はわれわれにこの上もなく貴重な教訓となった……この事故は、新しい次元に踏み込む新しい構造物は一つ一つが新しい問題を蔵しており、その問題の解決には、理論も実際の経験も、妥当な指針とはなりえないことを示した。われわれは大部分判断に依存せざるをえないのであり、もしその結果、誤りまたは失敗を招くことになれば、われわれはその失敗を、人間の進歩のための代価として容認しなければならないのである。

タコマナローズ橋は、エンジニアリングの歴史上、最も目立った失敗の一つに数えられる。オリンピック半島とワシントン州の本土とを結ぶこの最初の吊橋には、中央部に、長さ八〇〇メートル余の二車線の部分があった。この部分は、当時の常道でありまた必要でもあった、上下に深いオープントラス構造をとらず、強化桁の設計を採用して橋路の厚さを減らしたという点で、通念を破った設計になっていた。この革新によって、横から見た橋の姿はほっそりし、劇的で優雅な印象を与えたが、厚みが薄く、狭い中央部は、同時に風に対してきわめてしないやすくなっていた。

タコマナローズ橋の橋路は、建設工事中から劇的な揺れ方をし、一九四〇年に開通してからも数か月にわたり異常な挙動を示し続けていた。この橋は「はね馬ガーティ」という愛称で知られるようになり、車に乗ったままでローラーコースター気分を経験しようとするスリル追求者を呼び寄せた。崩落当日、橋の橋路は末期の大揺れの明らかな徴候を示し、状況が極度に悪化する前に、交通は閉鎖されていた。エンジニアたちが縮尺模型を使って、橋の空気力学上の不安定現象を理解しようと努力しているその間に、橋路がねじれて破壊するにいたる最後の劇的な光景が、ニュース映画のフィルムに記録されていた。タコマナローズ橋の最後の数分間を撮影したフィルムは、いまや古典となっている。

事後にタコマナローズ橋の破損を解析した結果、橋の中央部は、あたかも、制御不能な乱気流に遭遇した飛行機の翼のような挙動をしたことが確認された。橋の設計におけるこの空気力学的側面は、今ではもはや見過ごされることはなくなり、タコマナローズ橋と同時期に架けられた危険な橋には、急遽、横風に対する鋼製の補強材が取り付けられ、これらの橋の美観上の優雅さは損なわれたが、構造上の安全は確保された。それ以降の設計は、飛行機の設計と同じように、風洞試験が行なわれている。

秒速一八メートル付近の横風でタコマナローズ橋が破損する可能性を、この橋の設計者はまったく予想していず、したがってこのような状況の解析も行なわれていなかった。紙の上では、この橋は自分自身の静荷重と、さほど多くはないと予測されていた橋上交通とに耐えて、役割を果たすことになっていた。この橋を渡る交通量は、同様な設計のブロンクス＝ホワイトストーン橋に比べればずっと少ないと予測されたので、タコマナローズ橋の幅は、ニューヨークの姉妹橋が六車線なのに対して、わずか二車線になっていた。ブロンクス＝ホワイトストーン橋は、タコマナローズ橋に一年先がけて開通していたが、風の中で起こる恐ろしく大きな動揺を減らすため、追加の吊りケーブルと補強材が取り付けられていた。こうした是正措置によって、路面の上下動の幅はインチで測る程度におさえられたが、それでもラッシュアワーに前進停止を繰り返しながら橋を渡る車の中の人には、依然、振動が感じられた。私は、夕方ブロンクスからロングアイランドに帰宅する途中、何度も、二つの塔の中間の、タコマナローズ橋崩落後に橋を補強するため追加された鋼材の檻の中で交通渋滞に巻きこまれ、橋が不安なほど大きく揺れるのを実際に目で見、体で感じたものだ。一九八〇年代に入ってからも、風によるこの橋の動揺をさらに減らすため、追加の是正措置が施された。

ところで、タコマナローズ橋の動揺は、インチでなくフィートで測るほどであり、この橋の寿命は、是正措置がとられる前に尽きてしまった。この橋が風に引きちぎられようとしているまさにその時にも、ワシントン大学では、橋の動揺現象を理解し、打つべき手を求めようと、縮尺模型による試験が行なわれていた。ブロンクス＝ホワイトストーン橋の同様な模型はプリンストン大学に置かれている。これらの模型は二つとも、けしからぬ橋の動揺を再現することはできたが、その原因を正確に説明することはできなかった。細い橋のデッキが風の中で飛行機の翼と同じような挙動をするのはなぜかを説明するものとして、吊橋の空気力学的不安定化現象が登場するには、はね馬ガーティの崩落事故が新聞雑誌のトップ記事となるのを待たなければならなかった。

タコマナローズ橋破損の真の原因について最初のヒントとなった一つに、当時カリフォルニア工科大学のダニエル・グッゲンハイム航空研究所の所長をしていたセオドア・フォン・カルマンが、『エンジニアリング・ニューズ・レコード』誌に寄せた投書があった。この投書でフォン・カルマンは、微分方程式を使って、理想化した橋のデッキが、一方では風の揚力がデッキを片側に曲げようとし、他方では橋の鋼材が反対側へ曲げようとするため、飛行機の翼のようにねじれることを説明した。これは簡潔さの模範であり、また、いわゆる封筒の裏でやる計算の模範でもある。フォン・カルマンは、吊りケーブルがねじれに対する主な抵抗となる場合には、狭くて薄い形状の橋のデッキがねじれて危険な状態になる限界風速を予測する簡単な方程式の解が得られることを示したのであった。フォン・カルマンの解析によれば、タコマナローズ橋はブロンクス＝ホワイトストーン橋に対比して、約三倍狭く、また、当時世界第三位であった橋の長さに対比して、約二倍薄いという事実を示すことができた。このようにしてフォン・カルマンは、タコマナローズ橋は、当時現存したいかなる橋にもまして、空気力学的不安定化の現象を劇的に示すのが当然であったことを立証した。事実、タコマナローズ橋は、事故後二週間を経ないうちに雑誌に発表されたこの投書の計算結果と、秒速四・五メートルとは違わない速さの風で崩落したのだった。

しかし、フォン・カルマンの微分方程式の解で予知されるような種類の破損が起こりうるという警告を、タコマナローズ橋の設計者に与えていたはずの、計算ではなく、一世紀も昔の経験が存在していた。そして、このような惨事の記録の存在は、エンジニアは技術の歴史に通じている必要があるという議論の何よりも有力な論拠となった。もしタコマナローズ橋の設計者が、一八四九年に完成し当時は世界最長であったホイーリング吊橋の物語を知っていたとすれば、風が、建設後に取りあげられるべき問題ではなく、設計過程で予期すべき事故原因となりうることを見過ごしていたことについて、弁解の余地がなかったであろう。完成後五年たって、ホイーリング橋は嵐によって破壊された。技術文献にはあまり詳細な記録がないので、同時代のエンジニアも、またタコマナローズ橋の設計者を含めた後代のエンジニアも、この惨事の教訓を汲み取ることができなかったのだが、地元の新聞記者が、ホイーリングの地方紙、『インテリジェンサー』の一八五四年五月一七日号に、この橋の最後の瞬間の不滅の記録を残している。

言葉にしがたい悲しみをもってお知らせする。高貴にして世界に名を知られた構造物ホイーリング吊橋は、恐るべき嵐により基礎から剥ぎ取られ、いまや一塊の廃虚となり果てた。昨朝は、何千もの人がこのすばらしい構造物、オハイオ川の清流にかかる力強い歩道を眺め、わが市民の進取の気風の誇り高き記念碑としてこれを仰いだのであった。今は、足元に悲しげに開いた亀裂の上にあぶなげに立つ壊れた塔のほかには、何物も残っていない。

昨日三時頃、記者は徒歩で吊橋におもむき、常のごとくその上に立って、涼しい微風と橋の揺れを楽しんだ……橋上を離れてわずか二分後、メインストリートに来たとき、記者は数人の人が川岸のほうに駆けていくのを見た。記者はその後を追い、辛うじて、橋全体が恐るべき勢いで舞い上がり舞い落ちるのを目撃することができた。

不安に息づまるような数秒間、記者の目の前で、橋は嵐の中の船のごとくに振りまわされていた。ある時にはほとんど塔の高さまで持ち上げられ、次いで落ち、ねじれ、身もだえし、そして、ほとんど裏返しになるまであおられた。ついに、橋の全長にわたって決定的なねじれが見られ、橋床の約半分がほとんど裏返しになって、巨大な構造物は、あの目くるめく高さから、下方の流れの中に落下していった。恐るべき轟音を伴って。

この壮麗なる構造物の予期せざる崩落についての機構上の説明は今後に待たねばならぬ。記者はその恐怖の光景を目撃した。巨大な橋床と吊架部の全体が、あたかも塔の間で振れる籠のごとき態で、振子のように左右に揺れた。一揺れすることに勢いが増し、全構造を支えるケーブルは、刻々にさまざまの方向に働く力に耐えきれず、固定部から文字通りねじり引きちぎられた……

わが市民の進取と公共の精神は、早急にこの損失を補填するものと記者は確信する。それはすべての自治体が為すに違いないのと同じである。この惨事で人命が失われなかったのは慶賀すべきことであった。

この記事は、約一世紀も後の、タコマナローズ橋の破損を記録したどのニュースフィルムにもまして、事態をほうふつとさせる報告である。二つの橋の事故ではいずれも人命が失われることはなかったし、また、タコマナローズ橋には数年のうちに代わりの橋が架けられたのではあるが、ホイーリング橋ばかりかトーマス・テルフォードのメナイ海峡吊橋の先例もあった後での二〇世紀半ばにこのような橋の破損が起こりえたということは、決して「慶賀すべきこと」ではない。メナイ海峡橋が一八二六年に開通してからわずか一か月後の嵐で、橋は激しく揺れ、垂直な吊り棒のうちの何本かと、当時としては長大な約一七〇メートルの橋の床梁の多くが破壊された。当時の人の手になるこの事故の記録は、ホイーリングの記者の記事ほど劇的ではないが、メナイ海峡橋の破損は橋路の振動がもとで起こったことは明らかにされている。橋は修理され補強されたが、次にまた襲った嵐ではなはだしく揺れ、重大な損傷をこうむった。他にも、歴史上の先例でタコマナローズ橋の破損の予兆となるものがあるが、それらの教訓を現代の設計者たちは意に留めていなかったようだ。そして、もし橋その他の構造物に潜在している惨劇の可能性が青写真のうちに発見されないでいると、一九四〇年にタコマナローズ橋が示した挙動と同じように、設計者も一般大衆もただ驚くだけという結果になりかねない。

記憶に残っている失敗がよりすぐれた橋を生むのであれば、成功した構造物はよりすぐれた橋の建設者を生む。ブルックリン橋は、その橋の影で育ったデービッド・スタインマンに霊感を与え、スタインマン自身が吊橋の建設者になる機縁となった。タコマナローズ橋がねじ切れた当時、スタインマンはジョン・ローブリングと、その息子ワシントンと、ワシントンの妻エミリーについての物語の執筆に着手していた。エミリーは、橋の塔のケーソンの一つで起こった事故のため、夫ワシントンが不具になり、橋を見わたす一室にとじこもらざるをえなくなったとき、工事現場で夫の代理を務めたのだった。自らの手で四百を超える橋を設計したスタインマンは、ローブリング一家について調べその物語を書くことで、ブルックリン橋から得た霊感の借りを返すために、自己の職業生活のうちの五年間を捧げたのだと言っている。その後スタインマンは、一九四八年に、このブルックリン橋という歴史的構造物が現代の増加した交通量を受け入れられるように、改造する仕事をまかされる。かくして、一九四〇年代末にはすでに記念物になろうとしていたこの橋は、いったんは二車線に制限されていた橋上交通が、もとの六車線いっぱい使用できるように、生まれかわったのだった。

スタインマンは自分自身の傑作を設計している。その一つに、ミシガン半島の北部と南部を結ぶマキナック橋がある。だが皮肉なことに、この橋の構造上の成功は、疑う余地なく、ブルックリン橋よりはタコマナローズ橋の崩落に負うところのほうが多いのだ。はね馬ガーティのどこがまずかったのかを理解することで、スタインマンは、自分の設計する構造物に発生しそうな好ましからぬ事態の原因を、消去する方法を講ずることができたのである。しかし、スタインマン以外の橋の設計者の中には、タコマナローズ橋の教訓に別な解決法で答えた人もあった。かの一七七九年の最初の鉄橋が架かったと同じセヴァーン川の河口で、ウェールズの南東部とイングランドの南西部を結ぶセヴァーン橋では、面倒な事態が生ずる。セヴァーン橋の上部構造は一九六〇年代初期に設計されたのだが、その際、翼のようだと称される断面をもった橋路は、風負荷の問題に対する革新的な解決策としてもてはやされた。この橋の軽量箱形桁は、ブルックリン橋と同じく、橋の構想時に予測された交通量の負荷に耐えるように設計されたものだった。しかし、ブルックリン橋が、補強を要するようになるまでに半世紀以上も交通の用に供されてきたのに対し、セヴァーン橋は、開通後一五年たたないうちに、交通量増加の影響が感じられるようになった。

斜めの吊りケーブルがほつれ始め、交換しなければならなくなり、橋上の交通を、一方向一車線に制限しなければならなくなった。こうした処置が必要になったのは、明らかに、この橋の設計に強度上の余裕がわずかしか取ってなかったからで、交通の負荷が橋の自重に対して、かなり大きな比率となっていた。橋は見た目では、セヴァーン川の強い川風にしっかりと耐えているように見えたが、ケーブルや橋路には荷重超過が感じられ、その上もっと悪いことに、吊りケーブルの間を吹き抜け、橋路の桁の中に捉えられる湿った空気が腐食作用を及ぼした。吊りケーブルの配置は、目立つけれど壊れやすく、構造上からも美学上からも、ブルックリン橋の対角線状の線とはほとんど似つかぬものであった。このように、スティーブンソンやローブリングやスタインマンの偉大な成功は、その後継者にとって、模範とされ霊感の源泉とはなったが、規範にはならなかった。偉大な橋は、革新が必ずしも悲運を招くものでないことの象徴として生き続けるが、同時に、これらの象徴は、偽りの確信の源泉ともなりうるのである。

構造物の破損やそれがもたらす驚きは、もしわれわれが一切の革新をやめてしまえば、すべて終わりにすることができる。新しい橋はすべて、すでに時間の試練に耐えた橋の正確なコピーにすることはできよう。しかし、その新しい橋の交通が古い橋の交通を上まわることは決して許されないだろう。新しい材料を使うことはできず、また、既存の成功した橋と、基礎や風の条件が正確に同じでない川には、新しい橋をかけることはできないだろう。われわれが革新と変化と進歩のモラトリアムを宣言しさえすれば、実際上、すべての失敗の危険性に終止符を打つことができる。それは進歩のモラトリアムである。なぜなら、変化を許さないかぎり、これまでに架橋に成功したことがない所には事実上橋が架けられなくなるだろうからだ。他の場所とそっくり似ている場所などというものはどこにもなく、他の所とそっくり似ている交通状況というものもない。その上、同じ橋を複製するためには、同じ所で同じ時に作られた建設材料を用い、同じ質の建設工事をしているという確信がなければならないだろう。その橋を利用する地域の産業の進歩をも止めることになるだろう。産業が進歩すれば、橋には経験を越える荷重がかかることになるからだ。

ブルックリン橋やエッフェル塔を芸術の象徴とした詩人や画家も、その象徴を、紙の上の死んだ言葉、カンバスの上に置かれたままの絵具にとどめておきたいとは思っていないだろう。ハート・クレインやジョーゼフ・ステラが描いた橋は、何年にもわたって繰り返し題材とされ、これら芸術家の創造の中でますます大きな意義をになうものとなっている。作家の芸術が進歩するとともに作家の象徴も進歩するのである。最後の前衛の出現を期待する人はいないように、最後の橋を期待することがあってはならない。偉大な橋は、シェイクスピアやミケランジェロの偉大な芸術作品と同じように、より若い世代に、それら巨匠の模写を超える仕事をするよう仕向ける。修業の時代に先人の作品を模写することは結構なことかもしれないが、いずれは自分自身の何ものかを創造したいと思うようになるのだ。その何ものかは、橋であれ詩であれ、不確実なものに向かっての旅立ちだ。もし先人の達成から霊感を得た新しい設計が、健全な原理にのっとっており、技芸またはエンジニアリングの限界を乗り越えるのに度を過ごさずまた急ぎすぎていなければ、その試みは成功の列に加わることができるというものだ。

構造物の成功がエンジニアたちを駆り立ててより大胆な設計に向かわせ、さほどきわだって革新的とは見えない設計に過大な信頼をいだかせるのだとすれば、構造物の失敗はエンジニアたちに、自分らは度を過ごし急ぎすぎることがあるということを思い起こさせる。こういうわけで、構造物の失敗は往々にして長期にわたる検討の対象となるのだが、それは、他人の失敗を見てほくそ笑むためではなく、エンジニアの中にはほくそ笑んではいられなかった人もいたということを、すべてのエンジニアがもっと確かに理解するためなのだ。

14章 探偵エンジニアリングとエンジニアリング・フィクション

アレクサンダー・L・キールランド号は、一万トンの鋼鉄を溶接して作った、五本足で実際に水の上を歩くことができる、怪物のような石油掘削装置だった。最初の計画では、「半潜水型」と呼ばれるこのぶかっこうな船は、洋上を動きまわり、あちこちの地質学的に有望な場所で停船して、海底の石油を試掘する予定だった。豊富な石油を掘り当てた場所には、あたかも巡航掘削装置の成功を記念するかのように、恒久的な石油生産プラットフォームが建設されるはずだった。

しかし、アレクサンダー・L・キールランド号は、予定されたような栄光の記録を残すことはできなかった。複雑で変化の早い海洋エンジニアリングの流れの中で、キーランド号は、一九七六年に完成したときにはすでに時代おくれとみなされるようになっており、持主のノルウェー人は、このフランス製の「五角形《パンタゴーヌ》」構造物（五個の大型の浮き箱で、輸送中はプラットフォームを高く持ち上げて水に濡れないようにするが、定位置に着くと浮き箱に水を入れて水面下約二〇メートルに「半潜水」状態にし、碇《いかり》に繋いで安定性をよくする）を、すでに北海で操業中の改良型掘削装置で働いている従業員三四八人を収容する海上ホテル、別名「浮きホテル《フローテル》」に転用した。事故後に物議をかもすことになるのだが、キールランド号の高さ約四〇メートルの掘削用起重機は、もう用もないのにそのまま甲板の上に残され、この起重機が持ち上げて海中に沈めるはずの延長何キロメートルもの油井用パイプが積まれていたその周囲には、代わりに、モジュール形式の就寝区と一般居室が何十も設けられていた。何年間にもわたり、洋上勤務員たちは、ちょうどサラリーマンがバスや列車で郊外の寝室と大都市の間を往復するように、ヘリコプターでキールランド号に戻っては、また近くの作業用プラットフォームに出かけていく生活を送っていた。

一九八〇年三月二七日夕刻、キールランド号に逗留中の二一二人は、食事をしたり、自室で読書したり、サウナや映画でくつろいだりしながら、やや悪天候の日をすごしていた。外部の空気は冷たいが凍てつくほどではなく、風は強いが暴風というほどではなく、波は高いが荒波というほどではなかった。北海のエコフィスク油田のエッダ地区では、そのときフローテルが碇泊していた地点の、気温セ氏四・四度、風速毎秒一八メートル、波高七・六メートルをはるかに上まわる悪条件を経験したことがあった。キールランド号は、もっと厳しい条件――百年に一度というような悪条件――に耐えられる設計であった。だから住人たちは、海の荒れでたぶん不快は感じていただろうが、身の安全についてはあまり不安を感じてはいなかったはずだ。たとえ五本の脚の一本が折れるようなことがあっても、構造物はゆっくり傾くだけと予想されており、乗員には救命具を付けて救命ボートに乗り込む時間が十分にあるはずだった。

不幸なことに、午後六時三〇分頃、一本の脚が「圧倒的な亀裂」のため、実際に折れると、プラットフォームは震動しはじめ、掘削装置は予想よりはるかに急速に、急角度に傾いた。たまたま風は、一部の人の説によれば、就寝区を設けた改造の結果、頭でっかちになっていた掘削装置の傾いた甲板を、直撃するように吹いていた。救命ボートの一部はひっくり返ってロープがからみつき、計画通りに使用することが不可能になった。洋上産業史上最悪のこの事故で、一二三人が死亡、生き残ったのはわずか八九人であった。

キールランド号の脚が折れた原因については、近接するエッダ石油生産プラットフォームとの衝突説から、潜水鑑の衝突、さらには設計の欠陥説まで、さまざまな推測がなされた。キールランド号は一〇基ほどある類似掘削装置中最新のものに属し、もし基本設計に欠陥があれば、一番古いプラットフォームでまず表面化してくると予想されるところから、設計欠陥説はまずありえないと考えられた。しかし、初期に唱えられたその他の破損原因の説も、折れた脚を近くのスタヴァンガー(ノルウェーの港湾都市)の波静かなフィヨルドに曳航し、折断面を点検した結果、間もなく捨てられることになった。折れた支柱材の一本には、掘削装置の操作員が気づかぬうちに発生した大きな亀裂が抑えようもなく成長したことを示す、明白な徴候が見られたのである。波が一つ打ち寄せるごとに、洋上構造物に生じた亀裂は、一センチの何十万分の一にも足りないほどずつ成長する。しかしキールランド号のような構造物には、海は年間に何百万回も襲いかかり、時がたつうちに亀裂は目につくほどの大きさまで成長する。エンジニアリング構造物は、たとえ疲労亀裂が生じても、その亀裂がきわめて大きくなり、木材が切り進むのこぎりの刃のもとで一時に切断されるような工合に、突然破断するにいたるまでは、使用に耐えうるものだ。金属疲労へのエンジニアリング上の対抗策としては、新しく作られた構造物にはできるかぎり亀裂がないようにすること、構造物を定期的に検査して、成長している亀裂を発見すること、そして、小さな亀裂が成長して危険な大きさになるまでに、構造物の使用を中止することである(このため、洋上の石油採掘プラットフォームは、設置場所の石油を全部採掘し終わるのに要する期間とほぼ同じ疲労寿命を持つように設計されることがある)。

疲労による破損は、新しく作られた構造物に、亀裂や、亀裂状の欠陥を、確実になくすことで避けることができる。健全な金属に生起した亀裂、あるいは、許容しうる程度の不良個所から、安全上無視しうる程度の亀裂が発達してくるまでの安全寿命としては、数千万回の衝撃を保証することが可能だからだ。しかし、事故後にアレクサンダー・L・キールランド号を検査したところ、不運を招いた脚の支柱材に計器棚を取り付けた溶接部に、長さ約九センチに達する亀裂が、完成当初から存在していたに違いないことが判明した。そのときまで気づかれていなかった亀裂が、掘削装置が進水した瞬間から存在していたことが判明したのは、折損した亀裂面は長さ約九センチにわたり塗料で覆われており、この塗料は、新造の掘削装置に最終仕上げが施されたとき以外には、亀裂の中に吹き付けられることはありえないからだった。亀裂面のこの長さ九センチの部分以外のところには、疲労亀裂が成長して、金属がこのひどい欠陥を持ちこたえられなくなり、突如破断するまでにいたったことを示す、特徴的な痕跡がみられた。一つ前に押し寄せた波よりほんのわずか強い波が打ち寄せただけでも、亀裂の生じた構造物は持ちこたえられなくなっていたのであろう。

事故後、アレクサンダー・L・キールランド号の本体はスタヴァンガー湾に曳航され、ノルウェーで同号の処理策についての論争が続いている三年以上にわたり、逆立ちしたまま放置された。転覆した掘削装置を起き上がらせる作業は、サルベージ史上最大の事業の一つと称され、三一人の行方不明者の遺体がフローテルの映画劇場または他の室内に残っているかもしれないという事実は、この掘削装置の最終処理をことのほか感情をゆすぶる事件に仕立て上げた。遺体回収の要求を容れるため、キールランド号は三度目の試みでようやく最終的に立て直すことができたが、そのためには、陸上にチェーン捲上機を据え付け、鋼製の浮きタンクを取り付け、すべてを順調に取り仕切るためのはしけを配置するなど綿密な計画を必要とし、ノルウェー政府は三四〇〇万ドルの出費を強いられた。立ち直らせ作業は成功したが、船内で発見された遺体は六体しかなかった。残骸は、警官（麻薬取引が行なわれていたという噂があったため）、保険業者（製作業者の責任追及用の証拠集め）など専門家の検証を受けた後、アレクサンダー・L・キールランド号はついに、一九八三年一一月、爆破され、七〇〇メートルの海中に沈められた。もはやその姿は見るよしもないが、犠牲者の親類縁者や、より信頼性の高い洋上掘削装置やプラットフォームを設計しようとするエンジニアの心から、キールランド号が消え失せることはないだろう。

キールランド号海難の検証は、事故解析という名の探偵エンジニアリングの一例である。事故の事後調査に関する切実な利害の中には、法律上、保険上の請求に由来するもののあることは疑う余地はないが、何が原因で構造物の破損が起こったかが正確に理解されれば、エンジニアリング上かなり重要な経験が得られる。キールランド号のような構造物がどのようにして壊れたかを理解し、その結果、それと酷似した他の構造物の設計や使用法に変更を加えるべきか否かについて、合理的な決定ができるようにするのは、きわめて重要なことである。一九七九年にマクドネル・ダグラスDC—10型機全機の運航が停止されたのは、シカゴで起こった破局的な墜落は、同型機の設計自体に何か全面的な欠陥があることを示すものだという可能性に照らしてとられた予防措置であった。このような運航停止は、航空会社や飛行機メーカーには経営上の困難をもたらすだろうが、こういう措置は必要であり、また必ず徹底的に遂行しなければならないものなのだ。それは、この作業には、かつてシャーロック・ホームズが扱わなければならなかったような、微妙な手がかりの取捨選択と解析という、苦労の多い仕事が必要になるからである。事故解析の第一次報告書は往々にして未熟であることがあり、また、慎重な調査の末に出された最終報告書でも、まったく間違っている場合がありうる。

探偵エンジニアリングの古典的な例は、最初の民間航空用ジェット飛行機の開発にからむものだった。デ・ハビランド・コメット機が、インド、カルカッタ（コルカタ）のダムダム空港（現ネータージー・スバース・

チャンドラ・ボース国際空港）離陸時に破壊したのは、一九五三年五月二日、ジェット機による旅客サービスの一週年記念日当日であった。機体の残骸が広い範囲にわたり散乱しているという事実は、飛行機が空中分解したことを示しており、激しい熱帯性雷雨とそれに伴う稲妻とが、悲劇的な墜落事故の原因になったものと、容易に指摘された。残骸の各部を検査した結果、機体の尾部に何か重い物体が当たって壊れた可能性があると判断されたが、その物体が何だったかは判定できなかった。にもかかわらず、この種の観察がもとになって、火災は飛行機が破壊した後で発生したもので、したがって事故の原因ではないと結論が出された。インド中央政府の調査委員会は、事故は、激しい嵐の突風か、あるいはそれに反応した操縦士の過激な操縦により、過大な力が機体にかかったための一種の構造物破壊の結果であると公式に結論した。カルカッタ墜落事故の原因となった力は、飛行中に通常予想されるのを越えるものだったとみなされたのだから、飛行機の基本設計は追及を免れた。こうして、原型機の製作を経ることなく実用機の生産に入ったところから、設計者たちが「製図板の上から飛び立った」と称していた最初のジェット旅客機は、依然としてエンジニアリングの勝利の地位を保ち続けた。コメット機の設計者たちは、全体に、自分たちは航空機技術を新しい高さに押し上げるに際して超保守的であったと信じており、当の飛行機は過剰設計だと信じていた。コメット機の墜落原因が苛酷な気象条件または操縦士の失敗であったとされているかぎり、飛行機の設計に主要な疑いがかけられることはなかった。

かくて、コメット機自体は安全とみなされ、重大な疑いをかけられることなく再就航し、八か月は事故もなく過ぎた。しかし一九五四年一月一〇日、穏やかでよく晴れた気象下でローマ空港を離陸した一台のコメット機が高度八二〇〇メートルで爆発し、破片は地中海のエルバ島近辺の広い海域に落下した。機体の多くの部分を回収することは難しく、発見された部分からは、墜落事故の調査が行なわれていたイングランドのファーンボロー王立航空機研究所の検査官の有力な手がかりになるようなものは得られなかった。今回もまた、コメット機の設計に欠陥があるという、議論の余地ない証拠は出なかった。

二回目のコメット機墜落の原因については多くの説が提出されたが、証拠物件不足のため結論は出なかった。こうして、ミステリーに包まれながらも、コメット機はエルバ島事故から約一〇週間後に就航が再開され、そして、一九五四年四月四日、三度目の、そして最後のコメット機空中爆発が、ロンドンからカイロ経由ヨハネスブルグに飛行中の機がローマを離陸した直後に起こった。このときの残骸は水深の深いところに落下したので破片回収が望み薄であったため、エルバ島墜落事故の破片捜索が再開、強化された。ファーンボローでは計算が行なわれ、バルサ木材製の模型を海上で爆発させて、機体各部の残骸がどこに落下するかを判定する実験も行なわれた。こうして、水中テレビカメラに導かれ助けられながら、捜索隊はより多くのエルバ島事故コメット機の破片を回収し、調査員たちは各種の手がかりを繋ぎ合わせる努力を続けた。機の尾翼が完全に回収されたため、機体の前部が尾部よりも早く破壊されたという決定的な証拠が見つかった。検証の結果、機の尾翼に新聞紙がはなはだしい力で激突し、そのため、地中海に何か月も水浸しになっていたにもかかわらず、裏写しになった新聞記事を読みとることができたのだ。さらに、コメット機の加圧された客室が、機体の尾部がちぎれる前に爆発したという異論の余地ない証拠が見つかった。機体の尾部に、インドのコインであるアンナ貨の刻印がまぎれもなく発見された。このコインが、客室から後方に、機体尾部に向け吹き飛ばされたものであることに疑いはなかった。

客室が爆発したということがわかっても、なぜ客室が壊れたかを説明することにはならない。その理由は、実際のコメット機を一機退役させて水タンクに浸し、ポンプで水を客室内に交互に圧入したり排出したりして、飛行機の飛行に伴う交互の加圧と減圧を模擬する実験をすることではじめて明らかにされた。飛行機の翼もこれと同時に水圧ジャッキを使って、飛行中の翼の動作をまねるように動かした。この実験は、三千回の模擬飛行に相当するまで継続された。コメット機に重大な疲労上の問題が生ずるまでには一万回の飛行が可能と考えられていたのに、それよりもかなり少ない飛行回数で、突然、客室の窓の一つの角に亀裂が発生し、模擬飛行を続けるうちに急速に成長して、ついには飛行機の金属製外殻に致命的な亀裂が走った。この裂け目のため水圧が低下したので事態の進行はそこで中断されたが、実際には、これと同じような亀裂が、加圧空気が洩れ出すよりも早く進行し、ついには、それまで説明できなかった爆発的な破壊にいたったものと考えられた。実際、もしファーンボローのエンジニアたちがほとんど絶望的な思いで水タンク実験を試みなかったとしたら、コメット機は、別の手段で機体の設計が疲労に弱いことが発見されるまで、また空を飛び続けていたかもしれない。

コメット機の高度に加圧された客室は、設計当時から、重要な新しい構造であることが知られていた。しかし、疲労が問題になるとは予想されていなかった。加圧と減圧はゆっくりと行なわれ、しかも一回の飛行中には一回しか行なわれないからである。したがって、疲労破壊が起こるのに必要と当時一般に信じられていた、数十万回、あるいは数百万回の繰り返し負荷に達するには、とてつもない数の飛行回数になるはずだ（鉄道列車の車軸は、列車が一キロ走る間に六〇〇回以上も回転するが、事故を起こした初期のコメット機は、三万時間内外という推定寿命に対し、累計数千時間しか経過していなかった）。そういうわけで、コメット機の設計者たちは、疲労についてはまったく心配せず、もっぱら客室が圧力に耐える能力に気をつかっていた。同機は外圧よりもわずか一平方センチ当たり〇・六キログラム高い圧力に加圧されるだけなのに、客室の壁は一平方センチ当たり一・五キログラムに耐えるように設計してあった。これは安全係数二・五に相当し、当時の航空機産業で通常行なわれていた安全係数二に比べて大きくとってある。しかも、新造のコメット機はすべて、商用機として就航するに先立ち、客室内に空気を入れ、実際に一度一平方センチ当たり一・二キロまで加圧されていた。この実証試験法は、一般に、疲労破壊のおそれを解消するのに十分なものと考えられていた。事実、コメット機惨事を調べた審問法廷の所見報告書には、次のように述べられている。

同機の設計過程を通じ、デ・ハビランド社は、航空機設計者に一般に用いられているのと実質的に同じ確立された方法に依拠していた。しかし同社は従来の経験の域外に出ようとしており、それ故に客室構造のあらゆる部分につき徹底的な試験を行なうことを決定していた。

……同社は、操業時圧力の二倍の圧力において破壊されない客室は……疲労の作用下における使用時に破壊することはないものと信じており……この信念は、航空機登録理事会その他権威者も同意するところである……

この信念は、いうまでもなく誤っていた。そして、コメット機の経験は、結果的に、航空機設計の技術水準を向上させたのである。疲労の問題が、機胴の窓の開口部近くの鋲穴に関連する高い応力のために悪化することがいったん理解されると、窓パネルは全長にわたって、開口部の周囲に特殊な補強材を用いたものに代えられた。これにより疲労に対する客室の強度は著しく増大し、試験の結果、一〇万回の圧力逆転に耐えうることが示された。これは飛行時間にして数十万時間に相当する。新型のコメット4型機は、このようにして、控え目にみても飛行一万時間ごとに、明白な危険の徴候の有無を検査すれば、安全であると主張できるようになった。

ジェフリー・デ・ハビランド卿は、自伝の中でコメット機の試練について詳しく述べ、「多くの好意的な人々が」、初期のコメット機にこれほどの不祥事が起こった以上、後継機の名称は変えるべきだと提言してくれたことを語っている。しかしジェフリー卿の会社は、会社の誇りであり、良心的な設計で、発展しつつあった長距離航空事業に的を合わせて英国の戦後経済復興に寄与してきた飛行機を改称することはせず、ただ、新世代の飛行機であることを示すため、末尾に「4」という文字をつけるだけで、「コメット」の機名を守ることにしたのだった。同卿が改称に反対した理由を、当人の言葉からそのまま引用する。

……私には改称は一種ぶざまな欺瞞《ぎまん》であって、百害あって一利ないと思われた。改称したところで、早晩、わが社があまり賢明ではない策を弄して人々をあざむいたということは、世の知るところとなるであろう。コメットの失敗は、コメットの成功に転ずるものであることを立証するほうが、はるかに好ましいと考えられた。

事実その通りとなった。ある時期には、大西洋の対岸にあるボーイング社が、大西洋横断定期旅客航空路にジェット機を就航させる最初の会社になるかのように思われていた。しかし、一九五八年に、大西洋横断ジェット機による旅客航空路を創始したのは、デ・ハビランド・コメット4型機であり、この機名は歴史に残るものとなった。この達成はまた、構造物の失敗は、たとえ時間を要することはあっても、究極には成功に導きうるものであるという事実を裏付けるものであった。技術者は、科学者と同じく、自説の誤りが、通常は失敗という形で、議論の余地ない反証によって、新しい学問の枠組みを受け入れることを余儀なくされるまでは、自説に固執することになりがちなものなのである。

ネビル・シュート・ノーウェイは、一九二一年に、オクスフォード大学を出たばかりの若い航空エンジニアとしてデ・ハビランド飛行機会社に入社し、一九二三年には、応力計算要員として同社の常勤社員となった。社会に出て間もなく、余暇時間を利用して小説の第一作を書き上げたが、何軒かの出版社で出版を断わられ、原稿はしまい込んでしまった。でも書くことはあきらめず、一九二六年にいたって一編の小説が出版された。その間、ノーウェイはエンジニアとしても経験をつみ、デ・ハビランド社をやめて別の飛行船事業に参画し、さらに一九三〇年には、エアスピード社という新しい飛行機製造会社の設立に協力した。自分の会社が成長するにつれて、ますますそのほうに時間をとられるようになり、書くのを止めてしまい、一九三四年には王立航空協会の会員に選ばれた。一九三七年には小説執筆を再開、小説作品『廃墟の町』の映画化権で経済的安定の見通しが立ったので、ネビル・シュートの筆名で、すべての時間を作家生活に注ぎこむようになった。今日では、かれは、一九五〇年代半ばに書かれた核の破局物語、『渚にて』、それに、一九四〇年代末、オーストラリア旅行の後に書かれて、一九六〇年の作者の死後二〇年を経てパブリック・テレビジョンの「名作劇場」で劇化された『アリスのような町』の作者として、最もよく知られている。

ネビル・シュートのそれほど広くは知られていない小説の一つで、一九四八年に出版され、奇妙にデ・ハビランド・コメット機の謎の疲労問題を予告している作品がある。『ノー・ハイウェイ』と題されたこの小説は、ファーンボロー王立航空機研究所構造部の科学調査員の物語である。セオドア・ハニーという名のこの調査員は、金属合金の疲労に関する自分の基礎研究の結果、レインディアと名づけられた新型の大西洋横断旅客機が、疲労のため構造物破壊を来たすことを予告する。この飛行機の設計は、羽ばたきという望ましからぬ空気力学現象を起こしやすく，このため、高頻度の繰り返し応力が悪化し、その結果、通常予想されるよりもずっと早く疲労の問題が生ずるというのだ。ハニーの計算では、この新型機の尾翼集合体に問題があり、約一四〇〇時間飛行後に破壊が起こるはずとわかり、ハニーは航空機産業界の技術陣や技術官僚のお偉方にこの新発見現象について警告を発しようと努める。世界中で就航中の全レインディア機は、疲労の兆候の有無を入念に点検しなければならぬというのがその警告である。しかし技術官僚たちは、鉄道など新式の輸送技術の採用時には疲労の問題がつきものであったにもかかわらず、ハニーの理論的計算が実物の飛行機の実地にあてはまることを認めようとしない。そこでハニーは、ほぼ自分の計算で予想されたのと同じ飛行時間経過後にカナダで墜落したレインディア機から証拠を採取すべく旅に出る。その墜落事故は単純な操縦ミスによるものとみなされ、そのため、その説に反するような重要証拠を入手するための、機体残骸の徹底的な検証は不必要とされていたのだった。ハニーはみずからカナダへ飛び、その雪の中に必ず埋まっているに違いない疲労破壊の証拠を採集しようとする。

旅の途中でハニーは、自分が乗っている飛行機もレインディアで、飛行約一四〇〇時間を経過していることに気づき、この飛行機の尾翼も金属疲労のため、いつ何どきちぎれても不思議はないという恐怖を抱く。給油地のガンダーに着陸したところで飛行を中止し、危険なほど大きな亀裂が生じていないかどうかきちんと点検すべきだと乗員を説得したが不調に終わったので、ハニーは機の車輪に細工をして、レインディアが離陸できないようにしてしまう。この常軌を逸した破壊行為を見て、ハニーの上司は信用し、ハニーの証拠追求行動続行に援助を与える。ついにカナダの機体残骸に到達してみると、明らかな疲労の徴候が見られ、セオドア・ハニーの正しかったことが立証される。ガンダーに着陸していたレインディアにも、危険な亀裂が発見される。

ネビル・シュートの一見こじつけめいた筋書きは、デ・ハビランド・コメット機で実際に起こったことと、不思議なほど似通っている。それはあたかも、シュートがマーフィの法則にのっとって入念なシナリオを組み立てておいて、それを論理的な結論にいたるまで追いつめていったかのようだ。新種の合金が疲労破壊に関し一般には知られていないような挙動をするのであれば、また実際のジェット旅客機の設計者は、当然、新種のより軽量でより強力な合金を新しいやり方で使用し、新型機を、それが取って代わることになるピストンエンジン機よりも、速く、滑らかに、静かに、高く、経済的に飛べるようにしようとするのであれば、その革命的な構造が驚愕をもたらすおそれは大いにありうるというものだ。

『ノー・ハイウェイ』に付けた「著者おぼえがき」の中で、ネビル・シュートはこう述べている。

本書は架空の物語である。登場人物のどの一人にも実在のモデルはいない。この物語の中のレインディア機は、ある特定の商用飛行機に基づくものではないし、同機に起こる災厄も、実在の事件とは無関係である。

……航空機事故に対する細心かつ労苦をいとわぬ調査はあらゆる空の安全の鍵であり、この業務には、最高の資質をそなえた人物が従事することが求められている。この物語がこの点を強く訴えることができれば、良い貢献となりうるであろう。

シュートは用心しすぎて、作中人物と実在人物に類似点があればそれは偶然だという、小説家がよく使う悪気のない嘘を繰り返し主張しているとしか思えない。またシュートは、疲労に犯されやすい飛行機が出現するのはほとんど避けられないことだと信じているのではないかとさえ思われる。とどのつまりシュートは、構造材料と解析の限界を知りつくしている航空機技術者としてだけでなく、小説家としてもこの作品をものしたのであり、人間である設計技術者や解析技術者の、永遠の楽観主義を知りつくしていたのである。『ノー・ハイウェイ』は、コメット機の全般構想が完成してわずか一年後に出版された。シュートはある時期、ファーンボロー研究所の解析部長アルフレッド・パグズリー卿と親交を結んでいた。ファーンボロー研究所では、一九四〇年代の初めから中頃にかけ、軍用飛行機の金属疲労に関する先駆的な研究が行なわれていた。だから作者は、自分が書くことの技術的な詳細内容をよく知りうる立場にいたのだった。シュートは、失敗を招くのがコメット機の設計だとは、確かにには知っていなかったかもしれないが、コメットでなければキューピッドかドナーかブリッツェンかはしらないが、何かの空飛ぶとなかい《レインディア》が、高慢で自信過剰な航空機産業が信じ難いとして取り合わないでいる疲労問題のために、いずれ痛いめに遭うだろうことを認識していたのだ。

レインディア機の事故に関してありきたりの知恵を退けたセオドア・ハニーの一本気な執念や、コメット機の機体を水タンクに漬けた実在のファーンボローの研究者の行為は、失敗の真の原因を見出すには、最初の設計の構想を作るのと同じくらい、解析的な想像力の大きな飛躍を必要とするものだということを思い知らせてくれる。そして、構造物破損に関し、もっともらしいが異論の余地なしというわけではない説明で、一つの集団が満足していると、設計チームが集団として、実証されているわけでもないのに、破損の起こるすべての可能性を予想し検討したと信じこんでいるのと同じくらい、全般的な事故発生の余地を後日に残すことがあるものなのだ。

スティーブン・バーレイはかつて、民間航空事故の国際記録報告書を、『航空事故探偵《エアクラッシュ・デテクティブ》』という題で英国で出版した人物だが、たとえ飛行機事故の原因が何か、議論の余地なく明らかかと思われる場合でも、最終報告書の結論には「考えうる原因」と書かれるのだと指摘している。その理由は、後日、新しい証拠や情報や科学知識が出現して、「原因の背後の原因」が判明しないとは限らないからだ。バーレイは、人工の翼が不運にも「最初の航空構造物破損」を招いたイカロスの物語をひいて、神話の中の出来事に対し、材料と構造物の破損に関する現代の知識によれば、どういう別の説明が可能になるかを示している。ついでにバーレイは、古典学者の感情はいっさい無視して、現代の技術神話とでもいうべきものを組み立てて見せる。しかし、ギリシア、ローマの伝統神話が往時の人間の知恵を誇張して伝えているように、バーレイによる、英雄を茶化した探偵的想像力の飛翔には、安易に結論にとびつきたがるエンジニアへの教訓がこめられている。しかも、イカロス物語のような神話は、何千年にもわたって文学者による再話や改訂に耐えて生き永らえてきたものだから、エンジニアによるたわむれの解析を通じても、神秘の衣を脱ぎすてた姿を見せてくれる。

バーレイは、かれが考えるところでは何世紀も昔からの難題だという二つの問いを問いかける。一つ、イカロスの翼が壊れた原因の背後の原因は何だったのか？　二つ、イカロスの名を与えられた島と海とが四〇キロメートルも離れているのはなぜか？　イカロスの翼の残骸の破片は残っていないので、バーレイは、古代の証人の報告を検討し、バックネルにある現代の測候所と、ファーンボローの王立航空機研究所事故調査部の助言を求める。

思い出していただきたいのだが、ダイダロスは、自分と息子のイカロスが体に取りつけ、二人がとじこめられている迷路から飛び出すのに使う翼を設計し、建造した。史上最初のエンジニアであったダイダロスは、自分の作る構造物には限界があり、新考案の翼は、自分とイカロスを自由の世界に連れ出すには十分なはずだが、翼はそれ以上のことができるようには設計してなく、まして、何らかの度はずれな条件に耐えられるような設計ではないことを知っていた。とくに、ダイダロスは、あまり太陽に近く飛びすぎると、羽毛を枠に貼りつけてある蝋《ろう》が溶けるかもしれないし、またあまりに海に近く飛びすぎると、湿気で仕掛け全体が痛むかもしれないと、イカロスに警告していた。オウィディウスは、ダイダロスの口を借りて、その警告を次のように記録している。

「わが子イカロスよ!」とかれは言う
「気をおつけ、飛ぶときには
空の中ほどを、低くもなく、高くもなく
低ければ、おまえの羽根は海のしぶきでしおれよう
高ければ太陽のはげしい光に射られよう」

イカロスは、空の旅に出た向こう見ずな若者らしく、父親の警告をうっかり忘れたか、無視したかして、

空の寒さを逃れようと、暖かくはあるが危険な太陽の光めざして、どんどん高く飛び上がっていったのだと、従来は長い間考えられていた。果たして太陽が翼を溶かし、羽毛を失ったイカロスは海に突入し、その海がかれの名を伝えているというのが、伝統的なこの神話の解釈だった。

バーレイに協力した研究者たちは、羽毛を落下させて、空中でいたずら少年の翼から離れた後の羽毛の落下速度を計算し、また、優勢な風の状況を研究して、翼の残骸の破片がどこで着地するかを調べた。バーレイの説によれば、イカロスの名を負う島と海との距離は、もしイカロスが約九〇〇メートルの高度で飛んでいたとすれば、合理的に説明できるという。もし飛行者が、目撃者の漁夫の眼からは――再びオウィディウスの記述によれば――鳥が普通に飛ぶ高さというよりは、神の飛ぶ高さを飛んでいるように見えたとするならば、この飛行高度は合理的なものである。しかしバーレイは、その高度では空気は暖かくはなくて冷たく、蝋は溶けるのではなく、ちょうどコメット機やDC―10型機の金属材料のように、脆くなって、何の前ぶれもなく壊れたのだろうと指摘する。この説は実に、ダイダロスの構造物の破損について、新しい、さもありそうな理由を提示しており、この神話を、在来の言い伝えよりも、言うならばずっと現実世界に引き下ろすものである。人間が太陽まで飛べるとは信じられないとの理由で神話に疑いを抱いていた人はすべて、いまや信ずることができるだろう。

破損の合理的な解析は、その破損が事実であれ、小説中のことであれ、また神話の中のことであれ、エンジニアにとっては、はかりがたいほどの値うちがある。チェス指しにとっては、一つ間違った手を指せば詰められてしまうということを知るのが大切なように、設計者にとっては、ある構造物がどのように壊れるかを知るのが大切な仕事だからだ。チェスの名人のとんでもない悪手が、チェスを習っている人には貴重な教訓になるように、事故は、偶然の実験であって、エンジニアの経験には大いに役に立つのである。

しかし、母なる自然を防衛側に立ったチェスの世界チャンピオンに見立てるとして、当方の指す手に対し、ロシア人のチェス選手に比べればずっと読みやすい手で応じてくれるにしたところで、エンジニアのする設計という仕事は、チェスの試合よりはずっと複雑である。設計という試合が複雑である理由は、エンジニアは、設計上の自分自身の指し手の持つすべての意味を、必ずしも常に認識しているとは限らないからだ。つまり、エンジニアが母なる自然の戦略をどれほどよく理解していようとも、エンジニア自身は自分の指し手を盤の向こう側の立場からは見ていないので、相手の応じ手を予想することができないのだ。新しく塗装したばかりのアレクサンダー・L・キールランド号に亀裂があろうとは、エンジニアは誰一人予想していなかったにもかかわらず、自然の力はこの亀裂を見逃してはくれなかった。コメット機が疲労に弱いとは、エンジニアは誰一人考えていなかったにもかかわらず、金属は勝手に亀裂を生じ、機体の破壊にまでいたった。DC—10型機のパイロンが補修時に乱暴な扱いを受けることになろうとは、エンジニアは誰一人予想していなかったにもかかわらず、パイロン構造物は善意をもって破壊に耐えてはくれなかった。ハイアットリージェンシーの歩廊の設計を変更するとき、エンジニアは誰一人として、歩廊が自重をかろうじて支えるだけの強度にしようとは思っていなかったにもかかわらず、その結合部は、カンザスシティにおいて示した以上の強度を発揮することはできなかった。

事故がどれほど悲劇的だといって、その事故が予想でき予防できるはずのものだったときほど悲劇的なことはないのは明白である。しかし、構造物破損の考えうるすべての起こり方を予想することは、チェスの一つの指し手に対する可能な応じ手の組み合わせをすべて読むのと同じくたやすいことではない。アレクサンダー・L・キールランド号の設計者たちは、プラットフォームの五つの浮き箱のうちの一つが失われる場合のことは考慮していたらしい。しかしかれらは、その結果何事が起こるかは正しく予想していなかった。つまり設計者たちは、これこれこのような条件下ではプラットフォーム全体が突如崩壊することを正しく予想したと考えていただろう。もし誰かが、脚の支柱に水中聴音器の取付台を溶接した部分に大きな亀裂が生ずるかもしれないという予想を述べたとしたら、エンジニアたちはそのような亀裂は塗装工が気づいて報告するだろうと答えたかもしれない。もし誰かが塗装工に、そのような亀裂があったら報告するかとたずねたら、塗装工たちは、「もちろん!」と答えただろう。もし誰かが、塗装工が一〇センチもの大きい亀裂を報告しないことがあるかもしれないとでも言おうものなら、エンジニアたちはこう言ったかもしれない。「止してくれ! そんなことは考えられない。そんなに次から次へとたくさんの〝もし〟が出てくるのなら、この計画は放棄するしかない」。

コメット機の設計者たちもそうだったのかもしれない。もしコメット機の設計者たちが、ネビル・シュートの小説を、試験飛行の一年前に、コメット機が最初の旅客航空路に就航する四年前に、最初の墜落事故の六年前に読んでいたとしたらどうだったろう。もしかれらが小説を文字通りに受けとっていたら、かれらは後戻りして尾翼部の疲労寿命を検討し直していたかもしれない。しかし、コメット機の墜落を招いたのは機体のその部分ではなかった。エンジニアたちは、シュートの小説にこめられた隠喩をもっと深く読みとらなかったことで罪を問われるべきなのだろうか? コメット機の設計者たちは、疲労に対する対抗策を考慮して設計しておいたと考えていた。一片の空想物語に設計者たちの考えとは反対のことが暗示されていたとしても、自分たちの仕事の完璧さに対する設計者たちの確信を取り除くことは、ほとんどできなかったに違いない。その上、シュートの小説の主人公は、作中の飛行機の寿命はきっちり一四〇〇時間だと主張している。この種の計算値としてまじめに受けとるには、あまりにも精密すぎる数字ではないか。

事故解析は、月曜日の朝のスポーツ評論家のように容易な仕事である。設計はコーチの仕事のほうに似たところが多い。しかし設計エンジニアはコーチよりもずっとよい結果をあげなければならない。出場する試合にはすべて勝つことが期待されているからだ。たった一つの失敗が往々にして損失になるのだから、これは厳しい職務だ。いったん敗北したとなれば、できることはといえば、試合のフィルムを分析して、誤りから学び、次回にはその誤りが繰り返されないようにすることしかない。

15章
計算尺からコンピュータへ——忘れられる昔のやり方

二五年前には、エンジニアリングのまぎれもない象徴は計算尺であった。エンジニアリングの学生は、当時はほとんどすべて男性だったが、刀のさやのようなケースに入れた「計算尺《スリップ・スティック》」をベルトからぶら下げていたものだし、年輩のエンジニアは、小型ながら実際に使えるのをタイクリップにして身につけており、ひょいとつまんで計算に使っていた。私自身がエンジニアリングの学生になったとき、最も重要な決定の一つは、どの計算尺を購入するかということだった。代金二〇ドルが一九五九年には大きな投資であるばかりではなく、今後の職業生活を通じて使うことになるのだと言われた道具を選ぶのだったからだ。ほかの新入生全員と同じように、私も、最初から、将来必要になる目盛りが全部ついた良い計算尺を買うようにと教えられていた。さんざん見てまわり比べまわったあげく、私は、人気の、クーフェル&エッサー社製ログ－ログ・デュープレクス－デシトリッグと称する型を選んだ。私の同級生の多くも同じK&E社の計算尺を選んでいた。同社は一九五〇年代、毎月二万本の割合で計算尺を売り上げていた。

計算尺は宿題をするにも試験を受けるにも欠かせなかった。われわれの先生はみな、エンジニアリングの学生は誰でも計算尺を持っていて、使い方を知っているものと決めてかかっていたからだ。もしハイスクールで習っていないと、箱の中に折り込んである説明書で大急ぎで勉強したものだ。エンジニアリングの先生方がわれわれ学生に教えたがったのは、学生たちが持っているさまざまな型の計算尺でできる各種の高級な計算のことではなくて、計算尺が共通して持っている限界についてであった。先生方は有効数字について教えた。当時のエンジニアリングの計測器は大部分アナログ目盛りのダイアルや尺度がついていて、ちょうど、一ヤード尺の上で一インチの一六分の一を、一メートル尺の上で一ミリメートルの一〇分の一を読み取るのと同じように、一番細かい目盛りの間の数値を推定しなければならなかったからだ。計算尺についている目盛りにも同じ限界があり、われわれが計算尺で出せる答えは有効数字三桁まででしかないということを、われわれは当然知っているものとみなされた。ただし、もっと細かい目盛りがついている、計算尺の左端のほうで計算する場合は別だが。

われわれはこの種のことを、往々にして、試行錯誤を通じて叩き込まれていた。たとえば、〇・三四六と〇・一六八九二とを掛け合わせた答えを求める試験問題で、〇・〇五八四四六三二と答案に書いたら、有効数字について誤りと判定されただろう。計算の結果の精度は、最も精度の低いインプット数の精度より高いことはありえないからだ（年輩のエンジニアが〇・三四六と書くときには、それは、小数点以下三桁までしかわかっていないということを意味していた。でなければ、〇・三四六〇とか、〇・三四六〇〇とか、小数点以下わかっているところまでの数字が書かれるはずだ）。計算尺で〇・〇五八四四六三二などという多くの数字を読み取ることはできないはずだから、学生が答えられる一番近い値は〇・〇五八五であるだろう（それから先の数字は無用のつけ足しで、学生が計算尺を忘れてきて手もとの紙きれに手書きで掛け算をし、その上もっと悪いことに、有効数字の意味を忘れたということになるのだった）。またわれわれは、計算で出す答えの位取り《オーダー・オブ・マグニチュード》を推定することを学んだ。計算尺では、〇・三四六に〇・一六八九二を掛けた答えの小数点がどこにくるかはわからないから、われわれは、その答えが〇・六でも〇・〇〇六でもなくて〇・〇六の近所だという感覚を身につけなければならなかった。こうした判断を要求されたことは、われわれに、エンジニアリングで重要な二つのことをおぼえさせた。第一に、答えは近似値であって、インプットの精度がわかっている範囲の精度で答えを出さなければならない。第二に、大きさの程度は問題に対する感覚から出てくるものであって、機械や計算器具から自動的に出てくるものではない。

私が計算尺を使ってエンジニアリングの教科課程を進んでいた一九六〇年代初期、エレクトロニクス技術が発展して、エンジニアリングの教育と実務を変革しようとしていた。しかしそのことは当時広くは知られていなかった。一九六七年のことだが、クーフェル&エッサー社は一つの調査を実施し、二〇六七年にはドームで覆った都市や三次元テレビが出現するという予測を出した――しかしこの調査は、五年以内に計算尺がご臨終になることは予測できなかった。

一九六八年、『エレクトロニック・エンジニア』誌に「電子式デジタル計算尺」と題する論文が発表された。この論文は大胆にも、「もしこの手持ち型の計算器が商品化されるならば、在来の計算尺は博物館行きとなるだろう」と予言していた。この論文の筆者であるジェネラル・エレクトリック社の二人のエンジニアは、あり合わせのデジタル集積回路を使って組み立てた原型機について述べていた。この筆者らが作った「可能性検討用モデル」は電気毛布制御器のような外観で、四×一三×一八センチ、小説本ほどの大きさ。それでも驚くべきことに、四桁の数の掛け算に四桁の答えを出し、その他、割り算、平方根、指数計算、対数計算をすることができた。しかし欠点が一つあり、論文の筆者は次のような言いわけをしていた。「この計算機には小数点がないので、使用者は、普通の計算尺と同様頭の中で小数点を打たなければならない」。値段については、部品の値段によることはいうまでもないが、一九六八年当時は一つ大きな障害が残っていた。「デジタル読み取り装置だけにはまだ問題がある。現在のところ、低コストで手に入る小型の装置がないからである。しかしこの最後の障壁も遠からず乗り越えられるであろうことは疑う余地がない」。

言うまでもなく、この論文の筆者らの言った通りになった。数年を経ずして、テキサス・インスツルメント社は、最初の、真に小型の、手持ちでポケットに入る、エレクトロニクスチップを使った計算器を開発した。テキサス・インスツルメント社は一九七二年にポケット計算器の製造を開始したが、一九七三年にはまだ高価で、計算尺の最高級品の一〇倍もした。しかし、価格の突破口はその次の年に開かれ、コモドア社がSR—一四〇〇型の宣伝を開始した。「三七キー、高等数学、真正科学用計算器」、私のログ－ログ・デュープレクス－デシトリッグでできる計算はすべてすることができ、さらにそれを上回る性能だった。インプットの数が有効数字一〇桁までわかっていれば、この計算機はその数を処理することができた。

この計算機大革命当時、私はオースティンのテキサス大学で教えていた。エンジニアリングの学生の中には、父親が、ポケット計算器が値段の点で計算尺と競争できるようになるまで待つ必要のない連中がいた。そこでわれわれ教員団は、エレクトロニクス計算尺を持っている学生は、試験の際、在来計算尺《スリップ・スティック》を使っている学生よりも、不公平に有利になりはしないかという問題に直面することになった。最新エレクトロニクス計算器はずっと計算が速い上に、足し算引き算もできる——これは計算尺は対数でしかできない——からである。大学教員連中は、まだ手がとどきかねる値段の計算器のすべての性能については、全般にあまり詳しくはなかった。そこで賛成反対の両論が乱れ飛び、エレクトロニクス計算尺は木製計算尺と同等のものか否かの議論が果てしなく続きそうに思われた。しかしこの問題はすぐに意味のないものになってしまった。値段が急速に下がり、在来型の計算尺が買えるほどの人は誰でもエレクトロニクス計算尺が買えるようになったからである。一九七六年には、クーフェル&エッサー社で、在来の計算尺よりもテキサス・インスツルメント社製計算器のほうがよく売れるようになっていた。在来計算尺はその頃K&E社の売上高のわずか五パーセントを占めるにすぎなくなり、同社はかつて木製計算尺に目盛りを刻むのに使っていた機械をスミソニアン協会に寄付してしまった。

一九七〇年代半ばには、各計算器メーカーの生産は、年間五千万台になっており、やがて、昔学校を出た人も含めてほとんど誰もが計算器を持つようになった。しかし私の知るかぎり、年輩のエンジニアで自分の計算尺を捨ててしまったり博物館に寄付したりした人は一人もいなかった。せいぜい、古い計算尺《スリップ・スティック》は机の引出しに入れてあって、停電その他緊急の場合にはいつでも使えるようになっていた。一九八〇年代初め、フューチャーズ・グループが実施した調査によると、上級管理職にあるエンジニアは依然として計算尺を手もとに置き、今もなお使っている。理由は、「このほうが気分がいいから」ということだった。しかし、絶えず増えつづける若い世代は当然それとは反対の感じを持っている。私は一九八一年に、エンジニアリング系大学の二年生のクヲスで、計算尺を使っている学生が何人いるかきいてみた。答えは予想した通り――ゼロだった（中には計算尺を持っている学生もいた。たぶん父親がエンジニアで、新入生としてエンジニアリングの大学に入学する息子に持たせてやるため、買い与えたのだろう。K&E社では一九八一年に、残りの在庫二三〇〇本が、月間わずか二〇〇本の割合で売れていた）。私はクラスの学生に、計算器を使っている者が何人いるかはきいてもみなかった。それは電話を使っている者が何人いるかきくようなものだから。コンピュータを使っている者が何人いるかもきかなかった。コンピュータはエンジニアリングのカリキュラムで必修になっていたから。傾向は明らかで、いずれは、伝統的な計算尺を所有したり使ったりするエンジニアは皆無となり、実務についているエンジニアは世代の別なくコンピュータを使用——そして誤用——するようになるのだろう。

エンジニアリングの教員たちも、他のすべての人とまったく同様に、一九七〇年代の新しいエレクトロニクス技術に目を奪われていたため、値段や便利さや計算速度といったことよりもっと実質的な問題は表には出て来なかった。教員たちの大多数は、計算器が並べて見せるこのたいそうな数字の列がどこから来てどこへ行くことになるのかを問わなかった。学生たちが今後も、エンジニアリングの答えが本来近似値であるということを大切にするかどうかを問わなかった。また計算器がいつも小数点を出してくれるようになったとき、学生たちが位取りの感覚を失ってしまうのではないかということを問わなかった。今、計算器が計算尺に置き換わって十年後、われわれはその種のことを問い始めている。しかし、われわれがその種のことを問うているのは、計算器に関してではなくパソコンに関してなのだ。そして、この種のことが問われている理由は、計算器とコンピュータの血肉化は、いま学校を出つつある新しい世代のエンジニアでは事実上完了し、悪い影響が表面化し始めているからなのだ。構造物破損の中には、原因がコンピュータの使用または誤用に帰せられるものが出ており、それは最近の大学卒業生によるものだけではない。そして、コンピュータの能力が増し、使用が増えるにつれ、事故も増大するのではないかという、現実の懸念が生じている。

コンピュータを使うと、エンジニアは、計算尺や計算器では考えられないほど、より多くの計算をより迅速にすることができる。そのためコンピュータは、コンピュータ以前の時代には決して企てられなかったような構造解析の問題を扱うようにプログラムすることができる。たとえば、多くの部分から成る複雑な構造物を設計したいとしよう。まず、学校で教わったように、各種部材の寸法を想定によって決め、ついで各部材にかかる応力を計算する。もしその応力が高すぎるなら、応力がかかりすぎている個所の設計をもっと丈夫にしなければならない。もし計算した応力が低すぎるところがあれば、構造物のうち応力の過小な部分は細くし、重量と費用を節約することができる。しかし、構造物の中の一つの部分を変更すれば、その都度他のあらゆる部分の応力に影響が及ぶことがありうる。もしそうなるなら、応力解析を全部始めからやり直さなければならない。明らかに、計算尺――木製であれエレクトロニクス式であれ――を使った手計算の時代であれば、そういう構造解析の繰り返し作業は、消費時間のためだけで限られることになり、構造物は一般に始めから過剰設計になり、その通り建てられていただろう。その上、あまりに複雑な構造物は、設計者が最初から敬遠していた。最初に部材の寸法をきめる仕事は、想定するにしても難かしすぎ、構造物の安全性を確認するために必要な計算は、そもそも実行するのが無理だからだ。したがってエンジニアは一般に、設計作業にとりかかるそもそもの始めから、自分がよく理解している構造物から離れない設計をするようにしていた。

だが今や、コンピュータは、何百万回もの簡単な繰り返し計算を、ほどほどの時間内に自動的に遂行するばかりか、計算尺時代のエンジニアには複雑すぎるような構造解析にも使えるようになった。コンピュータをこの種の構造解析に使うには、特殊なソフトウェア・パッケージがいるのだが、ソフトウェア業者はこの種のパッケージはきわめて応用範囲が広いと称している。またコンピュータは、命令を与えれば、構造物の各種部品の寸法を計算し、構造物の各部にかかる応力が最大、つまり構造物の重量が最小になるようにすることができる。この作業は最適化といわれる。しかし、もしも、設計者が構想した構造を、コンピュータの自動的で考えのない計算によって解析される数値モデルに翻訳するところに、単純化しすぎや、まるっきりの誤りがあれば、そのときコンピュータによる解析の結果は、現実とはおよそ無縁なものになるだろう。そのエンジニア自身もおそらくは自分の設計している構造物に対する感覚を持ち合わせてはいないだろうから、そのエンジニアは、コンピュータが設計用に打ち出す数字のなかで、疑わしいところを見つけ出すこともできないだろう。

電子脳はどうかすると、設計事務所の中で、計算機械から事務員に、ついには副主任エンジニアにまで昇進してしまっている。コンピュータ援用設計（ＣＡＤ——ごろつきという意味もある——という、奇妙に礼を失した略語で知られている）は、多くのコンピュータメーカーや多くのコンピュータ学者、技術者によって、これこそ将来の主流だと売り込まれている。しかしこれまでのところコンピュータは、従来は人間のエンジニアがする鉛筆と紙の計算には複雑すぎた問題に挑戦する超脳髄であるよりは、安全性を欠く設計の張本人になっている。複雑な問題を処理するコンピュータの能力に対する幻想から、コンピュータが自己の限界を認識するのよりも、はるかに自己の限界に対する現実的感覚をそなえたエンジニアなら、手を出すのを慎しむような問題を解くのに、コンピュータに依存することがますます多くなっている。

コンピュータの使用に際して一般に見過ごされているのは、設計の中心目標はやはり失敗を避けることであり、したがって、構造物が壊れるとすればどのようにして壊れるかを正確に見定めることが決定的に重要なのだという事実である。コンピュータは自分ではこれができない。機械に人工知能を組み込んで「エキスパートシステム」にしようという企てがなされており、ＣＡＤは究極には、失敗のファイル（コンピュータに内蔵されている）に蓄えた経験からコンピェータに学習させるのだと夢想することはできるかもしれない。しかし、そういう迂遠な夢が現実となるまでは、コンピュータを使うエンジニアはたえず核心を突く問いを問い続けなければならない。もしこの原子力発電所を地震が襲ったら、このパイプにある不完全溶接個所は破断するのではないか？　もしこの自動車車体が時速一六キロで壁にぶつかったら、車体はこういうふうにひしゃげるのではないか？　この屋根を支えている何万本もの金属棒のうちのどれか一本が、重い雪が屋根に積もったときに折れて、屋根が人ごみの競技場の上に落ちるのではないか？

この種の問いを、コンピュータ・モデルに対して問いかけることはできる。この種の問いを、実際に問いかけるかどうかは人間の判断にかかっている。コメット機の疲労の問題を見のがし、また、ハイアットリージェンシーの歩廊の設計変更の影響を検討しなかったらしい、それと同じ人間の判断に。たとえ核心を突く問いを思いつき、コンピュータ・モデルがその問いに答えが出せるようにその問いを式にすることができるとしても、なおかつ、その問いをどこまで徹底的にコンピュータに対して問い詰められるかについては、人間の判断がなされなければならないだろう。コンピュータは、ファイル係の事務員としてはきわめて迅速に働くけれども、ある種のエンジニアリングの問題の解析を求められた場合には、それほど迅速には働けない。設計において最も重要な問題の一つに、構造物部品に復元不能な変形を起こす荷重がかかったときの金属の挙動がある。ダクタイル鋼の棒を試験機に取り付け、その棒を引っ張って、棒が伸び、タフィー菓子のように切断するまでには、秒で測るほどの時間があればすむが、この初歩的な物理実験を大型コンピュータのシミュレーションでやろうとすると、何時間もかかることがある。

標準型原子力発電所の配管の長さは何キロにも達することがある。この配管の中の長さ三メートルのパイプ一本にできた亀裂が、水と蒸気の洩れる力がかかった場合、どのくらいの幅、どのくらいの長さまで成長するかを決めるのには、ある種の最大型、最高速のコンピュータを使って、ノーストップでまる一日計算させなければならない。この種の計算の結果は、パイプの亀裂がどれほど大きくなるかを決めるためでなく、ある設定条件（設定するのは人間のエンジニアだ）のもとでパイプが完全に破断するかどうかを決めるためにも重要なものである。考えられるかぎりのパイプについて、発生する亀裂の場所、大きさ、種類を考えられるかぎり検討するには、ノーストップの計算を何年も続け何百万ドルの費用をかけなければならないから、どのような状況が最も起こりそうか、パイプの破壊はどのようにして起こることが最もありそうかについては、昔と同じように人間のエンジニアが判断しなければならない。コンピュータは、考えで動くのではなく数字で動くのであり、一時にただ一つの問題しか解くことができない。コンピエータが調べることのできるパイプは、前もって決めた直径、亀裂、強度のものでなければならず、また前もって決めた荷重がかかっていなければならない。その上、亀裂を生じたパイプについてのコンピュータ・モデルは、問題にする事故の進行に伴う亀裂の成長のし方について、前もって決めた考え方を持っていなければならない。これらの前もって決める条件は人間が決めるのであり、それ故、システムの安全に関するコンピュータの結果が決定的だと言えるかどうかは、コンピュータに問いかけた問いが核心を突いていたかどうかによるのだ。

コンピュータは福音であると同時に災厄でもある。かつては人間の忍耐力の限界を超えていたような計算ができるようになったが、同時に、その計算結果が事実上人間には検証できる望みがなくなってしまったからだ。スリーマイル島原子力発電所の事故のとき、進行中の事態についての説明は、まるで天気予報のようにしょっちゅう変わった。一方で事故が進行している間に、何が起こりつつあるのかを理解するため、発電所のコンピュータ・モデルの検討が行なわれていたのだった。

不幸なことに、原子力発電所のような複雑な構造物は、コンピュータと、コンピュータに与えた問題を処理する複雑なプログラムの助けを借りずには設計できない。この結果、能力いっぱいで操業中の発電所の安全性を定めるため過去長期にわたって使用されてきたプログラムに、誤りのあったことが、多くの場合は思いもかけず発見されると、少なからぬ混乱が引き起こされる。原子力発電所の多くの配管システムの解析は、とくにお化け《グレムリン》がかくれるのに好都合な所のようで、配管の応力計算に使われていたコンピュータ・プログラムの一つでは、間違ったπ（パイ）の値が使われていたと言われる。πとは、円の周と直径の比で、高校で幾何を習っている私の娘でさえ、コンピュータが記憶しているよりも多い小数点以下の数字まで、得意そうに暗誦してみせるしろものだ。配管のプログラムについては、数年前に、コンピュータに与える指示の中でプラス・マイナスの符号が逆になっていたのが発見されるという事件があった。本来は足し算しなければならない張力がコンピュータでは引き算され、その結果、地震のときの応力の値が実際より小さく出てくることになっていた。このコンピュータ計算の結果は、数か所の原子力発電所が地震時に安全だと判定する根拠に使われていたものだったから、それら発電所は全部、正しいコンピュータ・プログラムを使って安全性検討をやり直さなければならなくなった。この計算には数か月かかり、いくつかの発電所は、然るべき期間内に安全性が確認できないと、原子力安全管理委員会から運転をさしとめられるおそれが出てきたものだ。

コンピュータ・プログラムには間違いがなくとも、使い方が間違っていることがありうる。ハートフォード市民センターの約一万平方メートルの面積を覆っていた屋根が、一九七八年一月に雪と氷の重さのため倒壊した。バスケットボールの試合が終わり、数千人の観衆が列をなして出ていってから、わずか数時間後の出来事だった。この屋根は、立体フレーム式の設計で、金属の棒を組み合わせて作った三角や四角の規則的な配列から成る三次元構造で支えられていた。大部分の棒は長さ約九メートルで、多い所では一か所で八本もの棒が結合されていた。どの一本の棒に対しても、その棒が支えられる以上の荷重はかからないということを確かめるには、延々と長ったらしい計算をしなければならないので、昔のエンジニアはこのような構造を設計しようとも考えなかっただろうし、もし仮に設計したとしたら、十分すぎるぐらい頑丈にして、安全すぎるか、あるいは、屋根の自重だけを考えても実現性がないほど高くつくものになってしまうかしたであろう。コンピュータを使えば、事実上、あらゆる可能性を計算することができる。すなわち、棒が原形に戻れないほど伸ばされたり曲げられたりした場合の計算をしない限りでは、パイプの亀裂の計算ほどには時間がかからず、エンジニアは、計算の結果出てくる数字の正しさを、何の保証もないのに信用することになる。しかし実はその数字は、コンピュータの中の立体フレーム構造のモデルの問題に対する解を示しているのであって、実際の立体フレーム構造の屋根の上に雪や氷が積もった状態を示しているのではない。とくに、コンピュータ・モデルは、屋根にかかる荷重を低く見積りすぎたり、棒と棒との結合方式を単純化しすぎたりしている可能性がある。棒の結合方式は設計の詳細部《ディテール》であり、棒の長さや強度に比べてコンピュータ・モデルに入れるのがずっと難しいのだが、しかし、決定的な力を実際の棒に伝達し、棒を原形に戻らないほど曲げるもとになるのが、この結合部の詳細設計《ディテール》なのだ。

ハートフォード市民センターの倒壊後に、その構造を解析し直したところ、破壊の主原因は、立体トラスの頂部を作っている長さ九メートルの棒の支えが不適切だったことにあると判明した。これらの棒はもともとたわんでおり、強度との比で最もひどくたわんだ棒が、雪と氷の異常な荷重のため折れ曲がったのだった。一本の棒が折れると、この棒はもはや設計通りの役割を果たさなくなり、その棒が受け持っていた屋根の荷重は隣りの棒に引きつがれる。このようにして連鎖反応が起こり、フレーム全体が急速に崩壊したのだった。

この場合のコンピュータが、事故はどのようにして起きたのかという問いに正しい答えを出したのは、正しい質問を明確にコンピュータに問うたからであり、その質問に答えることのできるモデルをコンピュータに与えたからであった。どうやら、もとの設計者たちは、自分らが作った簡略化しすぎたモデルを（また自分らがそのモデルに正しい質問を問うていることを）信じこんでいたために、建築職人たちが新しい屋根が大きくたわんでいるのに気づいたときも、それは予想された通りだから心配ないと請け合ったらしいのである。

　コンピュータは、きわめて多くの計算をきわめて迅速にやってのけるから、今日では、コンピュータを使って、すべての部品の重量と強度が最小になるように設計し、それにより最も経済的な構造物を作ろうとする傾向にある。最適化をこの域にまで押し進めることは、手計算が普通であった時代には、現実には期待できないことだった。そこで設計者たちは一般に、承知の上で、過剰設計で、その結果たぶん安全すぎるのだろうけれども、いささかぜいたくすぎる構造物を作って満足していたのだった。しかし、所定の建築法規と安全係数の範囲内で、すべての部品ができるかぎり軽く、できるかぎり高い応力を受けるようにすると、コンピュータの計算についてであれ、部品メーカーの製品についてであれ、建築労働者の施工についてであれ、誤りを容れる余地がほとんどなくなってしまう。そのため、コンピュータで最適化した構造物は、ハートフォード市民センターが証明して見せた通り、安全の余裕がごく少ない、つまり安全性最小の設計になりかねないのだ。

　電力研究所が資金を出して、大型の送電線鉄塔の挙動を予測する構造解析コンピュータ・ソフトウェアの性能を試験する事業が実施されたことがある。この種の大型鉄塔の設計には、三次元立体フレーム構造の屋根の設計と類似した問題がある。テキサス州ハスレットの送電線機械力学研究施設に巨大な実物大の鉄塔が建てられ、この実際の構造物は、注意深く制御しながら各種の荷重をかけて、各部材の示す反応を記録することができるようになっていた。この実物試験の結果を、コンピュータが予測した塔の挙動と比較してみたところ、コンピュータ・ソフトウェアの成績はあまり優秀とは言えなかった。構造物の挙動についてのコンピュータの予測は、九五パーセントの場合に、実測値の上下六〇パーセントの範囲にあった。ところが、この種のソフトウェアを使う設計者は、ふつう、九五パーセントの場合に少なくとも二〇パーセント以内の精度を期待している。明らかに、こういう頼りないソフトウェアを使って設計した鉄塔は、ハートフォード市民センターの屋根同様、予想外の事故を起こしかねない。人里はなれた所の鉄塔が、多数、倒壊しないですんでいるのは、鉄塔の設計にかけてある安全係数のおかげらしい。

こういう人騒がせな試験が行なわれていなければ、コンピュータで設計した鉄塔が倒れずに立っているという事実は、安全係数をもっと下げてもよいという論拠として使われたかもしれない。いまだかつて破損事例のない構造物について、安全係数の引き下げに対する保守的な反対論を主張し続けることは難しく、他に何はなくとも時の経過が、この種の反対論を封じ去ってしまうかもしれなかった。しかし、安全係数を引き下げれば必ず破壊が起こっただろうし、その結果コンピュータ・ソフトウェアによる構造解析は、思ったほど正確ではなかったことが認識されるにいたっただろう。しかしそれは、教訓を学ぶにしてはきびしすぎる方法だったろう。

こういうわけで、コンピュータは、設計作業にはほとんど欠かせないパートナーになりうるのだが、同時に、これを使うご主人の人間の側に過信を招くもとにもなりうる。大規模ではあるがとりたてて革新的なところはない設計を数でこなすために使われる場合なら、コンピュータが経験を積んだ設計者を間違った方向に連れていくということはありそうもない。設計者は、自分自身や他のエンジニアの、類似構造物についての経験から、いかなる質問をすればよいかを知っているからだ。もし同種の構造物がかつて破損したことがあるなら、設計者は自分が作る構造物にも同様な破損が起こる可能性をことのほか警戒するようになるだろう。しかし、失敗の経験どころか成功の経験もあまりないような新奇な構造物の設計でコンピュータに頼ると、かつて計算尺の時代に人間のエンジニアが間違えたのと同じように、いやたぶんそれ以上に、コンピュータが間違いを犯すことになるだろう。そして、コンピュータには人間にできないことができると信じられているが故にますます複雑な構造物が設計されるようになれば、構造物が破損する可能性も事実増大してくるだろう。経験から離れることが甚だしいほど、すべての正しい質問を思いつくことが難しくなるからだ。

心配のたねは大型のコンピュータだけにあるのではない。批判者の中には、マイクロコンピュータの使用が増えていることのほうが危険が大きいとの懸念を表明する人もいる。この種の機械と、この種の機械用の多種多様なソフトウェアは、きわめて容易にかつ安価に手に入るから、エンジニアが、せいぜい良くて自分の専門領域の縁辺にある業務を引き受けるようになる恐れがある。未経験な領域だから、この種のエンジニアは、自分の計算尺を使って多くの計算をしてきたことで構造物に対する感覚を身につけた年輩のエンジニアなら一笑に付するような、コンピュータが吐き出した設計を、批判的に見ることがますますできなくなるだろう。

一九八四年にバンクーバーで開かれた国際橋および構造エンジニアリング協会第一二回大会の基調講演で、カナダ・コンクリート規格委員会委員長ジェイムズ・G・マグレガーは、構造物設計の実務におけるコンピュータの役割に関する懸念を表明した。その理由は、「変化があまりにも急速に起こったため、われわれ専門職業人は、この変化の持つ意味を、いまだ評価し受容していない」からというものだった。同氏はさらに続けて、設計に用いるソフトウェアの作成について論じた。

構造解析および詳細設計用のプログラムは複雑なものであるから、われわれ職業人は全体として見れば、少数者によって書かれたプログラムを使用することになろう。これら少数者は、構造「解析者」の類の出身であって……構造「設計者」の出身ではないであろう。一般論として言えば、この種の人の設計および建設現場の経験や知識は限られたものになる傾向があろう。この種の人々の作り出すものが、熟練した設計者の経験や直観を示すことを確実にするようなメカニズムを想像することは難しい。

設計室において、計算時間の減少は、エンジニアを解放し、より多くの時間を創造的思考に費やせるようにするであろう。あるいは、今日よりも創造的思考を少なくして、より多くの仕事をこなすようにするであろう。コンピュータによる解析が利用できるのだから、コンピュータ解析は使われるであろう。出て来る答えはきわめて精密だから、その答えを暗黙のうちに信用する傾向がある。数値を使った計算を多くすれば、建物の構造全体としての挙動を評価する代わりになるとされるようになろう。その故に、設計におけるコンピュータの利用は、答えの価値と細部の現実性を速やかに評価する能力をそなえた知識と経験に富んだ設計者によって監視しなければならない。従来のいかなる時にもまして、われわれ職業人および教育者にとっての挑戦目標は、コンピュータに頼る解析および設計の結果に立ち向かい、これを拒否し修正する能力をそなえたエンジニアの育成である。

アメリカ土木エンジニア協会（ＡＳＣＥ）は、「コンピュータによって拡大された専門領域」の問題がきわめて重大であるとの考察に基づき、この問題を、「コンピュータを公認登録すべきか？」という、一九八四年ミード賞懸賞論文の課題とした。この題は、エンジニアは、破損した場合人命に危険を及ぼす恐れのある構造物の設計主担当者となるためには、各州の委員会による公認登録を受けなければならないという必要条件を念頭においたものだ。専門エンジニアの免許を取得するには、一定年限、より責任の少ない地位でエンジニアリング業務に従事し、かつ自分の専門領域についての総合的な試験に合格しなければならない。コンピュータは、本来は精巧な電子計算尺と計算用紙以上のものではないのに、これを使うと、有資格専門エンジニアであろうとなかろうと、誰でも、訓練を経ていない目にはとてつもなく立派に見える建物から下水道システムにいたる、あらゆるものの設計をひねり出すことができるようになる。ミード賞の募集公告は、この問題を、次のように簡潔に要約した。

土木エンジニアは、高速度と、正確さと、生産性の故に、コンピュータを常用するようになっている。しかしエンジニアは、安全と公衆の福祉の面で妥協する危険をおかすのだろうか？　多くの人が、将来の構造物破損はコンピュータの使用または誤用が原因となって起こるだろうと予想している。単にソフトウエア・パッケージが入手できるからという理由で、エンジニアが、自分の専門領域外の設計業務を安易に引き受けるようになってきているのだろうか？　どうして土木エンジニアが、コンピュータ・プログラムが正確であり、当のエンジニアがプログラムを適正に使用する資格があることを、保証することができるのだろうか？

ＡＳＣＥは、年齢は別として経験の面では一般に若く、ミード賞に応募する資格のある同会準会員に向かってこの問題を投げかけることで、同時に、構造エンジニアリングの歴史上に起こった最も重大な変化を確認し、この問題に将来の専門エンジニアの注意を向けさせようとしたのだった。

16章
混沌の中を見通す人

A、暴力による秩序は無秩序である。
B、はなはだしい無秩序は一つの秩序である。この二つのことは一つのことだ……
ウォーレス・スティーブンス

失敗の原因は、失敗の教訓と同じくらい多く、またさまざまである。コンピュータ・プログラムに関し、またはエンジニアリングの所産である構造物に関し、何か不都合なことが生じて、その不運な当のものを詳しく吟味してみると、その事故の原因のほかに、もしその事故が起こらなかったならば永久に気づかれずにすんだかもしれないような、多くの、さして重要ではない誤りや欠点が見出されるものだ。もし、ハイアットリージェンシー・ホテル歩廊の、吊り棒と箱形梁から成る懸架部の詳細構造が、最初の構想とは違うものに変更されていなかったら、かの歩廊は疑う余地なく今日まで架かっていて、多くのパーティの会場となり、おそらくは、建築法規違反の疑いもかけられることはなかっただろう。また、デ・ハビランド・コメット機の二回目の爆発事故の後では、事故の直接原因となった欠陥を探求している間に、多くの副次的な欠点が発見されたため、約五〇か所の、大小の設計変更が行なわれた。しかし、事故の事後検証の結果多くの欠陥が判明するにしても、普通は、ただ一つの、最も可能性の高い事故原因が支配的な意味を持っているものだ。

そこで、これら構造物破損の究極の原因を分類しようという多くの試みがなされてきたが、二種類の分類表を持ってきて、その二つが、いかなる分類基準をとるべきかという点で一致していることは、決してない。

トーマス・マッケイグの一九六二年の著書、『建築物の破損』は、エンジニアや建築家や建設会社の利用に供することを目的とした事例研究の集大成として広く知られている。マッケイグが人間の失敗を最大の原因とみなしていることは明らかだが、彼は、建築物の破損に関わりを持った人々自身も事故の被害者だと考えており、この人々への同情と哀憐を求めている。しかし、なぜ事故が起こるかを説明する段になると、マッケイグは簡潔に言い切る。「通常、建築物は人間の無知、不注意、または貪欲によって破損する」。ついでマッケイグは筆を進め、「あまり古くて出所が明らかでない」ある雑誌の中から発見した「破損の原因」のリストを引用する。しかしマッケイグは明らかにこの作者不明のリストに同意しており、またこのリストはあらゆる型のエンジニアリング建造物に適用できるものと考えている。その上、マッケイグによれば、「大小を問わず、あらゆる破損や難事で、この分類項目のどれか一つに当てはまらないものは考えにくい……」という。

一、無知

a、能力のない人物が、設計、建設、または検査を担当した。

b、必要な知性を持たない人物が、監督、保全にあたった。

c、必要な知性を持たない人物が重要な責任を負うた。

d、監督不在の競争。

e、先例のないことをした。

f、事前の十分な情報がなかった。
二、倹約
a、初期費用面で
b、保全面で
三、過失または不注意
a、エンジニアまたは建築家が、他の点では注意深く有能であったのに、仕事のある特定部分で怠慢であった。

b、建設業者または工事監督が、承知の上で無理なことをした。

c、計画作成時に適切な調整がなされなかった。
四、異常事態――地震、激烈な嵐、火災、その他

「その他」という、何でも放りこんでしまえる最後の分類項目は、多選択肢の問題に対して「上記のどれでもないもの」と答えるに等しいとも思えるが、マッケイグが支持を表明したこのリストは、まことに納得できるものだ。しかし、ある特定の事故をどの項目に分類するかということになると、判断や、見解や、言葉の意味について議論になるに違いないし、「無理なことをした」建設業者と、「怠慢であった」エンジニアとの間の区別はまことに微妙である。事実、設計に携わったエンジニアもやはり無理なことをしたと言われるかもしれない。とりわけ、設計上の考え方にある弱点を表面化させることを目的とする原型構造物を作る

場合にはそういうことが言えよう。しかし、マッケイグが、いかなる破損でもこの分類項目の一つにあてはまらないものは考えにくい、としていることは、あらゆる事故にはただ一つの原因があるということを暗示していると言えるかもしれない。マッケイグが、破損原因の分類が完全だと主張しているのは、設計者が暗黙のうちに、自分の作る構造物が破損する場合どのようにして破損するかの予想が完全だと主張するのと、似ていなくもない。そして、設計者が、自分は、自分の完全なリストに載っている破損の可能性をすべて回避したと信じているならば、この設計者は、自分の設計作業は成し遂げられた、しかも責任ある態度で成し遂げられたと信じているのだ。しかしその場合、この設計者は、マッケイグに劣らず、自分の先見性と予知力に関して無理なことをしているのだ。

最近出版された、機械設計における材料破損の教科書は、序文の中で、破損という概念は設計の仕事の中心にあるものだと述べている。

破損の可能性があることを認識し、現実のエンジニアリングの世界に常に存在する機械的破損の起こり方を見定めることは、機械的破損を予知し予防するための絶対不可欠事であり、すべての機械設計者の枢要な目的である。それ故本書は、ごく始めの部分で、機械的破損の諸相を列挙している……

この教科書の本文には、少なくとも二三種類の、機械的破損の主要な起こり方を表にして示し、さらに細分類を加えて、このリストには「普通に見られる」起こり方がすべて含まれていると言わんばかりである。広告の文面は、おきまりの誇張ぶりで、「破損を防ぐ機械設計」と題し、本書は「機械的破損の諸相を網羅し詳細な説明を付した唯一の書」と自讃している。しかし読者は依然として、この教科書が使用されている間にも登場してくる新しい材料や新しい設計で、予期しない破損が生じた場合、それはどういう普通でない起こり方として説明されるのだろうかと、怪しまずにはいられないだろう。

構造物破損の説明を意図する人のすべてが、破損理由の完全なリストを作りうると主張しているわけではない。D・I・ブロックリーは、『構造物の設計と安全の本態』という、その点以外では野心的な本を書いて、この問題を、哲学的、歴史的、分析的などもろもろの観点から考察しているが、自分の分類項目表が完全だとは主張していない。

構造物破損の若干の原因

制約条件

過負荷　地球物理的負荷、静荷重、風、地震、その他。人為的なもの、強制されたもの、その他。

強度不足　構造上、材料の不安定。

運動　基礎の安定性、クリープ、収縮、その他。

劣化　亀裂、疲労、腐食、侵食、その他。

偶発災害

火災

洪水

爆発　事故、破壊行為。

地震
車輌衝突
人間に起因する過誤
設計の過誤　過失、構造物の挙動に関する誤った理解。
建設工事の過誤　過失、作業不良、コミュニケーション不足。

この表では、人間的な要因は、構造物が置かれる環境の物理的挙動とは分離されているようだ。自分の作る構造物は何によって過負荷にされるか、構造物が強度不足になる原因は何か、構造物に望ましからぬ運動や劣化が発生する原因は何かを予想するのは人間のエンジニアの責任だということは暗黙の中に諒解されているはずだが、この表が実際にも想像の上でも完全といえるかどうかは、設計者が予想しなければならないものとして制約条件の中の随所に付けられている「その他」にかかっている。設計者がどこまで分類表を完全なものにし、リストに載っているといないとを問わず、問題領域に起因する破損に対して構造的に予防できていることを保証するかが、その設計者が作る構造物の安全性を決めるのである。

マッケイグの表とブロックリーの表とでは、破損の原因についての個人の役割の見方が正反対である。マッケイグの表で支配因子とされている人々は、ブロックリーの表ではほとんど付け足しのように見える「人間に起因する過誤」の中では、はっきり明示されてもいない。一方、ブロックリーが破損の「原因」と考えているらしい各種の物理的な力や条件は、マッケイグの人間中心型の表の中では、どこにも犯人として名指しされていない。

しかし、意見の一致を見て一つの共通の分類表ができたとしても、構造物事故を調査する人々が、ある特定の事故をどの項目に分類するかについて、常に意見が一致するとはかぎらないだろう。ハイアットリージェンシーの事故は、「建築法規違反」に分類されるのだろうか。それとも「詳細設計の誤り」に分類されるのだろうか？　コメット機の墜落は、「疲労を生じやすい材料」のせいにされるのか、それとも「解析不十分」のせいにされるのか？　また、一九七九年シカゴにおけるアメリカン・エアラインズDC―10型機墜落の原因は、「適正を欠く保全」に帰せられるのか、それとも、適正を欠く保全手続きを予期しなかった「不適切な設計」に帰せられるのか？　そして、これら遺憾な事故のどの一つについても、その分類は「過大負荷」になるのか「強度不足」になるのか？　エンジニアの中には、そういったことはすべて言葉の意味の問題で、あらゆる構造物事故はもとをたどれば、設計の誤りというただ一つの原因に行きつくのだと主張する人もいるだろう。いわゆる、施工上の誤りも、設計者は予想していなければならないはずだからである。もちろん、すべての失敗は設計の誤りの結果だと言うことができるのは事実である。なぜなら、設計の目的は失敗を避けることにあり、失敗が予想されなかったということは、設計が不適正であったことをはっきり示しているからだ。失敗を避けるためには、設計者は失敗を予想しなければならない。

米国下院科学技術委員会の小委員会は、一九八二年に公聴会を開いて、米国における構造物破損の問題を審議した。この小委員会は、構造物破損の発生に最も重要な役割を演ずる因子を突きとめようとしていたのだが、報告書には、破損の原因を並べるのでなく、構造物破損を防止する上で重要な主要因子を列挙した。同小委員会の所見には、構造物事故の発生を防止する上の六つの「決定的」因子が挙げられている。

一、建設産業界内の情報流通と組織化
二、構造エンジニアによる建設工事の検査
三、設計の全般的な質
四、構造物の結合部の詳細設計と工作図面
五、建築家とエンジニアの選定
六、時宜をえた技術データの普及

「相当程度」に重要な因子の中には、設計と建設工事の費用節減が挙げられ、重要性が「僅少」な因子としては、適切な建設基準や早期着工工法の影響が挙げられている。たぶん最も僅少というわけではないのだろうが、「僅少」リストの最後には「法規改定の必要性」が挙がっている。時宜をえた技術データの普及に関する小委員会の勧告の中には、米国標準局に、同局の発意により公共構造物の重要な構造物破損を調査し、重要な情報を収集、普及する権限を付与すべきことが述べられている。

歴史的に見ると、米国標準局はそれまで、地方自治体当局から要請があった場合にかぎって、重要事故の調査を実施してきた。事故現場への立ち入り令状を発行する権限は自治体が握っているのである。ハイアットリージェンシーの空中歩廊崩落事故後、調査員の現場立ち入りには若干の問題があり、標準局の調査団は、カンザスシティ市長の介入を待ってはじめて崩れ落ちた構造物を検査することが可能になった。下院科学技術委員会調査監督小委員会の委員長、テネシー州選出のアルバート・ゴア議員は、米国運輸安全理事会が現在、航空機その他の事故を独自に調査する権限を与えられているのと同じように、構造物破損を調査し情報を普及する権限を、標準局に付与することを希望する旨、発言した。
この小委員会の勧告の動機は、一つには、構造物破損の情報が、長期にわたる司法紛争の終結後、膨大な裁判記録の中に封じこめられてしまわないようにしたいということに発していた。ボストンのジョン・ハンコック・タワーで窓が落下するという事故が続発したが、この事故の情報はまさにそのような扱いを受けてしまった。情報公開の要求は、多くの建築設計会社やエンジニアリング企業の代理人として法廷に立ち、また下院の小委員会でも証人となったバリー・ルパトナーによって、きわめて説得力豊かに次のように述べられている。

正しい判断は通常経験を通じてもたらされるものである。そして経験はしばしば誤った判断を通じてもたらされる。しかし、他人の経験から学ぶためには、経験を有する者が知識を後進に分け与えることが求められる。

しかし、事故情報の普及事業はすでに着手されており、設計者は他人の誤りから学ぶことができるものだという前提に基づいて進められている。設計者の製図板またはコンピュータのスクリーン上にある構造物と類似の構造物が、過去にどのようにして壊れたかを設計者の記憶にとどめるため、構造物破損の記録文書保存事業が、メリーランド大学の建築とエンジニアリングの性能情報センター（ＡＥＰＩＣ）で最近開始された。この情報交流施設は、アメリカ土木エンジニア協会（ＡＳＣＥ）内部で以前から発議されていた案が実を結んだもので、米国科学財団からのささやかな出資金が発足基金となった。ＡＥＰＩＣは構造物の倒壊にかぎらず、屋根の設計がまずかったために生じた水洩れや、建物の外壁の亀裂、剥落といった比較的軽度な事故についても、コンピュータに入れたファイルを保有している。あまりなじみのない構造設計や外装材料を採用しようと考えているエンジニアや建築家は、このコンピュータ・ファイルに問い合わせれば、意中の設計や材料についての、関連ある経験を知ることができるのだ。しかしＡＥＰＩＣも、他の事故リスト編纂者と同じ限界に突き当たり、究極に有用なものとなるかどうかは、構造物破損の分類法がどれだけ完全で妥当なものになるか、またその視点が、利用者になる人の視点とどれだけ一致しているかに、大いにかかっているということになろう。

ＡＥＰＩＣの考え方が実効を上げて、設計の信頼度が向上し、誤りの繰り返しを避けることができるようになるかどうかは、このセンターが、コンピュータ・ファイルに入れる経験の記録を所有している人々の協力をどれだけ取りつけることができるかにも、大いにかかっていよう。マッケイグは、著書『建築物の破損』の情熱あふれる序文で、次のように嘆いている。

……事故の責任の所在を決定する法的手続きのために、大きな潜在的価値を持つ情報が、往々にして埋められてしまうのは遺憾なことである。保険をかけていた人は、密室の中で静かに結着がつけばそれで満足かもしれないが、この種の場合には公衆に対する責任もあることを、私は強く信ずるものである。

事実、保険会社のファイルには、事故文書保存館向きの情報がとくに豊富に蓄えられており、一九八二年にある保険会社が四万件の記録を譲渡してくれたことで、生まれたばかりのＡＥＰＩＣは幸先のよい出発をすることができた。しかし、たった一件のエンジニアリングや建築にかかわる事故に関しても、多数の請求や反対請求が提起されることがあり、苦い経験をしたエンジニアリング会社や建築設計会社は、必ずしも自分の（往々にして愚かしい）失敗を誇りにしているわけではないから、他の会社が、前記保険会社の先例に続いて、事故文書館のためにコレクションを提供してくれるかどうかは、まだ今後の問題である。しかも、かりにデータが集まったにしても、そのデータが利用されるかされないかは、一つには、ＡＥＰＩＣがどれだけ巧みにデータを分類し、検索できるようにするかにかかっていることはいうまでもない。

構造物破損についての情報を適時に普及するという仕事は、一一〇年にわたる報道と記録の伝統を誇る『エンジニアリング・ニューズ・レコード（ＥＮＲ）』の誌上でずっと古くから行なわれてきた。ＥＮＲ誌のバックナンバーが公式の事故文書館だと主張する人はいないが、宝庫であることは間違いなく、スティーブン・Ｓ・ロスが最近出版した著書『建設災害』はこの宝庫の内容の一部を分類し、何らかの教訓を引き出そうとした一つの試みである。

個人の手に成った事故原因リストとか、事例研究選とか、事故分類表とか、事故例から得られる教訓とかいったものは、万人を満足させうるものではないことが多く、したがってその種の試みはすべて、それ自体が失敗とされる運命におちいりやすい。しかしそれとは別に、設計の失敗や構造物の破損を記述するには、技術的に正統ではないが、あまり詳細にはわたらず同時に思考を刺激してくれるという利点を持つ手法がある。それは文学的創作という方法で、小説や叙事詩の筋が技術上の思考をめぐって構成されているものだ。表面上は面白く読める物語だが、その伝える意味や教訓には深い意味がこもっている場合がある。しかも、小説や詩にはさまざまな解釈の余地があるから、読者の一人一人が自分自身の経験をもって読み、自分自身の知恵を汲み取ることができる。そして、技術上の思考が正しく筋が通っていれば、技術者仲間は夜寝るのも忘れて読むことになる。

決して壊れない一頭立て馬車を作るという不条理を描いたオリバー・ウェンデル・ホームズの「親方の自慢の傑作」はその種の作品の一例である。新設計の飛行機に起こった金属疲労を書いたネビル・シュートの『ノー・ハイウェイ』もその一つだ。ロバート・バーンの近作『摩天楼《スカイスクレーパー》』は技術が中心主題となっており、これもホームズやシュートの伝統をつぐ作品である。『摩天楼』の主人公は事故解析を専門とするエンジニアで、ザリアン・ビルディングという六六階建ての空想上の建物から、重さ約九〇キロの窓ガラスが落下した原因を調べるため、ニューヨークに出張する。調査を進めていくうち、主人公は、この建物に多くの欠陥や危険の兆候があることを発見する。著者バーンは、こういう枠組みを使って、摩天楼はどのようにして建てられ、どのようにして破損するか、とくに、どのように倒壊するかを説明する。そして、このサスペンスにみちた書物の最終章では、ザリアン・ビルディングが事実倒壊してしまう。通俗小説には欠かせないセックスと暴力で色付けされてはいるが、『摩天楼』はかなり詳細な技術的内容と推理を含んでおり、バーンはこうした内容を、読者の納得がいくように、筋に織り込むことに成功している。これは、バーンが土木エンジニアとして教育を受け、建設業界の業界誌編集者を一五年間つとめた経験の産物であることは疑う余地がない。

素人の読者は『摩天楼』をサスペンス小説として読むであろうが、同時に、エンジニアリングの設計や事故解析についてなにがしかの知識を得ることだろう。もし専門家が読むなら、重大な構造物事故の仮想上の事例研究として読むことができよう。バーンは、設計の誤り、建設工事中および工事後の検査の非客観性、コスト節減、建築法規違反、コンピュータ時代以前なら考えられなかったような軽量でしなやかな構造物を設計するためのコンピュータの利用など、構造物破損のさまざまな原因を複合させて、この作品の筋を込み入らせている。バーンはまるで、自作にわずか三か月先だって発表された、議会小委員会報告書で指摘されている構造物破損の各種の考えられる要因を、できるだけ多数小説の中に取り込もうと企てたかのようだ。それはすべて、構造物破損の原因は一般によく知られており、大方の同意は得られていることだが、これらの原因を分類し、予防するのはまた別のことだということを示唆している。バーンが『摩天楼』の中で示したように、人間的な要因が、素朴な間違い以外に、ごまかしを大目に見るという形で、少なくとも一部の構造物破損の核心にあるのだ。正直であると不正直であるとを問わず、誰かが、実際に建物が倒れることを望んでいるというのではない。しかし、あれこれの特定の欠陥のために、建物の倒壊が事実起こりうるのだという一般の不信が、往々にしてあるらしいのだ。

技術者仲間にとって『摩天楼』のような小説が意味があるのは、人間的な要素をはっきり表面に出して扱っているところにある。事例研究の本や事故原因のリストは、この人間的要素という相乗作用を持つ因子を取り入れることが容易でない。しかし、重大な構造物崩壊の可能性から社会を守るという企てを現実的なものにするためには、究極には、個人的な動機や弱さを考えに入れなければならない。社会を守るということの目的は、究極には、建設産業内のチェック・アンド・バランスのシステムを設けること、実際に事故が起こったときその調査チームに原因を解明する権限を法的に与えること、設計にギリギリの安全度しかなくなるようなことがないように適正な安全係数を維持すること、により達成されるのであろう。バーンの作品のような書物は、不祥事がどのようにして起こるかを指摘し、構造物の安全に積極的な寄与をするもので、事故に関する情報の普及が望ましいことを証明するものだ。もし、自分が手がけている仕事の中の欠点をつかまえる手がかりを発見できるための類似点を、詩や物語の中に一つでも発見する設計エンジニアや建設工事監督が一人でも出てくれば、その空想上の作品は、建築法規、事故文書館、議会の公聴会、あるいは立法といささかも変わることなく、構造物の安全に寄与したことになるのだ。

古いものから新しいものを構想することがエンジニアにとって絶え間ない挑戦であり、計算の道具を超越して、常に過去の失敗を避けるために未来を思いわずらうことを余儀なくされる、一種奇妙なタイムトラベルにさいなまれるのがエンジニアの宿命である。コンピュータが登場するずっと前から、エンジニアリング計算の中には欠陥の虫が忍び込んでいたし、何人ものエンジニアが、考えられるかぎりの失敗の諸相を考えつくしたかどうかの不安で眠られぬ夜を過ごしてきた。ハーバート・フーバーが政界に入る前に鉱山エンジニアとしての自分の経歴をふり返った回想録には、エンジニアリングの魅力と不安とが、明らかに記されている。

それは偉大な職業である。空想の虚構が科学の助けをかりて紙上の図面に変わっていくのを見守る喜びがある。ついでその図面は、石や金属やエネルギーによって現実の姿をとるようになる。男はそれにより生業と家庭を手に入れる。それは人々の生活水準を向上させ生活の快適さを増す。これはエンジニアの特権である。

他の職業の人間と比べてエンジニアが負うている大きな負担は、その仕事の結果が野外にあって万人の目にさらされることだ。エンジニアの行為は、一歩一歩、堅い物質に刻み込まれる。医者のように自分の過失を墓場に埋めることはできない。弁護士のように自分の過失を口先の議論で糊塗し、判事にとがを負わすことはできない。建築家のように自分の失敗を植木や蔦《つた》の葉で覆いかくすことはできない。政治家のように、反対派への非難で自分の弱点に幕を張り、人々が忘れてくれるのを期待するわけにはいかない。エンジニアは、自分が過失をおかしたことを否定するわけにはいかないのだ。自分の作ったものが動かなければそれで終わりだ。この走馬灯が夜も昼もエンジニアにつきまとう。一日の終わりには、昼間の計算をやり直してみようと決心して仕事場を離れる。夜中に冷や汗でびっしょりになって目を覚まし、何かを紙に書きつけるが、朝になってみると馬鹿げたことだ。いつかは必ず姿を現わして仕事の完成を邪魔する虫が仕事の中に忍び込むことを考えると、一日中ふるえが止まらない。

17章
設計には限界がある

ダイダロスは、翼を製作したと神話に伝えられるところから、最初の航空エンジニアと称されているが、息子イカロスの翼が海に漂っているのを見て、自分の技術を呪ったと伝えられる。しかし、空中旅行の歴史上最初の構造物破損といえるこの事故に関しては、イカロスもその責めの幾分かを負わなければならない。イカロスは、蝋と羽毛で作った翼の設計者である父親から、まだ試されていない新発明品を使ってあまり高く飛んではいけないといましめられていたのだ。

迷路の中をさまよって、完全で壊れない翼を夢想するのでなく、ダイダロスは、設計上の妥協をし、水で汚れ太陽で溶ける翼で間に合わせた。何人にも、また何物にも、限界があり破壊点がある。しかしだからといって、われわれが、またわれわれの設計のすべてが、失敗だということにはならない。人々は自分の体をあまり強く押しつけたり、自分の体をあまり伸ばしたりすることはないと考えているのと同じように、機械や構造物の設計者は、自分の設計する機械や構造物が、あまりに強く押されたり、あまりに荷重をかけられたりするとは予期していない。ダイダロスも、すべてのエンジニアが予想することを求められているのと同じように、自分の作る構造物が壊れるとすればどのように壊れるかを予想していた。構造物をばらばらに引き裂くような力に抵抗できる構造物の設計に成功するのは、その構造物がどのようにして壊れる可能性があるかを知ってはじめてできることだからだ。イカロスが、妥当な高度範囲内で翼を使っていたならば、その翼は今日にいたるまで成功作品であり、神話の中のことではあるが、最初の有人飛行を成功させた器具の名をほしいままにすることができただろう。

ダイダロスがしたのは、おそらく、自分が利用できる技術と資材でできる最上のことだったのだ。材料には限度があった。そこで蝋と羽毛で間に合わせねばならなかった。ダイダロスにもイカロスにも時間が無限にあるわけではなかった。二人のいる迷路の中には腹をすかせたミノタウロスもいたからだ。この最初の飛行が悲劇であるゆえんは、もしダイダロスの何度にもわたる注意に息子が従っていたら、この飛行は——少なくとも神話の中では——成功していたかもしれないというところにある。

今日でも、エンジニアたちが、自分らの息子たちをも含む何万人もの見知らぬ人々を運ぶ飛行機の金属製の翼を作る場合には、エンジニアは、その翼を正しく扱うよう、操縦士や保全要員に注意を与える。この注意は、然るべき制限条件や手順を記述した操縦要領書や保全要領書の形で与えられるのだが、事故の原因が操縦士の過失や保全手順の不適正に帰せられることからわかるように、今もなお飛行場の周辺にはイカロスの同類がいるのである。

設計の目的は失敗を避けることにある。しかし、真に失敗のおそれのない設計などというものは空想の産物だ。構造物や機械が壊れる壊れ方はさまざまで、また破損が及ぼす影響も、ちょっとした傷から大惨事までの幅がある。設計者デービッド・パイは、かつて、設計における妥協について次のように書いている。

設計に対するもろもろの要請は互いに矛盾し、折り合いはつけられない。あらゆる装置の設計は何らかの程度失敗である。それは、もろもろの要請のうちのあれこれが無視されているからであり、あるいは、妥協の産物だからである。妥協とはある程度の失敗を意味する。

すべての有用な設計には、本来、失敗が含まれている。それは、経済性の要請というものはすべて貪欲に発しているからというだけでなく、もっと直接的に、いったん経済性の要請を受け入れてしまえば、ある種のきわめて特殊な矛盾が避けられなくなるからである。また、使用上の諸要請の間にも矛盾があるのは周知のことである。

したがって、使用に供されているすべての設計は裁量の産物である。設計者または依頼者は、失敗をどの程度に、またどこにすべきかを選ばなければならない。かくして、すべての設計されたものの形は、恣意的な選択の産物である。もし、妥協の条件——たとえば、より高速に、より大量の熱を、より安全性を少なく、より快適性を少なく、より初期費用を少なく——を変えるならば、それは、設計される物の形を変えることになる。いかなる設計であれ、「諸要請からの論理的な結論」であることはまったく不可能だ。その理由は簡単で、諸要請は矛盾しており、それら諸要請の論理的結論は実現不可能だからである。

エンジニアでも、一個のケーキを食べてしまってなお一個のケーキを持っているということは不可能だ、というのはまったく簡単なことだ。それでもエンジニアは人間だから、ときにはそれを試みる。ニューヨークで、グラマン・フルキシブル・バスの大部隊が、鋼製のフレームに亀裂が生じたため、運行を凍結された事件は、技術の歴史の研究者にとっては、鉄器時代とともに始まった人間対製造物の対立の新しい一章にすぎない。最初の鉄工——ジョン・スミスと呼んでおこう——が、わが地球の地圏の混沌とした地質構造の中から鉄鉱石を取り出し、加工して道具に仕上げたとき、その鉄工の作品の品質は、一見とらえどころのない金属の性質に支配されていた。

刀剣は最も早くからある鉄製品の一つだが、さまざまな方法で鍛えて、鋭い刃先と、戦闘中に戦士を危地に陥れることがないように強靱な刀身とが作られる。それでも、古代の刀剣の多くは、最も都合の悪いときに折れたに違いない。そして倒れた戦士の戦友は、なぜ友の刀が折れたかをいぶかり、次には自分の刀が折れるのではないかと危ぶんだに違いない。ジョン・スミスは、刃剣作り業界で生きのびようとすれば、利益の一部をさいて研究開発にあて、もっと信頼性の高い刀剣を世に出さなければならなかったはずだ。信頼性の高い刀剣を作ることは約束するほど容易でなかっただろうことは疑いなく、折れることを知らぬかに見えた刀剣が伝説にまで持ち上げられたのは、欠点のない刀剣がごく稀であったからだろうとは、容易に想像できるところだ。皮肉なことに、現代の武器の信頼性がはなはだしく向上しているのは、ジョン・スミスがアーサー王の名剣エクスキャリバーを鍛えたこと以上に、並の刀剣はなぜひびが入ったり真っ二つに折れたりするかをジョン・スミスが理解したことのほうに、たぶんより多くのものを負うているのだ。

同じことは鉄鋼の平和的な利用にもあてはまるのであって、ニューヨークのバスの亀裂は設計の弱点を明るみに出し、通勤者には不便をかけたが、将来の設計では改善されて、いかなる町の街路の穴をも乗り越えていく頑丈なバスのフレームを作るのに役立ったであろう。しかしここで厄介な問題が出てくる。設計の失敗と改良というこの反復には終わりがあるのだろうか？　設計者が確信をもって決定的に、これが欠陥のない設計だ、と言いうる日が来るのだろうか？　答えは、イエスでありノーである。イエス、この反復の結果は、まずまず信頼のおける設計に収束するだろうから。しかし、ノー、完全に無欠陥な製品を作るという保証は不可能だから。設計には、設計する物の将来についての仮定が含まれている。将来が過去によく似ていれば似ているほど、その仮定が正当である可能性は大きくなる。しかし、設計されたその当の物が将来を変え、その変わった将来の中で、その物は古びていく。

したがって、伝統的な設計からかけ離れるほど、人を驚かすような結果を招きやすいと言えるだろう。良い設計は、不祥事の詳細までを予想し、余分な安全対策のための過剰設計をして、人を驚かすような結果の発生を最小にしている。ジョン・スミス当人がエクスキャリバーを鍛えたのは偶然によるものだったかもしれないが、ジョン・スミスは失敗の経験を子孫に伝え、その結果子孫はエクスキャリバーを商品名にして、実際上欠陥のない剣がすべての台所戦士の手に握られるようにすることになったのだ。こういうことは、刀剣やナイフの完全度が進んできた長い歴史の経過があってはじめて可能となった。何世紀にもわたって、形にも機能にもほとんど変化がなかったからこそ、スミス一族は、刃物作りの重要な冶金術に集中することができたのである。

これに対して、産業革命の初期に、コールブルックデールに最初の鉄橋が架けられてからまだ二百年にしかならない。そして、イングランドに鉄道列車が走るようになってからニューヨークのグラマン・フルキシブル・バスまでの間を隔てているのは五世代にもみたない。不運なことに、技術の歴史を知っているだけでは、人はその歴史を繰り返すことから逃れることはできない。一九世紀の鉄道車輛と二〇世紀後半のバスとの間に類似点はあるものの、相違点のほうが圧倒的に多い。

エネルギー効率、身体障害者の乗り降り、などの指針を満足し、その他の膨大な国家基準に合致して、大都市の交通を切り抜ける、新世代の大量輸送用乗り物を設計するというのは、きわめて困難な仕事だ。欠陥設計については、最悪の条件のもとにおいてであっても弁解は決して許されないのではあるが、理解の余地は残しておかなければならない。設計が失敗に帰し人命に危険が及ぶことを望んで物をつくるメーカーは存在しないのだ。それは道徳的に悪であるだけでなく、商売にも悪い影響がある。

人間を月に輸送して帰還させる事業が成功したことは、経験がないというだけでは、必ずしも設計が失敗に帰するものではないことを実証した。バスのフレームに亀裂が生じたりその設計者がもみくちゃになったりするのは、むしろ、経験不足に加え、制約の多すぎる要求に気を散らされ、その上期限の重圧を受け、なおまた利益幅をも気にしなければならないといった、悪条件の複合の結果なのだ。現代のジョン・スミスはもはや一人で仕事に打ち込むことはできない。定期的に鍛冶場を出て、出資者のジョン・ドウの所で帳簿を見たり、事業免許発行元のジョン・ローの所で法規改定の説明をきいたりしなければならないのだ。

われわれが生きている、ますます加速化する社会、経済システムが壊れるのは、大量輸送バスの建造というハイテク事業の局面だけではない。主要な経済政策決定が、経済の成り行きを予測するコンピュータ・モデルに基づいて正当化される事例はますます多くなっている。しかしこの種のモデルは、バス・フレームの疲労寿命の予測に使われるモデルに比べて、必ずしも信頼性が高いわけではない。したがって、長ったらしい車輪の解析からわれわれを解放してくれるかに見えるのと同じ用具が、われわれに車輪への重複投資を強いることになっているのだ。われわれの住む社会があまりにも急速に変化するようになったために、われわれは、経験という、人類の最大の用具から恩恵を受ける機会をなくしてしまった。われわれが経済の基本計画を作り変えるのは、もっとありふれた乗り物のデザインを変更するのと同じくらい、日常のことになってしまっている。変化があまりにも急激にもたらされるので、前の世代から学ぶ教訓の正しさが認められなくなっている。われわれはまるで、自分たちの剣を、逆上のあまり不注意に鋤《すき》の刃に打ち変え、その結果、土に入れて最初の小石に打ち当たったとたんに割れてしまうような鋤の刃を作ろうとしているかのようだ。

軍用飛行機における金属疲労の研究の先駆者であり、また構造物安全の主張を強力に発言している人の一人であるアルフレッド・パグズリー卿は次のように書いている。「いまだかつて一つの事故も起こしていないような職業は祖国に対し効果的に奉仕しているとは言えないだろう」。卿は、安全な構造物をもっと経済的に作るという、急速に変わりつつある社会での構造エンジニアリング設計の不断の目標を、いささかどぎつい言葉で述べたにすぎない。構造物の限界は、イカロスの腕から離れて落ちた翼のように、処女飛行のときに決定的に実証されるものとは決まっていない。ある飛行機が何千時間も無事故で飛び続けたとしても、それは決して、この飛行機の成功が過剰設計の結果であったことを証明するものではなく、もっと荷重をかけてもよいとか、さらに、常時超過荷物を積んでもよいとか、解釈することが許されるものでないことは言うまでもない。しかしエンジニアは、材料の強度の不確実性や、翼にかかる荷重の不確定性や、安全係数を入れた応力計算の不確実性に対し余裕をみておいたことは承知の上で、その飛行機の構造にはどれくらいの不必要な重量が含まれているのかと、当然のことながら疑っているのだ。そこで次世代の飛行機を設計するに当たって、エンジニアは、何故あれほど大きい安全係数を今回も引き続き採用しなければならないのかという問いに答えるため、強い圧力にさらされるのだ。結局のところ、前回と今回との間にエンジニアは、材料のことをもっとよく理解するようになっている。設計した飛行機の試験飛行が成功したときに荷重を測定している。これまで以上に多くの応力計算を、たぶんより巧みに、正確にできるコンピュータを手に入れている。もし前のよりも軽く、経済性の高い飛行機を作ることができなければ、競合会社が作るだろう。そして前の飛行機を作った設計者たちは、自分たちの経験に基づいて飛行機を作ることができなくなってしまうだろう。

これは、カテドラルや橋やバスや、実際上すべてのエンジニアリング構造物が進歩してきた道すじと似通っていなくもない。成功の度ごとに、社会から、納税者から、政府から、会社の重役会から、そしてエンジニア自身から、次に作る構造物はどのくらい、もっと大きく、もっと軽く、そしてもっと経済的にできるのかという疑問が出される。製作技術や形式美についても強度と同じことが言われる。しかしこの現象は、コンピュータ時代になって新しく出てきたものではない。常に社会の退廃に目を向けていたヘンリー・アダムズは、著書『モン・サン・ミッシェルとシャルトル』の中でこう断言した。「一二〇〇年以降の大カテドラルには倹約が目立つ。もっと悪いのもある。世界はなるべくして安価になる」。

そこに生ずるのは、言うまでもなく、成功が究極には失敗に導くという現象だ。美学上の失敗、機能上の失敗、構造上の失敗。第一の失敗は生の喜びを奪い、第二の失敗は生の質を奪い、第三の失敗は生そのものを奪うことになりかねない。構造上の失敗が起こると、失敗が起こったと同種の構造物については、次第に安全性の少ない方向に向かうという傾向が通常は逆転する。しかしそれが行なわれるのは、その系統の構造物を作るのをやめにするか、その種の構造物の強度を増すか、または使い方をより慎重にするという方法によってである。失敗の後では、常に、適用する建築法規とか安全係数とかエンジニアリングの手順をもっと保守的にすべきだという圧力が生ずる。このようにして、失敗は新しい成功に導く。この過程は反復するように見えるかもしれない。

構造エンジニアへの歴史の教訓は明白である。革新が必ずしも失敗に終わるとは限らない。「鉄橋《アイアンブリッジ》」があり、イーズ橋があり、ブルックリン橋がある。いずれも、新しい材料を用いた慎重な開拓の記念碑として架かり続けている。水晶宮の遺産があり、エンパイア・ステート・ビルディングがあって、革新的で迅速な建設工法が必ずしも品質不良な建築物を生むものではないことを教えている。月面には旗が打ち立てられ、いまだかつて成し得なかったことが、いまやコンピュータを使って成し遂げられることを思い知らせる。しかし同じ歴史はまた、新しい環境に置かれた材料は、原子力発電所に亀裂や脆化を生じさせる場合があることを教え、早期着工方式は、コンベンションセンターができないのにコンベンションへの参集者を発生させる場合があることを教え、コンピュータは必ずしもより優れたバスを作るものではないことを教える。これらの歴史の教訓は、構造エンジニアにとって明白になっているだろうか?

その通り。少なくともただ一つの教訓は明白である。革新には危険を伴うということだ。革新の中には、成功を遂げ、それに関わったエンジニアが英雄になるものがある。一方、革新の中には、失敗に帰し、それに関わったエンジニアが嘲笑の的になるものがある。それでも、革新における失敗は、より長い橋を架けるという企てのためできるかぎりの準備をしてかかったエンジニアにとっては、何ら不面目なことではない。それは、自分の棒をせいいっぱいに使った末、大会で新記録を出せなかった棒高跳び選手が何ら不面目ではないのと同じである。無責任なエンジニアとは、するだけの準備ができていないことをしようと試みたエンジニアのことであり、以前に失敗したときと同じ誤りを犯したエンジニアのことだ。そのようなエンジニアは、自分の職能をはずかしめるものであり、それは、競技を途中で棄権する選手や、自分よりも体重の軽い選手が使って折れたのと同種の棒を使う棒高跳び選手が、自分のチームをはずかしめるのと何ら変わりはない。十分に事前の準備を整えたエンジニアは、うぬぼれとは無縁で、自分の経験以上の建造物を作りあげることができるし、事実作りあげる。このことは、練習を積んだ棒高跳び選手が新記録に挑戦するのとまったく同じことだ。
エンジニアリングに関する不祥事が公にされないことを望む人も中にはいるかもしれないが、不祥事が公にされるのは、エンジニアという職業の名誉のためなのだ。不祥事が広く報道されると、同じようなコンピュータ・プログラムや、設計上の問題や、あるいは事故解析に取り組んでいるエンジニアは、ことのほか強い印象を受ける。専門雑誌の論文だけでなく、朝夕の新聞記事であっても、それから最も多くの恩恵を受ける当の人々が、その報らせを見すごすはずはないのだ。エンジニアは、事故の報道を、汚い洗濯物が空になびいているのを見るような目で見るべきではなく、人間の人間らしさを受け入れる目で見るべきなのだ。アメリカ土木エンジニア協会（ＡＳＣＥ）や、英国土木エンジニア協会（ＩＣＥ）、同構造エンジニア協会（ＩＳＥ）の雑誌や刊行物は、構造物破損についての透徹した技術的報告や分析の、第一級の源泉であるが、それはこれらの協会が、失敗から学ぶ教訓の貴重さを認識しているからだ。これら諸協会の伝統は歴史が古く、すでに一八五六年に、ヴィクトリア朝のすぐれた土木エンジニアで橋の設計者であったロバート・スティーブンソンが、論文の執筆者は事実をあまさず公表することを勧告している。スティーブンソンは、自分が受理したある原稿について、第三人称を用いて次のように書いている。

……本件の過程に生じたすべての人的、物的事故についてては、本報文の改訂時に言及されることが望まれる。なぜなら、この職能に従事する年若い人々にとり、大規模工事における事故の記録と、その損失を補償するためにとられた手段の記録以上に教訓となるものはないからである。この種の事故と、その結果生じた事態に対処するためにとられた手段の正直な記録は、実をいうと、最も見事に完成をみた事業の記述よりもはるかに価値があるのである。年輩のエンジニアが保有している有用な経験の蓄積は、自分たち自身および他者の仕事において生じた事故の観察から得られたものであり、それ故、事故は当協会の書庫に忠実に記録されることが何より重要なのである。

今日、ロバート・スティーブンソンが存命であれば、コンピュータ・プログラムの欠陥と、それを是正するためとられている措置について、多少表現は違っても、同じ希望を表明することであろう。スティーブンソンは、コンピュータ利用設計を行なうに際して、危険のおそれがある事態が生じた場合には、必ず警告が発せられることを希望するに違いないし、一方、自分の経験を超える橋を設計するためには、おそらく自らコンピュータを使ったであろうことは疑いない。しかしまたスティーブンソンは、第一回土木エンジニアリングにおけるコンピュータ国際会議の議事録の中には、「コンピュータ災害の解剖」を扱う分科会が一つだけあって、しかもこの分科会の「抄録」に次のような文言があるのを読んで、少なからぬ懸念を抱いたことだろう。すなわち、

本分科会に発表された報告は公刊されない。その目的は、発言者たちが、報告の中で触れる各種のコンピュータ災害について遠慮なく発言できるようにするためである。関係者のプライバシーを保護するため、特定の名称や機関名は使用されない。

訴訟ごとの多い世の中では匿名が望まれるのかもしれないが、エンジニアリングの職能には匿名はふさわ

しくない。この場合、沈黙は金であるどころか、一九八一年ニューヨークにおけるこの会合に出席しなかった人々から、貴重な経験にみちていたであろうこの分科会の内容を知る機会を奪ったのだ。

タコマナローズ橋やテトン・ダムなど、大規模構造物の不名誉なエンジニアリングの失敗は、何人も二度と繰り返して見たくはない大災害である。そこで、過去を記憶しなかったり、過去に考慮を払わなかったりする者は、その罰として過去を繰り返すという、ジョージ・サンタヤナの有名な格言にふれて、この失敗の役割についての考察を終えるのは、ふさわしいことのように思われる。私が一九八二年に『テクノロジー・レビュー』誌に発表した論文の結びにやはりサンタヤナのこの格言を使ったとき、ある読者から、サンタヤナの言としてきわめて多く引用されるこの言葉がサンタヤナのものではないと主張し、かつこの有名な引用句がバートレットの引用句辞典にはないという事実に私の注意を喚起する投書を受け取ることになろうとは、私はほとんど予想もしていなかった。この読者は、かの力強い言葉を最初に語ったのは、サンタヤナではなくて自分の先祖の一人らしいと示唆していた。私はこの驚くべき主張に駆り立てられて、人文学者もエンジニアと同じくやはり人間であることを実証するための、学問的探険に出発することになった。

私はまず、自分が持っている『バートレット引用句辞典』の第一三版（一九五五年）を調べて、かの有名な引用句が欠けていることを確認した。確かに載っていなかった。私は、自分ではサンタヤナの言葉に違いないと信じているかの格言を探し求めて、図書館の参考図書の棚の数十冊の引用句集を調べたあげく、ようやく『リーダーズ・ダイジェスト現代引用句の珠玉』の中に、未来を迎えるについてのサンタヤナのもう一つの美しい言葉と並んで、問題の格言を発見した。しかし出典については、「ジョージ・サンタヤナ、『リーダーズ・ダイジェスト』誌に引用」としか示してなかった。これはいささか独善にすぎる証明のように思われたので、私はその雑誌の発行年月を書き写し、図書館の地下二階に潜って、もとの雑誌にはもっと別のことが書いてないかどうか調べてみることにした。膨大な雑誌の山の中で、『リーダーズ・ダイジェスト』誌の合本から、まさに当の「引用に値する引用句」のページが見事に切り取られているのを発見したとき、私は、オーウェルの作品もどきの陰謀が行なわれたのではないかという疑惑を抱きはじめた。この欠ページはいずれ、かみそりの刃を持った何者かによって、ビッグ・ブラザーの言葉を引用した差し替えページで埋められるのではなかろうか？

歴史の書き替えを防ごうと決意して、私はすぐさま参考図書の棚に取って返し、まだ目を通していない引用句集を、ほかの人間が手に取らないうちに、手に触れたのから順に目を通していった。棚に最後に残った一冊、『オクスフォード引用句辞典』の中に発見した。「過去を記憶できない者は、罰として過去を完結する」。完結だと？　どういうわけだ。地図帳の間に、未発見のシェイクスピアの二折り版《フオリオ》作品がはさまっているのを発見したと同じくらい、奇想天外なことのように思われた。私は、サンタヤナの『理性の生命』の中からこの引用句を見つけ出し、久しい間誤って引用されてきた原文を解明してやろうと考えた。何と皮肉なことではないか、とそのとき私は思った。一つの章句を忘れた者は、その罰としてその章句を読み返さなければならないとは。

私が利用していた図書館には、『理性の生命』の初版（一九〇五年）はなく、第二版（一九二四年）があることがわかった。この本の原文には、「完結する」ではなく、平凡でおなじみの「繰り返す」とあった。私の昂奮はこれでさらに高まった。たぶんサンタヤナは、版を改めるごとに、この単語を書き変えたのであろう。とすると、世界大戦を通じてのサンタヤナの心情の変化について、論考をもすることができるのではないか。その論文の中には、ハイアットリージェンシーの歩廊支持部詳細設計《ディテール》の変更がエンジニアの目を逃れていたように、このサンタヤナの著書中の一語の変更が学者の目を逃れたことについての若干の評言を盛りこむこともできようというものではないか。

あるむし暑い土曜日、私は、予感に導かれて、『理性の生命』の初版を探すべく別の図書館を訪れた。驚いたことにその本があった。私には、かみそりの刃を逃れている最後の一冊ではないかと想像された。急ぎページを繰ると、第一巻の二八四ページにその言葉はあった。「進歩とは、およそ変化から成るものとはほど遠く、よき記憶力によるものである……過去を記憶できない者は、罰として過去を繰り返す」。繰り返す？ 私は、私に道を迷わせた『オクスフォード引用句辞典』を呪った。しかし同時に、私の注意を喚起してくれたことに感謝した。詳細部《ディテール》、ああ、詳細部《ディテール》。なぜわれわれは、細部《ディテール》をもっと入念に点検しないのだろうか？ 詳細《ディテール》を求めて、無邪気な読者は図書館の地下に下りていき、そこで書物と取り組んでいる狂人と出会うかもしれないではないか。また細部《ディテール》の故に亀裂を生じた飛行機やあぶなっかしい歩廊に、無邪気な市民がのって死に追いやられることがありうるではないか。エンジニアリングの設計室で、あるいは建設現場で、一つの数字の写し違い、一つの部材の亀裂が、構造物全体と、その構造物の安全にたくされている人命を、危険におとしいれることがありうるではないか。これは、アマチュア文献学者を、図書の山の中の愚かな探索に駆り立てるよりは、ずっと重大な帰結だ。

妖怪《グレムリン》はいたるところにいる。エンジニアリングの設計室にも、編集室にも、印刷工場にも。どの妖怪がどんな悪さをするかは、時によると、事が終わってしまうまでわからない。しかし、見つけることができた誤りを広く知らせることによって、この次に名前もわからぬ些細な異変が起こったときに、それが何らかの害を及ぼすにいたる前につかまえる機会を多くすることができるのだ。そういう考えから私は、サンタヤナの引用句探しの経験を小文にして、『ワシントン・ポスト』紙の投稿欄に寄稿した。この記事は新聞のネットワークを通じて流され、少なくとももう一つ別の新聞にも再録されたようで、私はニューヨーク州シラキューズ在住の一読者から手紙を受け取った。この人は、私が自分の『バートレット引用句辞典』第一三版に対して抱いたのと同様な不信感をもって、所蔵の第一五版をひもとき、問題のサンタヤナの引用句が、間違いなしに収録されていることを発見した。もし私がバートレットの新版を持っていたとしたら、私はオクスフォード引用句辞典の中の誤りを発見することもなかったろうし、その結果、あちこち馳けずりまわって、詳細部《ディテール》の大切さの教訓を学ぶこともなかっただろう。このように、誤りを発見するということは、その誤りが本の中のものであろうと、青図の中のものであろうと、幸運によることがありうるのだ。

しかし、バートレットの旧版で落ちていた引用句は新版には補うことができるし、オクスフォードの旧版で誤っていた単語は新版で訂正することができるのだが、エンジニアリングで生じた大惨事を抹消することはどうしてもできない。しかし、惨事を繰り返す必要はまったくない。われわれの注意を逃れた誤りについて話したり書いたりすることで、われわれはその誤りから学ぶことができ、学ぶことで誤りの再発を避けることができるからだ。サンタヤナもこう言っている。「われわれは、未来もやがては過去になるのだということを心に銘じつつ、未来を喜び迎えなければならない。またわれわれは、過去は人間にはそれよりほかにしようがなかったのだということを知った上で、過去に敬意を払わなければならない」。

復刻版あとがき

この本の初版を書き終えたあと、スペースシャトル「チャレンジャー」の最後の打ち上げが行われた。テレビから流れるその爆発の映像は、技術の限界というものを、イメージとして瞬時に認識させるものだった。この悲劇のすぐあと、「スペースシャトルチャレンジャー号事故調査大統領委員会（通称ロジャース委員会）」が組織され、その聴聞会の様子がテレビ中継された。エンジニアリングにおける決断がいかに困難であるかを議論する、このような公開討論の場が設けられるのは珍しいことだった。とくに、経済的・政治的・人間的な検討に重きが置かれる複雑な環境下で、技術的な細部《ディテール》が組上にのせられるというのはめったにないことなのである。

一九八六年一月までに、スペースシャトルの打ち上げは二四回ほど成功している。耐熱材、着陸装置、Ｏ《オー》リングといった細部《ディテール》に軽微な事故が絶えず生じていたにもかかわらず、うまくいっていたのである。複雑に組み合わされていて動作が不安定な機械の集まりであるにもかかわらず、一般的な認識としては、宇宙船としての総合的な設計はかなり頑強であるとされていた。それ故、米航空宇宙局（以下ＮＡＳＡ）は自信あふれる空気にみちており、ロジャー・ボージョレーのような慎重なエンジニアの意見を、最終的な評価の場で却下してしまったのだ。チャレンジャーが打ち上げられる朝の気候は異常に寒いと予想されており、そのような気候ではＯリングは適切に機能しないと、彼は懸念していた。エンジニアたちは、もちろんエンジニアリング・データを持ち、やっかいな細部《ディテール》についても彼らなりの見解を持っていた。しかし、チャレンジャー打ち上げが失敗することを事前に証明できた者は誰一人としていなかったのである。一方、NASAの幹部たちには、打ち上げと着陸に成功してきた完璧な実績があり、自分たちの判断の妥当性を主張した。物理学者リチャード・ファインマンは、氷水がOリングの素材をいかに激しく砕いてしまうか――それゆえに、適切に機能する能力が減退する――をドラマティックに証明して見せたが、それさえも、事故が起きたという事実を突きつけられる前であったなら、それほど説得力を持たなかったかもしれない。こうした疑念について、NASAが組織として、エンジニアたちの側に立って解釈するようになったのは、チャレンジャーの爆発以後のことなのだから。

巨大な技術体系にかかわる決断がされるとき、致命的結果を引き起こすかもしれないという可能性を、みじんも考えないことが時にある。金門橋《ゴールデンゲートブリッジ》の五〇周年記念のお祝いを計画していた人たちが、一九三七年の開通当日のにぎわいの再現で、集まった群衆の重みで橋が崩壊するかもしれないと心配していたなどと考える理由は何もない。それもそのはず、一九三七年五月二七日、その当時世界一巨大だった新しい吊橋――主塔間の長さが一二八〇メートル――には、二〇万人の見物人が集まったが、何の事故も起きなかったのだ。とはいえ、一九八七年のその日曜の朝、金門橋は再び、歩行者たちに占拠された。約一〇〇万人の人々が夜明けとともに現れ、オープニングセレモニーが始まる前に橋を渡りだしたのである。人々がお祭り騒ぎをするなか、予定されていたスピーチは中止された。あらゆる年齢層の人々が、マリン郡とサンフランシスコの両側から橋の中心を目指して歩いていた（なかにはローラースケートや自転車、その他独創的な手段を用いる人もいた）。両方の群衆が真ん中で合流したとき、主塔間は人であふれかえり、一時間以上誰も動くことができなかった。およそ二五万人が橋路や歩道にすし詰めになり、これまでの半世紀に経験したどの交通渋滞よりも重い重量が、一度に載ったのである。

橋を渡るつもりで来たが、入口に近づけなかった歩行者たちは、重量を積み過ぎて揺れる金門橋を目撃した。時速五〇～六〇キロの風にあおられて、左右に数メートル揺れていたのである。また、決してたるまないように設計された何本かのハンガー・ケーブルがたるんでいるという報告があり、エンジニアたちは主塔の真ん中部分のアーチを監視した。群衆のいる位置から下へおよそ三メートル以上水平方向にゆがむような、危険なレベルにならないように。幸いにも、お祭り騒ぎをする人々の中にパニックになる人はいなかった。それ故、一八八三年に造られたブルックリン橋で、開通一週間後に起きた事故の二の舞にはならずにすんだのである。その時は、橋が崩壊しそうだという流言に反応した二万人の歩行者がパニックになり、橋の上で一二人が圧死していた。

金門橋は、タコマナローズ橋と同じく、当時の最高水準の建設技術で建てられた。そして、そのたわみやすい設計が、一九八七年五月に白日の下にさらされたのである。このことは、もっとも有名なサンフランシスコのシンボルが、通常の使用方法において崩壊の危険にさらされていると言いたいのではない。そうではなく、もし五〇周年の記念日に即興的に行われた強度試験で潜在的な不工合を発見していなかったら、その構造上の欠陥が前例のない大惨事を引き起こしただろうと言いたいのである。たとえば、金門橋の上であの朝、もし歩行者たちが皆そろって踊っていたら、その六年前に起こったカンザスシティのホテルの空中歩廊の崩落事故よりもっとひどい、想像を絶する大事故が起こっていたかもしれない。

チャレンジャーの爆発事故や、金門橋の偶発的な検査のような例は、われわれが巨大な技術体系を取り扱う際に、安心や慣れの状態に陥りやすいということを明示している。このことは、技術に対して偏執狂的に疑い深くなるべきだと言っているのではない。健全な懐疑心を持ったエンジニアには言うべきことがたくさんあるし、エンジニアでない人でも同様だということである。もっともドラマティックな失敗は、自信過剰と不注意の蔓延から起こり、そうした事故が起きてはじめて、より慎重であれということを、われわれはついに学ぶのである。事故や事故未遂《ニアミス》は、相も変わらずに、エンジニアリングが人間の努力の賜物であるということをもっとも効果的に思い出させてくれる。そうした努力とは、脈々と続く先人の努力があってこそ成り立つものなのである。良識ある人間なら誰でも、同じ人間同士、誰かを故意に迫りくる危険にさらそうとは思わないが、技術的な創造物については、そこにどんな危険が潜んでいるかをときに過小評価したり、忘れたりしてしまうのだ。慎重であるための一番確かな方法は、過去の失敗を熟知しておくことである。そして議論が必要な際には、その議論を補強するために事例研究から証拠を得て、武装しておくことである。たとえば、極寒の冬の朝にスペースシャトルを打ち上げるべきかとか、晴れた春の夜明けに橋を超満員にしてよいのかとか。

　失敗やそれに命を吹き込む逸話は、以前起きた悲劇のイメージを新しいものに置き換えながら、人々の意識に入りこみ、そして立ち去っていく。若い世代の人たちは、技術が生んだ恐怖物語の、今とは違う一覧表に接して育つ。しかし、その内容がどんなものであれ、そのカタログには偉大な価値があり、そこに集められた教訓は常にわれわれを導くだろう。それと同時に、設計における論理的欠陥および実践的欠陥を明らかにする個々の事例研究が衰退することはない。それどころか、事例研究は時がたてばたつほど、将来的にその分析や解釈がより客観的になることも多いのである。そして、最終的には、古いものでも新しいものでも、個々の事例研究から導き出されたものは普遍化される。普遍化によって、技術的失敗の新たな実例に概念的枠組みがもたらされ、その結果、未来の愚行に対する警告として最大の効果を発揮するのである。

斬新な設計で具体化したものであろうが、エンジニアリングそのものの本質や過程にそって理論どおりに具体化したものであろうが、あらゆる失敗の事例を仮説検証の機会として取り扱うことは、もっとも古い事例研究でさえも、最先端の技術と直接的に結びつけることになる。要するに、エンジニアリングの手法、なかでも特に概念化や設計過程そのものにかかわる部分には、時代や文化を超越する性質があるのだ。それ故、当該技術がいかに廃れようと失敗に生々しいトラウマがあろうと、そして、すでに本に収録されたものでも明日のニュースになるようなものでも、あらゆる事例研究は、人為的なミスや失敗が、よく練られた最善の計画をいかにしてぶち壊しにするものかを理解するための有力な方法論と言えるのである。

――ヘンリー・ペトロスキ

一九九一年一二月

〈ヒ〉

〈フ〉

〈ヘ，ホ〉

〈マ〉

索　引

本書は、一九八八年四月に鹿島出版会より出版された『人はだれでもエンジニア――失敗はいかにして成功のもとになるか』に「復刻版あとがき」を追加し、新装版として刊行したものです。

■著者プロフィール

ヘンリー・ペトロスキ（Henry Petroski）

1942年ニューヨーク・ブルックリン生まれ。デューク大学教授。専門は土木工学、失敗学。1968年イリノイ大学で博士号を取得し、同大学やテキサス大学を経て現職。本書は初期の著作であり、その後も精力的に執筆活動を続けている。本書以外に邦訳された著作としては、『ゼムクリップから技術の世界が見える——アイデアが形になるまで』（平凡社）、『失敗学——デザイン工学のパラドクス』（青土社）、『橋はなぜ落ちたのか——設計の失敗学』（朝日選書）などがある。

■訳者プロフィール

北村美都穂（きたむら・みずほ）

1928年京都市生まれ。東京工業大学卒業後、中央公論社『自然』の編集者を経て、日揮株式会社に勤務。退職後、翻訳業に従事する。主な訳書に、ヘンリー・ペトロスキ著『失敗学——デザイン工学のパラドクス』（青土社）、ジョン・ケアンズ著『生と死の科学——遺伝子、癌、感染症、そして人類の未来』（青土社）、ロジャー・D・アブラハム編著『アフリカの民話』（青土社）、アリステア・ホーン著『サハラの砂、オーレスの石——アルジェリア独立革命史』（第三書館）などがある。

2019年３月３日 初版第１刷発行

フェニックスシリーズ⑧③

人《ひと》はだれでもエンジニア
――失敗はいかにして成功のもとになるか

著　者　　ヘンリー・ペトロスキ
訳　者　　北村美都穂
発行者　　後藤康徳
発行所　　パンローリング株式会社
〒160-0023　東京都新宿区西新宿7-9-18　6階
TEL 03-5386-7391　FAX 03-5386-7393
http://www.panrolling.com/
E-mail　info@panrolling.com
装　丁　　パンローリング装丁室
印刷·製本　株式会社シナノ

ISBN978-4-7759-4206-2